»Aus dem Jungen wird nie was ...«

Hans Wall

»Aus dem Jungen wird nie was ...«

Vom Mechaniker zum Millionär:
Warum in Deutschland
jeder eine Chance braucht

FSC
Mix
Produktgruppe aus vorbildlich
bewirtschafteten Wäldern und
anderen kontrollierten Herkünften
Zert.-Nr. SGS-COC-1940
www.fsc.org
© 1996 Forest Stewardship Council

Verlagsgruppe Random House FSC-DEU-0100
Das für dieses Buch verwendete
FSC-zertifizierte Papier *Munken Premium Cream*
liefert Arctic Paper Munkedals AB, Schweden.

Projektbetreuung: Susan Mücke
Redaktion: Dunja Reulein
Umschlaggestaltung: Hauptmann und Kompanie Werbeagentur,
München – Zürich, und Bettina Schinko
nach einem Entwurf von Justus Oehler
Umschlagfoto: Joachim Gern
Satz: Christine Roithner Verlagsservice, Breitenaich
Druck und Bindung: GGP Media GmbH, Pößneck
Printed in Germany 2009

ISBN: 978-3-453-16392-8

Für Sisi und Frans

Inhalt

Anhang

Warum jeder Mensch seine Chancen verdient

Immer wieder blicke ich in diese frischen Gesichter, voller Erwartung, voller Neugier und Energie, aber auch voller Skepsis. Ich kenne die jungen Menschen gar nicht, die zu meinen Vorträgen oder Vorlesungen kommen. Aber ich kann ihre Gedanken lesen: Sag uns, lieber Hans Wall, wie wir reich und berühmt werden. Verrate uns dein Konzept, am besten in Form einer Checkliste, die wir eifrig abarbeiten wollen. Und schon sind wir alle erfolgreiche Unternehmer.

Ein grandioses Missverständnis. Auch wenn viele Managementbücher den sicheren Weg zum Erfolg versprechen – es gibt kein Geheimnis, keine Anleitung, kein Patentrezept. Die meisten Mythen, die sich um erfolgreiche Unternehmer ranken, entstehen erst hinterher: die Tellerwäscher-Story; das Märchen vom pickeligen Garagenbastler, der die Welt veränderte; der charismatische Anführer, der schon im Kindergarten seinen fertigen Fahrplan zum Erfolg hatte.

Ich war als Kind weder begnadeter Bastler noch ausdauernder Experimentierer, auch nicht Chef einer Ju-

gendgang. Ich war ein Träumer, der ein paar Milchflaschen aus der Molkerei stahl, um vom Pfand Schokolade
zu kaufen. Nach heutigen Maßstäben war ich ein Schulversager. Wahrscheinlich würde ein Knabe, wie ich einer
war, heutzutage Ritalin bekommen, jenes für Eltern so be-
queme Medikament, das aktive Kinder ruhigstellt. Mein
Vater verzweifelte an mir, meine Mutter wandte die Augen
himmelwärts.

Ich war ein Bengel, wie man ihn zu allen Zeiten kann-
te – desorientiert, andererseits voller Energie. Ich wollte
Anerkennung, war aber keinesfalls bereit, mich irgend-
welchen Autoritäten unterzuordnen. Ich fühlte mich wie
der Allerstärkste, hatte aber in Wirklichkeit herzlich wenig
Ahnung von so ziemlich gar nichts. Ich war ein klassischer
Halbstarker, der sich in späteren Generationen als Rocker,
Hippie, Punk oder Gangsta-Rapper ausgelebt hätte.

Ich überdeckte meine Unsicherheit durch Rollenspiele.
Ich probierte mich in meiner Fantasiewelt aus: Ich war
Cowboy, Abenteurer, Forscher. Ich war überall zu Hause,
aber nicht in der Realität. Ich hatte nicht die geringste Ahnung, wer ich war, was ich konnte, was ich wollte. Glaubte
man meinem Vater, war ich ein Taugenichts, unpünktlich,
ziemlich faul, aber für jede Vergnügung zu haben. Ich tau-
melte lange Jahre zwischen meiner Traumwelt als Knabe
und dem harten Leben als Mann.

In vielen Kulturen gibt es Initiationsriten, um die Jungen auf die Probe zu stellen. Sie werden allein in den Wald
geschickt, in die Wüste oder müssen ihr erstes Tier erja-
gen. Sie müssen eine Probe bestehen, Mut, Ausdauer und
Verantwortung zeigen, sich und den Männern des Stam-

mes beweisen, dass sie ganze Kerle sind und wert, bei den Großen mitzumachen. Mir fehlte dieser Moment der Initiation. Und ich habe den Eindruck, dass jungen Männern dieses Ritual heutzutage noch viel mehr fehlt.

In unserer Zeit ist dieser Übergang vom Kind zum Mann nicht mehr organisiert. Die moderne Konsumgesellschaft kennt kaum noch Initiationsriten. Die Volljährigkeit? Jugendliche machen doch schon mit 16 Jahren, was sie wollen. Das Wahlrecht? Wen interessiert das? Die Konfirmation? Erlebt nur noch ein sehr kleiner Teil der jungen Leute. Eher die Führerscheinprüfung. Aber eine quasi offizielle Prüfung für die Erwachsenenwelt gibt es nicht. So geben wir Kindern die Gelegenheit, sich zwischen 16 und Mitte 20 immer die Rolle auszusuchen, die ihnen gerade passt. Verantwortung wird auf diese Weise nicht gefördert.

Junge Männer sind immer problematisch. Genau in dieser Phase aber, da sie Orientierung, Vorbilder und Führung benötigen, werden sie allein gelassen. Wenn sie am meisten Verständnis benötigen, bekommen sie am wenigsten davon. Oft genügt schon ein guter Lehrer, ein Ausbilder, ein Sozialarbeiter oder ein großer Bruder, um einen Halbstarken durch seine problematischen Jahre zu navigieren. Genauso einfach ist es andererseits, junge Männer in diesem Alter auf die völlig falsche Bahn zu leiten. Diktatoren und Generäle aller Zeiten und Epochen wussten das sehr genau.

Junge Frauen wissen oft sehr früh, was sie wollen. Junge Männer dagegen brauchen oft eine Weile für die Selbstfindung. Sie müssen Erfahrungen machen, auch schmerzhafte, aus denen sie lernen. Sie müssen sich ausprobieren können, sie müssen scheitern dürfen, aber auch Erfolg haben. Diese Erfahrungen entscheiden häufig darüber, ob einer Unternehmer wird, gehorsamer Angestellter oder Taugenichts. Bei mir hat es noch länger gedauert. Ich habe eine katastrophale Schulzeit absolviert, mehr recht als schlecht meine Schlosserlehre gemacht, war kurz davor, ins kriminelle Milieu abzurutschen, und habe mich dann noch einer Glaubensgemeinschaft angeschlossen, die man durchaus als fundamentalistisch bezeichnen kann.

Ich stand auf der Kippe. Aber ich habe die Kurve gekriegt. Das hatte zwei Gründe. Erstens kam der Tag in meinem Leben, da ich mich entschlossen habe, etwas aus mir zu machen. Zweitens bekam ich aber auch die Chance dazu, sogar mehrere Chancen. Ich habe meine mittlere Reife nachgemacht, ich konnte mich fortbilden auf der Technikerschule, ich hatte Lehrmeister, die mir halfen. In dem Moment, als ich endlich bereit war, habe ich eine helfende Struktur vorgefunden, die mich getragen und gefördert hat.

Dem deutschen Bildungssystem sei Dank. Es hat mir die Zeit gegeben, die ich brauchte. Denn lange Jahre hatte ich überhaupt nicht gemerkt, dass ich ein Streben und Wollen in mir trug. Meine Energie war völlig falsch kanalisiert. Sie drängte in viele Richtungen, aber selten in eine produktive. Heute weiß ich: Viel von dem Unsinn, den ich früher angestellt habe, war nichts anderes als das Streben nach Aufmerksamkeit und Anerkennung. Dieses Streben ist in jedem halbwegs gesunden Menschen angelegt.

Ich hatte das große Glück, in Deutschland aufzuwachsen, einem Land, das seinen jungen Leuten eine ganze Reihe von Möglichkeiten eröffnet, sich zu entwickeln. Wer es in der Schule nicht packt, kann später immer noch einen anderen Einstieg schaffen. Ich behaupte nicht, dass die vielen Milliarden Euro optimal angelegt sind, die bei uns für Bildung, Ausbildung und Fortbildung ausgegeben werden. Aber ich behaupte, dass das System in fast allen anderen Ländern dieser Welt nicht besser, sondern deutlich schlechter organisiert ist.

Für mich war Deutschland immer ein Land der Chancen und der freien Entwicklung. Ich wollte – und ich konnte. Man ließ mich. Dieses Land war offen für schräge Vögel wie mich. Natürlich habe ich mich mit Bürokratie, Neidern und Verhinderern herumgeschlagen. Aber sie waren meist nur lästig. Mehr nicht. Sie haben mich gebremst, aber nicht ruiniert. Insofern ist die Erfolgsgeschichte von Hans Wall auch eine Erfolgsgeschichte dieses Landes.

Ich bin Deutschland unendlich dankbar dafür, dass ich mich hier versuchen durfte. Ich konnte probieren, schnell wachsen, radikal meinen Kurs ändern, mein Geschäft verlegen, ich durfte sogar jede Menge Fehler machen. Ich habe die Freiheit genossen, die jeder Unternehmer braucht. Zugleich konnte ich mich auf einen Rahmen von Recht und Ordnung verlassen, der mich geschützt hat. Es lässt sich zwar nicht beweisen, aber ich bin fest davon überzeugt, dass ich in kaum einem anderen Land der Welt bessere Start- und Entwicklungschancen gehabt hätte als hier.

Wo sonst hätte ich mir 30 Jahre lang Zeit nehmen können, um überhaupt erst meine Talente zu entdecken? Es dauerte zum Beispiel eine ganze Weile, bis ich feststellte: Meine Stärke sind blitzschnelle Entscheidungen. Ich habe ein verlässliches Bauchgefühl, dem ich gehorche, und dann ist es so. Dabei kann es sich um Kleinigkeiten handeln wie eine Obstsorte auf meinem Konferenztisch, die mir nicht gefällt, oder aber um große geschäftliche Dinge. Meine Mitarbeiter kennen das schon; mein Sohn Daniel verzweifelt gelegentlich daran. Aber ich bin nach wie vor sicher, dass meine spontanen Eingebungen mir bislang mehr richtige als falsche Entscheidungen beschert haben. Ich habe einen guten Riecher, und auf den vertraue ich, manchmal mehr als auf Marktforscher oder sonst welche Schlauberger, die jeden Furz mit endlosen Zahlenkolonnen belegen können. Ich rieche ihn einfach.

Wenn es einen Weg zum Erfolg gibt, dann diesen: auf sein Inneres zu hören, das Bauchgefühl zuzulassen, eine Idee beharrlich zu verfolgen, den Mut zu haben, Bedenkenträger zu hören, aber nicht die Entscheidungsmacht übernehmen zu lassen. Nicht der vorgefertigte 10-Punkte-Plan führt zum Erfolg, sondern der eigene Weg, dazu Vertrauen in das individuelle Gespür, verbunden mit Ausdauer und durchaus mit Frustrationstoleranz. Kein erfolgreicher Wirtschaftsmann hat einen schnurgeraden Weg nach oben hingelegt. Ganz häufig waren es die Misserfolge, die den Durchbruch erst möglich gemacht haben. Ist es eine schlechte Nachricht, dass es keine sicheren Erfolgsrezepte gibt, sondern am Ende nur Versuch, Irrtum und den nächsten Versuch? Aber nein. Im Gegenteil.

Wenn es keine Geheimnisse gibt, dann gibt es auch keine Bevorzugungen, keine Exklusivität, keine elitären Kreise, die alle großen Geschäfte unter sich ausmachen. Das heißt: Jeder kann es schaffen, selbst Volksschüler aus der

Provinz, deren erbärmliche Noten jeden Pisa-Test ruiniert hätten, die sich als Kleinkriminelle zu profilieren versuchten, die sich in Religiosität verrannten, die im ersten Viertel ihres Lebens nicht die geringste Ahnung hatten, was sie aus ihrem Leben machen sollten, denen der eigene Vater attestierte: »Aus dir wird doch nie was.«

Ich bin nie in den Genuss eines Förderprogramms für junge Unternehmer gekommen, habe keine günstigen Startup-Kredite kassiert und keinen Preis für meine Geschäftsidee bekommen. Im Gegenteil: Ich hatte von Anfang an mit lästiger Konkurrenz zu tun, die nicht immer sauber gearbeitet hat.

Warum habe ich es trotzdem geschafft? Weil ich so brillant bin, so einzigartig schlau und großartig? Diese Erklärung würde mir gefallen. Sie stimmt aber leider nicht. Es waren meine Begeisterung, meine Freude am Wettbewerb, meine Lust am Schaffen und meine Ausdauer.

Manchmal wäre es natürlich besser gewesen, etwas länger über eine Sache nachzudenken. Aber am Ende zählt eben auch die Geschwindigkeit. Lieber mit einer nicht ganz durchdachten, aber guten Idee Erster sein als Zweiter mit einem bis ins Letzte ausgeklügelten Konzept. Tempo zählt. Und der Mut, Tempo zu machen.

Ein zweiter hilfreicher Charakterzug ist Beharrlichkeit. Ich kann beim besten Willen nicht lockerlassen. In einem anderen Leben wäre ich wahrscheinlich ein ausgezeichneter Jagd- oder Schlittenhund gewesen. Ich wundere mich immer, wenn andere so früh aufstecken. Das mag mit meinem grenzenlosen Optimismus zusammenhängen: Egal, was geschieht, ich bin immer fest überzeugt davon, dass es gut ausgeht. Wenn die anderen sagen: »Du bist verrückt«, dann komme ich erst richtig in Fahrt.

»Danke, dass ihr mich unterschätzt habt« war eine der vielen guten Titelideen für dieses Buch. Denn das Unterschätzen macht mich stark. Der Zweifel anderer treibt mich an. Das Unmögliche erotisiert mich. Daher bin ich jedem dankbar, der mir irgendetwas nicht zutraut. So werde ich motiviert. Die Skepsis anderer gibt mir Kraft.

Meine Erfahrungen und Erfolge haben mich zu einem freiheitlichen Patrioten werden lassen. Patriot deswegen, weil ich dieses Land, mein Deutschland, von Herzen liebe. Hier wurde mir vertraut, hier konnte ich mich entfalten, hier habe ich großartige Mitarbeiter und Kunden gefunden. Bedingung dafür war die große Freiheit, die ich genossen habe. Nicht nur die unternehmerische Freiheit, unabhängig wirtschaften und entscheiden zu können, sondern auch die intellektuellen Voraussetzungen dafür.

Freiheit bedeutet nicht nur, etwas zu dürfen, sondern auch, etwas zu können. Wer keine ordentliche Ausbildung genossen hat, der kann mit Freiheit nicht viel anfangen. Mein Können haben mir Schulen und Betriebe vermittelt. So konnte ich aus meinen Möglichkeiten das Beste machen. Jeder kann es schaffen, der es will, das stimmt. Aber jeder muss es auch schaffen können, jeder braucht das Handwerkszeug, die Grundlage, um sich optimal und seinen Fähigkeiten entsprechend zu entwickeln. Freiheit braucht Bildung.

Ich glaube nicht, dass im Deutschland des dritten Jahrtausends alle jungen Menschen mit dem bestmöglichen Rüstzeug für ein erfolgreiches Leben ausgestattet werden. Viele Schulen sind heruntergekommene Verwahranstalten, in denen Frustration und Destruktivität herrschen, bei Lehrern wie bei Schülern. Haben unsere jungen Menschen alle Gelegenheiten, sich auszuprobieren? Dürfen sie Musik machen, wenn sie wollen; können sie nach Herzenslust Sport treiben; wird ihnen der Wert sozialen Engagements beigebracht; lernen sie die ökonomischen Grundlagen der Betriebsführung, die jeder braucht, der seine Idee in ein Unternehmen verwandeln will?

Ohne Unternehmer geht jeder Staat zugrunde. Wertschöpfung kann kein Staat, keine Behörde, keine Universität vollbringen, sondern nur Unternehmer, die Waren und Dienstleistungen verkaufen, die ihre Mitarbeiter gut behandeln, die junge Leute ausbilden und am Ende jene Steuern zahlen, mit denen der Staat dann Gutes tut. Wie sollen unsere Schüler Unternehmer zum Wohle dieses Landes werden wollen, wenn sie in der Schule lernen, dass dieser Beruf durch und durch schlecht ist?

So hingebungsvoll wir auch bildungs- und wirtschaftspolitische Debatten führen, am Ende werden immer diese beiden Punkte herauskommen: Es braucht den Willen des Einzelnen und ein zuverlässiges System, das Individuen fördert und schützt. Was bringen uns denn die aufwendigsten Eliteprogramme, wenn die geförderten Spitzenstudenten gleich nach dem Abschluss ins Ausland oder in die Sicherheit einer Behörde verschwinden? Was nützen uns teure Wirtschaftsförderungsprogramme, wenn weite Teile der jungen Menschen überhaupt keine Lust auf Aufstieg haben oder gar nicht wissen, wie man Erfolgsstreben halbwegs vernünftig kanalisiert?

Erfolg meint ja nicht nur das Anhäufen von Barem. Gegen Geldverdienen ist zwar nichts einzuwenden, solange es im legalen Rahmen geschieht. Doch für viele Menschen bedeutet Erfolg etwas ganz anderes: Künstler, Tüftler, Geistliche, Sportler, Gärtner, Sozialarbeiter – jeder hat seine eigene Definition.

Aber am Ende meint »Erfolg« doch wieder dasselbe: Jeder hat aus seinen Möglichkeiten das Beste gemacht, weil er wollte, und weil man ihn ließ. Genau das ist meine Erfolgsgeschichte: Ich wollte. Und man ließ mich. Es hat zwar fast 30 Jahre gedauert, aber ich hatte nie das Gefühl, dass ich fallengelassen werde.

Damit hätte ich die Frage beantwortet, die mit diesem Buch unweigerlich auf mich niedergehen wird: Warum muss ausgerechnet der Wall jetzt auch noch ein Buch schreiben? Ganz einfach: Erstens möchte ich Deutschland Danke sagen. Zweitens will ich mit meiner Geschichte junge Menschen ermutigen, ihrem Herzen zu folgen und ihren eigenen Weg zu gehen. Wir haben gute Leute. Wir haben ein gutes Land. Wir dürfen uns etwas zutrauen. Und drittens möchte ich, dass wir alles tun, um die rechtlichen, ethischen und ästhetischen Grundlagen unseres Gemeinwesens zu erhalten, zu fördern und ständig zu modernisieren. Wir müssen jeden Tag aufs Neue darum kämpfen, Deutschland zukunftsfest zu machen. Ich bin mit dem Herzen und voller Dankbarkeit dabei.

Berlin, im Januar 2009   *Hans Wall*

KAPITEL 1

»Der Bub will einfach nicht hören« –
Die Kindheit eines Träumers

Vaters Regime – Kindheit in Aalen – Milch und Schläge – Auf
der Suche nach Abenteuern – Hitler auf dem Dachboden –
Die Amis kommen – Fröhliche Weihnachten – Spickzettel
und Lederrute – Eine verpatzte Schullaufbahn

»Der Junge will einfach nicht hören.«

KURT KARL ALBERT WALL

Wenn ich zurückdenke an meine Kindheit, so weit zurück,
wie es meine Erinnerung zulässt, dann sehe ich meine
Mutter auf einer Freitreppe stehen, wie einen Engel, un-
nahbar, aber voller Güte. Sie schreitet die Stufen herab in
einem Morgenmantel. Mit jedem Schritt wird sie mensch-
licher, kommt mir näher.

Ich war vielleicht drei Jahre alt. Meine Mutter lag
damals im Krankenhaus in Schwäbisch Hall. Sie hatte
Diphtherie – eine lebensbedrohliche, hoch ansteckende
Krankheit, die tödlich verläuft, wenn sie nicht behandelt
wird. Im Volksmund hieß dieses Leiden früher »Würge-
engel der Kinder«, denn bevor vorbeugende Impfungen
eingeführt wurden, überfiel es vor allem jüngere Men-

schen. Bei Infizierten schwillt die Schleimhaut im Rachen, sie bekommen kaum noch Luft.

Wir alle hatten eine irrsinnige Angst um meine Mutter. Sie war lange nicht zu Hause gewesen. Ein Kindermädchen kümmerte sich um uns fünf. Zur Angst um unsere Mutter kam die Furcht, dass wir künftig mit unserem Vater allein würden leben müssen. Wir waren drei Jungen, zwei Mädchen, aber keiner hatte ein gutes Verhältnis zu meinem Vater entwickelt. Er wollte geachtet werden, aber er verbreitete nur Angst und Schrecken. Respekt ist etwas Positives und hat viel mit Akzeptanz zu tun. Mein Vater wollte Gehorsam und Folgsamkeit. Es fühlte sich an wie beim Militär. Er war der Kommandant, und wir alle waren Nichtsnutze. Und ich der größte von allen. So einfach war meine Welt als Kind.

Meine Eltern bildeten eine klassische Zweckgemeinschaft. Mein Vater Kurt Karl Albert Wall musste früh sein Elternhaus in Ostpreußen verlassen. Offenbar war nicht genug Geld da, um alle Kinder durchzubringen. Er wurde in Ostrowitt geboren, einem Gut im Regierungsbezirk Marienwerder, Kreis Löbau. 1910 hatte der Landkreis fast 60 000 Einwohner. Nach der Schule machte er sich auf die Wanderschaft. Er ergatterte einen Ausbildungsplatz in einer Molkerei. Dann zog er durch die Welt. Immer wenn er mit einem Chef nicht zurechtkam, zog er weiter.

Eines Tages landete er bei uns in der Gegend. Und da ist er dann meiner Mutter begegnet. Margarete Eugenie Haußmann stammte von einem Bauernhof und war eine herzensgute Frau. Der Hof war seit Generationen in Familienbesitz. Kein Herrschaftshaus, kein riesiges Anwesen, aber durchaus ein ansehnliches Gehöft. Der Bruder meiner Mutter übernahm den Hof, als der Vater starb. Das war vor meiner Geburt. Ich kann mich nur an meine Großmutter erinnern, die Mutter meiner Mutter. Das war die liebe Oma.

Es gab bei uns auch eine böse Oma. Und die wohnte eines Tages plötzlich bei uns. Martha Wall war meinem Vater aus Ostpreußen gefolgt. Wir Kinder hatten Angst vor der Oma Wall. Auch meine Mutter hatte es schwer mit ihrer Schwiegermutter. Sie saß immer vornehm da wie eine Dame, eisern schweigend, kein freundliches Wort. Sie konnte niemanden leiden und ließ es jeden spüren. Auch uns Kinder mochte sie nicht. Wir waren die anderen. Oma Martha war immer auf der Seite ihres Sohnes, während meine Mutter für uns Kinder Partei ergriff. Die Rolle meiner Mutter war die einer Vermittlerin. Sie vermittelte zwischen uns, dem fröhlichen schwäbischen Flügel, und ihrem Mann und der Schwiegermutter, der ostpreußisch-stählernen Fraktion. Die Trennlinie lief mitten durch unsere Familie.

Eigentlich passten meine Eltern gar nicht zusammen. Aber so war es früher halt üblich: Er suchte eine treusorgende Mutter für seine Kinder, eine Haushaltskraft und Köchin. Sie dachte sich: Ein Molkereiexperte, der hat einen krisenfesten und anerkannten Beruf, eine Beziehung zur Landwirtschaft und außerdem immer satt zu essen. Ein paar Schnittmengen wird es geben, hoffte sie wohl. Außerdem war mein Vater ein Exot als Ostpreuße. Er war anders als die anderen jungen Männer in der Gegend: schneidiger, erwachsener. Er war schon herumgekommen. Ein spannender Mann. Und dann wurde geheiratet. Fertig.

Es ist bezeichnend, dass es keine Legende gibt, die sich um das Kennenlernen meiner Eltern rankt, keine kleine romantische Geschichte, wie er ihr den ersten Kuss gab oder mitten in der Nacht einen Antrag machte. Jedenfalls haben unsere Eltern nie davon gesprochen. Ich finde, jede Beziehung braucht einen magischen Moment am Anfang, der von beiden akzeptiert wird und den man als Beginn festlegt: der erste Blick, die erste Berührung der Hände, der erste Blumenstrauß oder meinetwegen auch das erste missratene Rendezvous – jene Sekunde eben, in der alles begann. Der Urknall, ein Gründungsmythos.

Ich war immer ein Romantiker, ein Fantast und Abenteurer, schon als Kind. Pausenlos gingen mir Abenteuergeschichten durch den Kopf, ich wollte aufregende Sachen erleben. Ich war hungrig nach großen Gefühlen. Die Realität empfand ich oft als eher störend.

Mein Vater leitete die Molkerei in Aalen.

Er war Tag und Nacht im Betrieb. Alles musste funktionieren. Zwischen den beiden Weltkriegen war das System der »Milchhäusle« aufgebaut worden. Das waren Milchsammelstellen überall auf dem Land, wo die frisch gemolkene Milch gelagert und gekühlt wurde, bevor sie zur Molkerei transportiert wurde. Anfangs kam die Milch noch mit Pferdefuhrwerken, später dann mit Traktoren und Lastern. Am Milchhäusle liefen nicht nur die Milchströme zusammen, sondern natürlich auch die Informationen. Mit der Milch kam der neueste Klatsch und Tratsch auch immer zu uns. Eine Molkerei war früher ein sozialer Treffpunkt.

Mein Vater war allerdings kein großes Kommunikationstalent. Er hat immer herumgebrüllt in der Molkerei, die zwei Dutzend Angestellten hatten regelrecht Angst vor ihm. Er hängte gerne Schilder auf, zum Beispiel auf dem Klo: »Warst Du an diesem Ort, dann spüle Deinen Dreck auch fort.« Vater Wall hat sich immer nur darum gekümmert, dass alles funktionierte. Der Betrieb war ja auch ziemlich komplex. Ständig kamen die Milchkannen auf einer Rampe an, alles musste sauber sein, die Kühlkette durfte nicht unterbrochen werden, die Zentrifuge für die Entrahmung lief ununterbrochen. Butter, Sahne, Quark – alles wurde produziert.

Die Molkerei war mein Zuhause und mein Spielplatz. Einen Kindergarten gab es nicht. Für mich war es ein Hochgenuss, mit einer frischen Brezel ans Butterfass zu gehen und mir von den Mitarbeitern ein gutes Stück frischer Butter geben zu lassen. Den Geschmack habe ich heute noch auf der Zunge. Da kann kein Menü im Drei-Sterne-Restaurant mithalten. Mein Vater teilte diese Genussfreude nicht. Er schaute missbilligend, wenn wir um das Butterfass herumschlichen.

Die Molkerei meines Vaters hat viele Preise für ihre Produkte gewonnen. Er hat immer gerackert, war gefürchtet, dabei war er nur Angestellter. Ich habe lange nicht geahnt, dass ich seinen Ehrgeiz geerbt habe. Er war mir so fremd in seiner abweisenden Sachlichkeit. Wenn ich ihn mal fragte, wie man Käse macht, einen Romadur zum Beispiel, dann hat er nur gelacht und gesagt: »Was ihr Kinder alles wissen wollt. Ihr habt doch sowieso keine Ahnung.« Und damit war das Gespräch beendet. Wir verhält man sich da als Kind? Man fühlt sich nicht ernst genommen. Vielleicht nimmt man später noch mal einen Anlauf und stellt eine Frage, dann vielleicht ein letzter Versuch. Danach spart man sich alle weiteren Fragen.

Der einzige Versuch meines Vaters, ein Spielkamerad zu sein, scheiterte kläglich. Und ich war als Sohn auch nicht viel besser. Eines Tages hatte mein Vater tatsächlich einen Drachen für mich gebaut, aus leichten Holzstäben, die mit Buntpapier bespannt waren. Er war unendlich stolz, und ich war glücklich, wenn auch etwas überrascht über so viel praktische Zuneigung. Als ich mit dem Drachen dann aus der Tür gehen wollte, verkeilte sich das Holz im Türrahmen und zerbrach mit einem Krachen. Mein Vater war außer sich. Ich weiß nicht mehr, ob ich eher betrübt oder erleichtert war. Jedenfalls war in diesem Moment unser Vater-Sohn-Experiment ein für alle Mal beendet.

Ich habe nicht die geringste Ahnung, welche Demütigungen und Verletzungen mein Vater in seiner Kindheit erfahren musste. Er war so kalt und verschlossen. Wir Kinder haben immer zu meiner Mutter gehalten, die war warm und gütig.

Wir fünf Kinder hatten sehr unterschiedliche Temperamente und Begabungen. Der Älteste, Horst, Jahrgang 1936, ist dem Molkereiwesen treu geblieben. Er war es auch, den mein Vater noch halbwegs ernst nahm. Horst war ein ruhiger und bescheidener Mensch, er ist es bis heute. Er lebt in einem kleinen Dorf in Niedersachsen.

Helmut, Jahrgang 1939, ist überaus heimatverbunden, er wohnt immer noch in Aalen. Er war zehn Jahre lang

Prokurist bei der Wall AG. Helmut konnte immer gut mit Zahlen umgehen und war ein Muster an Zuverlässigkeit. Als sein Arbeitgeber 1980 in die Insolvenz ging, habe ich ihn gleich in mein Unternehmen geholt, nach Spandau. Er hat mir sehr geholfen. Aber mit Berlin konnte er nicht viel anfangen, ihm ist das vertraute Zuhause wichtig.

Meine Schwester Ursel, Jahrgang 1938, ist leider schon 1992 an Brustkrebs gestorben. Sie war eine sehr ruhige Persönlichkeit.

Meine Lieblingsschwester ist bis heute Karin, die ein Jahr vor mir geboren wurde.

Karin wohnt ebenfalls noch in Aalen. Ihr Mann Siegfried hat mir beim Aufbau meiner allerersten Firma geholfen. Siegfried ist ein zupackender Typ, der sich für keine Arbeit zu schade ist. Wir haben Löcher ausgehoben, Pfosten eingebuddelt, Schilder geschweißt, alles in einer kleinen Scheune.

Mit Karin war ich als Kind ununterbrochen zusammen. Sie hatte ebenfalls keine Beziehung zu unserem Vater. Auch wenn ich derjenige war, der die Schläge abkriegte, hatte sie doch mindestens so viel Angst vor ihm wie ich. Sie hat irgendwann gar nicht mehr mit ihm geredet, sondern nur noch auf Befehl mit ihm gesprochen, wenn eine Frage direkt an sie gerichtet wurde.

Karin wollte immer Friseurin werden, aber mein Vater schickte sie zur Ausbildung ins Büro. Dafür ist sie ihm bis heute dankbar, glaube ich. Mit Karin machte ich Aalen und Umgebung unsicher. Wir haben Zuckerrüben verladen, wir haben im Schäferwagen vom Eierbauern das ein oder andere interessante Spiel gespielt, das die Erwachsenen nichts anging, wir haben gelacht und gestritten. Wenn ich an Familie denke, dann immer zuerst an meine Mutter und an Karin. Wir haben zusammengehalten.

Ich wurde am 17. März 1942 im Krankenhaus von Künzelsau geboren, mitten im Krieg. Die Familie wohnte damals im nahen Ingelfingen, zog aber bald ins 80 Kilometer entfernte Aalen in Württemberg. Die Berufung zum Molkereichef war ein enormer gesellschaftlicher Aufstieg für meinen Vater. Wegen seines Berufes war mein Vater UK gestellt – er musste nicht zur Wehrmacht, er war »unabkömmlich«. Die Volksmilchversorgung gehörte zu den wenigen Dingen, die bei Hitler wichtiger waren als der totale Krieg. Mein Vater wäre wahrscheinlich begeistert in die Schlacht gezogen. Er war ein bekennender Nationalsozialist. Die Hitler-Partei hatte seine Gefühle sehr präzise angesprochen. Er fühlte sich stark in dieser Gemeinschaft, sie gab ihm, dem Heimatlosen, eine Identität und Selbstbewusstsein, so wie vielen Millionen Deutschen. Ein Bild von Adolf Hitler hing bis in die letzten Kriegstage in seinem Büro. Dann war es plötzlich verschwunden. Er hatte es auf dem Dachboden versteckt. Mein Vater sprach nie über Hitler, die Nazis, den Krieg und die abscheulichen Verbrechen. Er war ein typisch deutscher Verdrängungskünstler.

Mein Vater war ein Workaholic und hatte für sein Leben eine ganz klare Hierarchie festgelegt. An erster Stelle kam die Molkerei, dann kam lange, sehr lange, gar nichts. Dann war die Familie an der Reihe, allerdings weniger als Ansammlung von Individuen, sondern vor allem als Funktionsgemeinschaft. Wir Kinder, meine Mutter, alle mussten Regeln gehorchen, die er willkürlich festgelegt hatte, ob beim Essen oder bei den Hausaufgaben.

Da ich nie in meinem Leben durch übermäßiges Anpassertum aufgefallen bin, waren die Konflikte unvermeidlich. Mehr als einmal habe ich seine Prügel zu spüren bekommen.

Schwächere Charaktere wären an einem solchen Vater womöglich zerbrochen. Mir hat der Konflikt geholfen. Denn ich wusste von klein auf, wie ich auf gar keinen Fall werden wollte. Das Weltbild meiner Mutter, das von Güte und Großzügigkeit geprägt war, lag mir entschieden näher.

Meine Mutter hat es nicht leicht gehabt. Es war nicht üblich damals, dass Frauen ihren Neigungen folgten. Sie kam vom Bauernhof, womit alle lebenspraktischen Fähigkeiten garantiert waren. Die Geschwister meiner Mutter und deren Kinder haben sich allesamt von der Landwirtschaft verabschiedet. Es wäre spannend gewesen, wenn meine Mutter eine Ausbildung oder ein Studium absolviert hätte. Was wohl aus ihr geworden wäre? Sie hatte ja noch ein paar andere Gene in sich als nur die bäuerlichen. Der Onkel meiner Mutter war ein bekannter Wissenschaftler. Meine Mutter ist eine geborene Haußmann, mit scharfem S. Ihr Onkel Karl Haußmann, mein Großonkel, galt damals in Schwaben als Berühmtheit. Er war Geheimer Regierungsrat und Professor für Markscheidekunde. Markscheider führen Messungen durch, die für den Bergbau grundlegend sind, sie stellen unter anderem den Verlauf des Grundwassers fest und untersuchen die Gesteinsschichten.

Onkel Karl war Geophysiker und hat 1906 die Erdbebenstation in Aachen gegründet. Sein Vater war Gutsbesitzer, und auch seine Mutter kam von einem großen Hof.

In den ersten Jahrzehnten des 20. Jahrhunderts hat mein Onkel eine Reihe von Arbeiten zur Erdmagnetik veröffentlicht. Die Geophysik verdankt ihm die ersten magnetischen Vermessungen vom Ries (1904) und dem Steinheimer Becken (1932) und die erdmagnetische Vermessung von Württemberg und Hohenzollern (1903). Für seine Verdienste hat Schwäbisch Gmünd ihn zum Ehrenbürger der Stadt ernannt. Bis 1925 arbeitete er als Professor an der Technischen Universität Berlin. Einen Teil seiner Gene habe ich offenbar geerbt. Denn mich zog es auch nach Berlin.

Für meine Mutter stellte sich nie die Frage, ob sie vielleicht in einer anderen Stadt leben oder arbeiten wollte. Sie wurde verheiratet und saß für den Rest ihres Lebens in der Ehe- und Familienfalle fest. Selbst wenn damals eine Scheidung denkbar gewesen wäre, hätte sie allein keine Chance gehabt, mit fünf Kindern und ohne Beruf. Sie war eine Gefangene.

Aber sie hatte ein wunderbar großes Herz. Meine Mutter war es auch, die mich immer wieder aufbaute. Sie spürte natürlich, wie elend ich mich fühlte, wenn mein Vater mich mal wieder runtergeputzt hatte. Ihr ging es ja nicht anders. »Nimm dir das doch nicht so zu Herzen«, sagte sie immer wieder, oder: »Er meint es doch nicht so ...« Sie wusste natürlich, dass mein Vater es sehr wohl so meinte. Aber der Inhalt ihrer Worte war gar nicht so wichtig. Entscheidend war für uns beide das Gefühl, nicht allein zu sein in dieser alltäglichen Tyrannei. Wir hatten uns, wir hielten zusammen, wir bildeten eine unzertrennliche Gefühlsgemeinschaft, zu der auch Karin gehörte.

Meine Mutter war die wirkliche Heldin unserer Familie. Jeden Tag wieder saß diese eiserne ostpreußische Schwiegermutter da, vorwurfsvoll schweigend, mit mäkeligem Kontrollblick. Niemals ein freundliches Wort, keinerlei Interesse, aber in ihrer Biestigkeit ausgesprochen zäh. Meine Mutter musste ihre Peinigerin auch noch lange Jahre pflegen. Es gab kein Entkommen für sie. Martha Wall ist weit über 80 geworden.

Mich wundert die aktuelle Betreuungsdebatte angesichts meiner eigenen Erfahrungen. Die häusliche Pflege sei doch die beste, heißt es so oft. Das mag schon sein. Dazu gehört aber auch, dass sich Pflegende und zu Pflegende einigermaßen gut verstehen. Man kann nur ahnen, wie viele Frauen sich jahrelang, vielleicht sogar jahrzehntelang um Großeltern gekümmert haben, die oftmals ziemlich biestig sein können. Dank haben sie selten bekommen, dafür aber graue Haare.

Meine Mutter jedenfalls hat jeden Tag unter ihrer Schwiegermutter gelitten. Sie war ja eigentlich nur zu Gast bei uns, aber mein Vater hielt immer zu ihr. Also fühlte sie sich stark und hat gemäkelt und gemeckert. Früher war mir überhaupt nicht bewusst, was meine Mutter alles einstecken musste und wie sehr sie uns Kinder beschützte und verwöhnte.

Sie war lebenslustig und großzügig, er war streng und geizig. In dieser Konstellation schlummern so viele alltägliche Konflikte, die nicht auszuräumen sind, wenn man kaum miteinander redet. Am meisten konnte sich mein Vater über Heiterkeit und gute Laune aufregen. Lachen, das war für ihn ein Zeichen von mangelnder Strebsamkeit, von Disziplinlosigkeit. Ich habe es natürlich auf die Spitze getrieben und über ihn gelacht. Oft kam ich auch noch zu spät zum Mittagessen. Patsch, hatte ich mir wieder eine Ohrfeige gefangen.

Es war schon beklemmend, wie wenig Kontakt wir miteinander hatten, obgleich wir unter einem Dach wohnten. Aber mein Vater stand immer um fünf Uhr morgens auf, weil dann die erste Milch kam und der Betrieb losging.

Ich suchte mir jeden Tag meine kleinen Fluchten. Wann immer es möglich war, ging ich auf Abenteuerreise. Die Molkerei mit all ihren Ecken und Verstecken bot jede Menge Platz für Kinderspiele. Aber noch lieber zog ich hinaus an den Fluss Kocher, der im Stadtzentrum von Aalen das kleinere Flüsschen Aal in sich aufnimmt. Der Kocher entspringt am Fuß der Schwäbischen Alb und mündet nach etwa 180 Kilometern in den Neckar. Sein Wasser ist braun, aber ziemlich lebhaft, ein Paradies für abenteuerlustige Jungs. Mit den Nachbarskindern gründete ich die Kocher-Bande. Banden waren damals hoch im Kurs. Ich glaube, das kam von den Cowboy-Filmen. Die Bande – ein Kindheitstraum von ewiger Freundschaft und von großen Abenteuern. Wir haben kleine Schiffe schwimmen lassen, wir haben versucht, ein Floß zu bauen – natürlich erfolglos –, wir haben Feuer gemacht und Kartoffeln gegart. Es war herrlich.

Nach heutigen Maßstäben war es unendlich gefährlich, was wir da trieben. Jederzeit hätte einer von uns ertrinken können. Oder unser Kartoffelfeuer hätte sich ausbreiten können. Aber es ist nichts passiert, außer den üblichen Verletzungen. Wir sind jeden Abend verdreckt, aber glücklich nach Hause gekommen, zurück in die richtige Welt, die eigentlich die falsche war. Mein Berufswunsch damals war sonnenklar: Ich wollte Bandenchef werden und mein Leben lang durch die Natur streifen. Meine Fantasie kannte keine Grenzen.

Stets fühlte ich mich auch zu Kindern hingezogen, mit denen man als Molkereibetriebsleitersohn eigentlich gar nicht hätte spielen dürfen. Es waren die Kinder, die »vom Schlauch« kamen. Der Schlauch, das war das Ghetto in Aalen, dort wohnten Flüchtlinge und Problemfamilien. Ich wollte wissen, wie sie lebten, wie sie fühlten, was sie sprachen. Sie rauften gnadenloser als wir, sie waren wilder, lauter, zäher, rauer, aber auch herzlicher. Ich fand diese Kinder spannend, weil sie in einer anderen Welt lebten. Sie bedienten mein Bedürfnis nach Freiheit und Abenteuer viel besser als adrette Matrosenanzugträger.

Meine Mutter hatte, anders als viele andere anständige Aalener Bürger, keinerlei Berührungsängste. Kaum waren die Flüchtlinge in der Stadt, ging meine Mutter mit unseren abgelegten Kindersachen ins Lager. »Wir haben doch so viel und die haben gar nichts«, fand sie.

Ich habe meine Kindheit in vollen Zügen genossen, solange ich das Gefühl hatte, frei zu sein. Ich wollte raus, ich wollte in die Natur, ich wollte Abenteuer erleben. Ich wollte tun und lassen, wonach mir gerade war. Es war ein unglaubliches Privileg, dass meine Kindheit nicht behütet war, sondern in Wirklichkeit ziemlich unkontrolliert.

Ich war ein Rumtreiber und lebte in meiner Fantasiewelt. Es gab für mich überhaupt keinen Grund, mich aus dieser Welt zu verabschieden. Der Ernst des Lebens erschien mir als eine Bedrohung, egal ob zu Hause oder in der Schule.

Auch die Molkerei bot für uns Abenteurer ungeahnte Möglichkeiten. Jeden Tag bin ich durch die Hallen geschlichen und habe geschaut, wo ich etwas abstauben konnte. Mein erstes Ziel war immer ein großer Plastiksack, in dem Sahnebonbons der allerersten Güte von Südmilch aufbewahrt wurden. Ich habe immer ein paar stibitzt und die Löcher dann so kunstvoll geschlossen, dass es nicht weiter auffiel.

Überall auf dem Molkereigelände lagerten Schätze, die uns Kindern unendlich kostbar vorkamen. Wir haben alles zusammengeklaubt, was irgendwo herumlag. Wir konnten ja nicht so genau beurteilen, was nun wertvoll war, was Müll und was man noch gebrauchen konnte: Papier, Stofflumpen, Alteisen. Wenn wir zum Beispiel leere Milchflaschen fanden, lieferten wir sie einfach bei der Rückgabe vorn an der Molkerei ab und kassierten das Pfand. Woher wir die Flaschen hatten, wurde nicht gefragt. Wir waren ja die Kinder vom Chef.

Riskanter war da schon unser Alteisenhandel. Wo auch immer ein Stück Metall herumlag, wir haben es aufgeklaubt und beim Alteisenhändler abgeliefert. Von dem Geld kaufte ich mir dann Süßigkeiten, am liebsten Schokolade. Natürlich kam mein Vater eines Tages dahinter. Ich habe alles geleugnet: »Das war ich nicht, das stimmt nicht«, beteuerte ich. Aber es half nichts. Wie so oft endete auch diese Geschichte mit einem schmerzenden Hinterteil.

Mein erstes Geld habe ich auf dem Feld verdient, beim Ährenlesen. Heute kennt das keiner mehr, weil die Getreidefelder entweder komplett abgeerntet werden oder die Ähren einfach liegen bleiben und verrotten. Es war eine anstrengende Arbeit auf den Stoppelfeldern. Meinen ersten Stundenlohn, es waren ein paar Groschen, habe ich dann mit ungefähr 16 bekommen, als ich meinem Bruder beim Kühehüten half. Kaum war ich ausgezahlt, rannte ich auch schon los, um Schokolade zu kaufen.

Ging es um Schokolade, war ich zu jeder Schandtat imstande. Meine Schwester Karin zum Beispiel hatte mal einen schwerreichen Verehrer. Der lieferte zu Ostern ein gigantisch großes Schokoladenei ab, mit Pralinen darin. Solche Kostbarkeiten gab es bei uns zu Hause nie. Karin war leider nicht zu Hause, also nahm ich das Riesenei in Empfang, mit dem Auftrag, es meiner Schwester zu übergeben. Es war eine Grußkarte dabei. Die habe ich mir angeschaut, ob auch alles ordnungsgemäß beschriftet war. Da stand zu lesen: »Für Karin, von Sowieso.« Ich habe dann einen Kugelschreiber genommen und reingeschrieben: »… und Hans.« Nun stand da: »Für Karin und Hans.« Ich hatte mir widerrechtlich die Hälfte des Ostereis gesichert. Meine Schwester hat es nie gemerkt.

Aalen war ein Paradies für Kinder, sicher, überschaubar und mit einer spannenden Geschichte. Der Name der Stadt geht auf die Römer zurück: Im Jahr 164 bauten sie hier ein Kastell für die tausend Mann zählende Reitereinheit »Ala II Flavia Milliaria«. Das Wappen der Stadt zeigt in Gold einen schwarzen Adler mit roter Zunge, der um die Brust ein rotes Schild trägt, das einen gekrümmten silbernen Aal zeigt. Im Mittelalter war Aalen ein kleiner Ort mit wenigen Hundert Einwohnern. Ab 1360 durfte er sich Reichsstadt nennen und war direkt dem Kaiser unterstellt. Das brachte nicht nur Freiheiten und Privilegien, sondern auch Konflikte mit sich. Ein noch heute zu besichtigender Zeuge dafür ist der »Spion von Aalen«, eine Figur, die auf dem Turm des alten Rathauses sitzt und das Wahrzeichen der Stadt ist. Der Legende nach verdanken es die Aalener diesem Spion, dass das Heer des Kaisers ihre Stadt verschonte. Nachdem der letzte Kaiser des Heiligen Römischen Reiches Deutscher Nation abgedankt hatte, gehörte Aalen ab 1803 zum Kurfürstentum Württemberg.

1861 wurde Aalen an das Eisenbahnnetz angeschlossen und zu einem wichtigen Verkehrsknotenpunkt. Mit der Industrialisierung wuchs die Bevölkerung rasant. Seit 1947 hat Aalen den Status einer Großen Kreisstadt und ist heute mit mehr als 70 000 Einwohnern die größte Stadt in Ost-Württemberg, das »Tor zur Schwäbischen Alb«.

Der Zweite Weltkrieg ging auch an Aalen nicht spurlos vorbei.

Während die US-Kampftruppen am 24. April 1945 noch damit beschäftigt waren, Aalen und das Umland unter Kontrolle zu bringen, kam im Verlauf des Tages 1st Lieutenant Kelly A. Sullivan mit seinem Stab in der Stadt an. Die Offiziere hatten den Auftrag, eine Militärverwaltung für den Landkreis aufzubauen, Baron Max von Lüttgendorf wurde zum Leiter der Kreisbehörde ernannt. Damit begann ein langwieriger Annäherungsprozess von

Besatzungsmacht und Bevölkerung, der sieben Jahre dauerte, auch wenn der Krieg hier bei weitem nicht so sichtbare Spuren hinterlassen hatte wie in Köln, Berlin oder Dresden.

Es ist wahrscheinlich einem Versehen zu verdanken, dass Aalen nicht vollständig zerstört wurde. Denn an jenem Februartag, als die Stadt bombardiert werden sollte, lag sie unter einer dichten Decke aus Nebel und Wolken. Die Besatzungen der amerikanischen Flugzeuge waren sich wohl nicht ganz sicher, ob sie tatsächlich über Aalen flogen, als sie nach und nach ihre Bomben abwarfen. Die Bomben kamen jedenfalls nie an. Anfang April 1945 begannen dann aber doch drei schlimme Wochen, in denen amerikanische Flugzeuge Teile der Stadt, Bahnhof, Postamt und Proviantamt zerstörten. Viele Menschen wurden getötet.

Die Familie Wall hatte Glück: Durch die ländliche Umgebung war auch in den harten Nachkriegsjahren immer genug zu essen da. Wir kannten die Bauern ringsum, wir wussten, wo es Eier gab oder ein Stück Schinken. Aus der Molkerei bekamen wir auch in den kältesten Wintern noch warmes Wasser, Milch und Butter. Die amerikanischen Soldaten kamen gern zu uns. Sie ahnten nicht, dass Hitler das Leitbild meines Vaters gewesen und erst vor kurzem ins dunkle Exil auf dem Dachboden verbannt worden war.

Die Verdrängungsmühen jener Jahre sind mir erst viel später klar geworden. Als Kind habe ich überhaupt nicht verstanden, was da ablief. Ich hätte mit meinen Eltern, vor allem mit meinem Vater, später gern einmal über die

Nazizeit gesprochen. Nicht, um ihn anzuklagen, sondern um die unheimliche Faszination zu verstehen, die von Hitler und seinen Schergen ausging. Ich verstehe bis heute nicht, wie dieser Mann ein ganzes Volk in gefügige Gefolgschaft hatte zwingen können. Warum haben die Menschen mitgemacht? Was können wir lernen? Wie können wir verhindern, dass sich ein solches Grauen wiederholt? Kein Geschichtsunterricht kann Gespräche in der Familie ersetzen, sofern sie nicht inquisitorisch geführt werden.

Aber mein Vater hatte nicht das geringste Bedürfnis, über die dunklen Jahre zu sprechen. Er redete sowieso nicht viel. Es muss unglaublich in seinem Innern gewütet haben. Ich empfinde es bis heute als bedrückend, wie viel Unausgesprochenes es in unserer Familie gab. Da lebten wir auf engstem Raum zusammen, aber jeder behielt für sich, was ihn umtrieb. Bis heute weiß ich zum Beispiel nicht, was mein Vater empfand, als er auf einmal die amerikanischen Soldaten durch Aalen brausen sah. Als Befreier hat er sie bestimmt nicht empfunden.

Nach Ende des Krieges kamen immer mehr Menschen in die Stadt. Rund 80 000 Einwohner hatte der Altkreis Aalen vor dem Krieg. In den Jahren danach kamen 30 000 Flüchtlinge dazu. Menschen aus Ostpreußen, Pommern und Schlesien, aus Böhmen, Mähren und Ungarn flohen seit dem Winter 1944/45 vor der Roten Armee nach Westen. Alle zehn Tage kam ein Zug mit mehr als tausend Menschen an. Wo sollten sie leben? Was sollten sie essen?

Die Not war groß. Im Winter 1946/1947 gab es zwar 22 000 Bezugsberechtigte für Mäntel, aber nur elf Herrenmäntel und sechs Damenmäntel in den Geschäften. Der Winter war so streng, dass Kohle nicht per Schiff über die zugefrorenen Flüsse transportiert werden konnte. Im Herbst verpflichtete der Gemeinderat seine Bürger dann zum Holzfällen. Der Winter darauf war zwar nicht so kalt, aber sehr nass – Hochwasser. Gesprengte Brücken stauten das Wasser, die Stadt wurde überflutet. Selbst auf dem Marktplatz stand das Wasser. 1947 bekamen die Kinder wenigstens in der Schule genug zu essen – die sogenannte Hoover-Speisung. Erst Ludwig Erhards Währungsreform 1948 erreichte, dass wieder genug Nahrungsmittel zu haben waren.

Die einfache Antwort auf die Wohnungsfrage lautete: Die 30 000 mussten bei den 80 000 mit einziehen. Sie benutzten dieselben Küchen, dieselben Toiletten, dieselben Kirchen. Zusätzlich lebten mehr als tausend Menschen unter primitivsten Verhältnissen in Massenquartieren. Bis für alle neue Wohnungen gebaut worden waren, vergingen Jahrzehnte.

Ich kann mich noch gut an die amerikanischen Soldaten erinnern. Die waren überhaupt nicht feindselig, sondern ausgesprochen nett und interessiert. Eine große Familie mit fünf Kindern, das war ja auch spannend. Außerdem war mein Vater kein Soldat gewesen. Für uns Kinder waren sie Freunde, die immer Späße machten und manchmal Süßigkeiten verteilten. Mit einigen haben wir später, als sie längst abgezogen waren, noch jahrelang Briefe ausgetauscht. Für die Amerikaner waren die Walls so eine Art deutsche Musterfamilie. Nach außen hin hätten wir wahrscheinlich für eine Fernsehserie getaugt. Der strenge Papa, die liebe Mama, die lustigen Kinderlein – die Waltons aus Aalen.

In Wirklichkeit herrschten in unserer Familie dauernde Spannungen. Mit dem Abstand der vielen Jahre glaube ich heute, dass mein Vater und seine Mutter den Abschied von ihrer Heimat nie verwunden haben. Bei uns haben sie sich bestenfalls geduldet gefühlt, aber nie zu Hause. Gut möglich, dass die beiden Ostpreußen einen unterbewussten Mythos gepflegt haben, dass wir, meine Mutter und die fünf Kinder, in Wirklichkeit gegen sie waren. Sie fühlten sich in einer permanenten Verteidigungs- und Rechtfertigungsposition. Vielleicht haben sich die beiden Ostpreußen in Aalen all die Jahre eingebildet, sie müssten sich auf feindlichem Terrain durchsetzen, jeden Millimeter erkämpfen.

Weil sie ihre Emotionen unterdrückten, verlief ihr Kampf um Akzeptanz immer über Werte wie Leistung, Disziplin und Ordnung. In diesem deutschen Wertesystem fühlten sie sich überlegen und sicher und vielleicht nicht mehr so fremd. Ihr Wohlwollen war immer an Leistungen und Gegenleistungen geknüpft. Meine Schwester Karin war so lange beliebt, wie sie die Kleider trug, die meine Oma ihr genäht hatte. Als sie sich eines Tages weigerte, ein solches Kleid anzuziehen, hat die Großmutter die Ablehnung persönlich genommen. Karin war ab sofort unten durch. Was lernt ein Kind aus solchen Erfahrungen? Doch nur, dass Unehrlichkeit Vorteile bringt und es bedingungslose Zuneigung nicht gibt, sondern jedes Lächeln seinen Preis hat.

Heute bin ich mir sicher, dass mein Vater und seine Mutter unerträgliche Kämpfe mit sich ausgetragen haben.

Aber wir hatten damals keine Mittel und Methoden, all diese tief sitzenden Ängste und Verletzungen aufzulösen. Das Misstrauen, die Abneigung, der emotionale Stress waren unsere täglichen Begleiter.

Wenn eine große Familie samt Großmutter zusammen beim Essen sitzt, dann erwartet man eine entspannte Atmosphäre. Jeder erzählt, was er erlebt hat. So wird der Zusammenhalt gefestigt, jeder kommt zu seinem Recht und wird wahrgenommen. Im Hause Wall verliefen die täglichen Mahlzeiten völlig anders. Es hatte Ruhe zu herrschen. Meine Oma war ein eiserner und schweigsamer Typ; ihr war eigentlich nur wichtig, dass wir alle kerzengerade am Tisch saßen. Es wurde gegessen und geschwiegen. Mein Vater und seine Mutter sandten ununterbrochen Kontrollblicke aus, ob wir auch ordentlich saßen.

So kam es fast jeden Tag zu dramatischen Situationen. Ich hockte zwischen Horst und Helmut. Natürlich haben wir unterm Tisch gebalgt und getreten und gekniffen. Meine Brüder hatten den Ehrgeiz, mich zum Lachen zu bringen. Denn jeder Mucks von mir wurde von meinem Vater umgehend mit einer Ohrfeige geahndet. Bei jedem Essen waren wir angespannt und aufgedreht, mussten uns aber zugleich unendlich beherrschen – wir waren wie Luftballons kurz vor dem Platzen.

Erschwerend kam für mich hinzu, dass ich bisweilen nicht essen mochte, was mein Vater bestellt hatte. Also bekam ich gar nichts und musste zusehen, wie die anderen aßen. Meine Mutter hatte zwar für mich etwas Eigenes gekocht. Aber das kam erst auf meinen Teller, wenn mein Vater sich zum Mittagsschlaf auf das Sofa gelegt hatte.

Jeden Mittag erlebten wir das gleiche Ritual: Kaum hatte mein Vater die Mahlzeit beendet, verließ er schweigend den Tisch. Meine Oma folgte ihm. Es war, als habe jemand einen Schalter umgelegt. Kaum hatten sie das Zimmer verlassen, ging das Geschnatter los. Und meine Mutter mittendrin. Unglaubliche Erleichterung und Befreiung jeden Mittag. Mein Vater muss das gehört haben von draußen. Aber er hat nie etwas gesagt.

Wirklich anrührend war bei uns der Heilige Abend. Es war wunderschön, wie die ganze Familie in diese wunderbare alte Kirche in Aalen ging. Die Glocken läuteten, Kerzen flackerten, die Aufregung für uns Kinder war unerträglich. Es ist verblüffend, wie viel Kraft diese Weihnachtserinnerungen bis heute haben: die Gerüche, die Geräusche, die ganze zauberhafte Stimmung. Mir wird noch immer ganz komisch ums Herz, wenn ich heute daran zurückdenke. Damals war es mir gar nicht klar. Erst mit Abstand wird mir bewusst, wie herrlich es ist, wenn eine Familie gemeinsam Weihnachten feiert. Das ist einfach traumhaft schön und sehr viel stärker als all die anderen Erinnerungen, die man aus seiner Kindheit mit sich herumschleppt.

Vor der Bescherung gab es Hähnchen. Das war ein Festessen für uns, da es nur ganz selten auf den Tisch kam. Dann endlich durften wir rein ins Wohnzimmer. Überall standen die bunten Teller mit unseren Namen darauf: »Horst«, »Helmut«, »Karin«, »Ursel« und »Hans«. Wir mussten allerdings erst noch den musikalischen Teil des Abends hinter uns bringen. Mein Vater spielte Mundharmonika, Karin traktierte die Flöte, jeder von uns musste einen Vers aufsagen. Dann wurde gesungen.

Natürlich versuchte jeder schon mal zu spähen, was denn so an Geschenken bereitlag. Meine Mutter hat immer geweint vor Rührung. Ich guckte auch schon mal, was ich bei den anderen stibitzen konnte. Die Kekse meiner Mutter waren jeden Diebstahl wert, vor allem die Dreistöckigen mit Erdbeermarmelade dazwischen. Wenn irgendwo ein Keks vermisst wurde, hieß es: »Aha, das war der Hans ...« Ich stand immer als Erster unter Verdacht. Und meistens zu Recht.

Viele Jahre lang habe ich mich nicht mit meinen Wurzeln beschäftigt. Der Gedanke an meinen Vater war mir unangenehm. Ich spürte weder eine Identität noch irgendwelche Bindungen an die Heimat, an mein Zuhause. Heute weiß ich, wie mächtig Traditionen sind. Es gibt Verbindungen in einer Familie, die kann man nicht kappen, denen muss man sich stellen. Ich bin sehr froh, dass mein Sohn Daniel mein Unternehmen führt. Wir sind unterschiedliche Charaktere, aber am Ende eben doch beide Walls. Am schönsten fände ich es, wenn meine ganze Familie im Unternehmen arbeiten würde.

Heute weiß ich: So gespannt das Verhältnis zwischen mir und meinem Vater auch all die Jahre war, ich trage dennoch viel von ihm in mir. Das Strebsame, Ehrgeizige und Entschlossene habe ich von meinem Vater geerbt. Es hat allerdings ziemlich lange gedauert, bis sich dieser Wesenszug offenbarte. Als Kind war ich ein Taugenichts. Jedenfalls nannte er mich so. Und er hatte nicht ganz Unrecht. Meine Mutter musste jeden Morgen mehrmals rufen, bis ich endlich aus dem Bett kam. Ich bin überzeugter Langschläfer, bis heute. Im Galopp bin ich dann zum

Bahnhof gehetzt und im letzten Moment auf den Zug gesprungen.

Nichts war mir gleichgültiger als Schule. Ich langweilte mich, ich fühlte mich eingesperrt, mein Ehrgeiz war nicht besonders ausgeprägt. Ich sei »saufaul« gewesen, behauptet meine Schwester Karin. Ich fürchte, sie hat Recht. Ein Kinderpsychologe könnte wahrscheinlich erklären, dass meine Abneigung gegen die Schule eine unterbewusste Ablehnung meines Vaters war. Denn Kurt Karl Albert Wall legte größten Wert auf gute Noten und erstklassige Zeugnisse. Damit konnte ich nun überhaupt nicht dienen.

Später wurde ein brutales Machtspiel daraus. Ich hatte großen Spaß daran, meinen Vater zu provozieren. Wir Kinder wurden fast jeden Abend von ihm abgefragt. Wir mussten für unseren eigenen Vater mehr Spickzettel vorbereiten als für die Schule. Wenn er mal wieder Oberlehrer spielte, habe ich hinter seinem Rücken Grimassen geschnitten. Natürlich hat er mich erwischt. Und dann setzte es Prügel. Nur einmal bin ich der Strafe vorerst entkommen, da bin ich aus dem Fenster gesprungen, auf ein Vordach, und habe mich dann an einer Regenrinne abgeseilt. Geholfen hat es aber nicht, denn mein Vater vergaß eine Prügelstrafe nie.

Zum Vollzug nahm er nicht die flache Hand, sondern eine Lederrute. Damit hat er dann das Hinterteil bearbeitet. Heute würde er dafür wahrscheinlich angeklagt und verurteilt werden. Aber damals war körperliche Züchtigung völlig normal. In der Schule wurden »Tatzen« verteilt: Mit dem Rohrstock gab es ein paar Hiebe auf die Finger. Das war allerdings Kinderkram verglichen mit der

Prügelei zu Hause. Und ich habe immer am meisten abbekommen. Es war aber auch meine Schuld. Ich wollte den Machtkampf mit meinem Vater herausfordern. Und ich wollte nicht verlieren.

Ich erinnere mich noch an sein zornesrotes Gesicht, wenn er die Rute schwang. Es hat höllisch wehgetan. Oft kam meine Mutter mit Tränen in den Augen herbeigeeilt und versuchte ihn zu bremsen. Meine Schreie hat sie wohl nicht länger ertragen können. »Lass den Bub in Ruhe«, hat sie geschrien, »schlag ihn nicht.« Aber mein Vater war außer sich. Ich glaube, er neigte zum Jähzorn. Er hat einfach weitergeprügelt. Aber ich ließ mich nicht kleinkriegen. Und er hat umso härter geschlagen. Bis er am Ende völlig verzweifelt war und sagte: »Ich weiß nicht mehr, was ich mit dem Buben machen soll. Ich schlag und schlag ihn, aber es hilft nichts. Er will einfach nicht hören.«

Heute empört man sich zu Recht über solche Erziehungsmethoden, aber früher waren sie an der Tagesordnung. Ich habe darunter gelitten, keine Frage, aber die Schläge haben mich nicht zerbrochen. Kann gut sein, dass sensiblere Wesen daran mehr zu knabbern gehabt hätten. Immerhin hat mein Vater meine Mutter nicht angerührt; das hat er sich nicht getraut.

Ich bin wirklich kein Freund von Schlägen, aber ich glaube nicht, dass Kinder heute besser erzogen werden, nur weil weniger geprügelt wird. Seelische Grausamkeit ist mindestens so brutal wie körperliche. Heute werden Kinder missachtet, sie verwahrlosen oder werden schon im Säuglingsalter zu Supermännern und -mädchen gedrillt. Kinder müssen fast immer die Störungen ihrer Eltern ausbaden, heute auf die eine, morgen auf eine andere Art und Weise.

Mein Vater hat ganz auf Strenge gesetzt, so wie er es wahrscheinlich zu Hause gelernt hatte. Er war immer der Meinung, dass meine Mutter zu gutmütig sei. Güte, das war in seinen Augen Schwäche. Was ich mich heute frage: Hatte mein Vater Freude dran, wenn er die Rute schwang? Oder hat er eine Pflicht erfüllt? Oder hat er vielleicht sogar unter seiner eigenen Brutalität gelitten? Ich weiß es beim besten Willen nicht.

Wenn ich heute so zurückblicke, dann klingt das alles ziemlich grausam, was ich als Kind erlebt habe. Aber das stimmt nicht. Es gab auch unendlich viele schöne Momente, die ich niemals missen möchte. Ich hatte vielleicht nicht die allerglücklichste, aber sicher auch keine unglückliche Kindheit.

Meiner Mutter habe ich es zu verdanken, dass mein Leben nicht eine völlig andere Richtung genommen hat. Denn schon als Kind hatte ich eine ausgeprägte Egal-Haltung entwickelt. Ich betrachtete es als größte Herausforderung, alle Erwartungen meines Vaters systematisch zu durchkreuzen. Er legte Wert auf gute Noten. Ich lieferte schlechte. Er legte Wert auf Pünktlichkeit. Ich kam zu spät. Er machte oft abends noch einen Kontrollgang. Ich war gerade erst über den Balkon in mein Zimmer gekommen und hatte es gerade noch ins Bett geschafft, wo ich mucksmäuschenstill lag, oft noch mit Schuhen an den Füßen.

In meiner Kindheit waren viele meiner Wesenszüge bereits deutlich zu erkennen. Ich war neugierig und unangepasst, ich wollte Aufmerksamkeit und Wettbewerb und manchmal auch Provokation. Es gibt ja diese Theorie, dass Menschen ihr Leben lang davon getrieben sind, ihren Eltern etwas zu beweisen. So sehr ich mich auch gegen meinen Vater stellte, so sehr wollte ich in meinem tiefsten Innern seine Anerkennung erringen. Aber je mehr Unsinn ich anstellte, desto weniger Anerkennung bekam ich. Wir beide waren in einer ausweglosen Lage miteinander verstrickt.

Erst mit dem Abstand vieler Jahre, ja Jahrzehnte habe ich gespürt, wie sehr ich darunter gelitten hatte, dass mein Vater mich für einen Versager hielt, gerade in den Pubertätsjahren, in denen positive Zuwendung so wichtig ist für einen Menschen. Es ist das Alter, in dem man sich sehr über das Urteil anderer definiert. Und da gibt es Situationen oder einfach nur achtlose Bemerkungen, die einen Menschen ewig quälen.

Der brutalste Moment meiner Kindheit war nicht etwa ein Hieb mit der Lederpeitsche, sondern ein Gespräch mit dem Klassenlehrer am Ende der Grundschule. Mein Vater hatte sich fein gemacht, wir waren gemeinsam in die Schule gegangen. Ich kann nicht behaupten, dass ich mich besonders wohlgefühlt hätte. Mein Notendurchschnitt war mit 3,3 wirklich nicht brillant, mein Betragen nicht viel besser. Im Gespräch mit dem Lehrer sollte es nun um meine schulische Zukunft gehen.

Insgeheim hoffte ich natürlich, dass mich der Pädagoge und mein Erzeuger für ein verkanntes Genie hielten und vielleicht doch die Möglichkeit in Erwägung zogen, mich aufs Gymnasium zu schicken. Da wollte ich nämlich unbedingt hin. Trotz meiner Noten traute ich mir eine höhere Bildung durchaus zu. Doch kaum hatten wir die Begrüßungshöflichkeiten ausgetauscht, ergriff schon mein Vater das Wort, ohne den Lehrer überhaupt angehört zu haben. »Aus dem Jungen wird ja doch nichts. Das hat doch keinen Sinn, den aufs Gymnasium zu schicken, oder? Was meinen Sie?«, sagte mein Vater in einem Ton, der keinen Widerspruch vorsah.

In diesem Moment hätte ich sagen sollen: »Nun lass mich doch mal in Ruhe. Ich brauche etwas länger, aber ich schaffe das schon. Ich möchte aufs Gymnasium.« Aber ich habe mich natürlich nicht getraut. Der Lehrer schaute irritiert. Nach einer Pause sagte er zögernd: »Na ja, wahrscheinlich haben Sie Recht.« So steuerte meine schulische Laufbahn vorerst in Richtung Volksschulabschluss.

Ich weiß nicht, wie oft in meinem Leben ich an diese vernichtenden Sätze meines Vaters gedacht habe. Nicht hundert-, sondern tausendmal. Er klingt wie ein Mantra in meinem Unterbewusstsein, immer und immer wieder. »Aus dem Buben wird ja doch nichts … das hat doch keinen Sinn … aus dem Buben wird ja doch nichts.« Und es war nicht irgendein Idiot, der mich aufgegeben hatte, sondern mein eigener Vater. Er behielt seine Meinung auch nicht für sich oder im engsten Familienkreis, sondern breitete sie geradezu genüsslich aus vor einem Lehrer, der mich seit Jahren kannte. Wie konnte mir dieser Lehrer jemals wieder eine ordentliche Note geben, wenn schon mein eigener Vater davon überzeugt war, dass ich sie nicht verdient hatte?

Wellen von Wut und Ärger, von Hilflosigkeit und Traurigkeit erschütterten mich in dieser Sekunde – und von da an mein Leben lang. Immer wieder. »Aus dem Jungen wird ja doch nichts …« Ich bekomme immer noch eine Gänsehaut, wenn ich an diesen Moment zurückdenke. Ich bedanke mich bei Gott im Himmel, meiner Mutter, meinen Geschwistern, allen Menschen, die jemals bei mir waren, dass mich dieses Trauma nicht zerstört hat. Der Schmerz ist zwar immer noch da, aber er hat keine Macht über mein Leben gewonnen.

Zugleich war diese grausame Situation beim Lehrer einer der Schlüsselmomente meines Lebens, in dem eine Grundsatzentscheidung gefallen ist: Vielleicht habe ich es nicht offiziell beschlossen, aber unterbewusst war für mich völlig klar, dass ich mit meinem Vater ab sofort nicht mehr als nötig zu tun haben wollte. Diese plakativ vorgetragene Ablehnung erschütterte mein kindliches Vertrauen derart, dass ich auch die letzten emotionalen Bande kappte. Sollte er mich verdreschen, sollte er mich zum Taugenichts erklären – ich wollte es nicht mehr wissen, nicht mehr spüren, sondern einfach ignorieren.

Im Alter haben sich meine Eltern allerdings auf wundersame, sogar beängstigende Weise verändert. Sie haben ihre Rollen einfach gewechselt. Meine Mutter, die herzenswarme Frau, war plötzlich bitter geworden. Man konnte ihr nichts mehr recht machen. Keines von uns Kindern nahm ihr diese Biestigkeit übel, aber traurig war es schon. Meine Mutter hatte ihr ganzes Leben anderen Menschen geopfert, meinem Vater, den Kindern, sich aber viel zu wenig um sich selbst gekümmert. Sie war verbraucht, am Ende. Ihre emotionale Batterie war leer, und niemand war in der Lage, ihr neue Energie zu geben. Ich hoffe, meine

Mutter wusste, wie dankbar ich ihr war und bis heute bin und immer sein werde.

Die Entwicklung meines Vaters war mindestens genauso bemerkenswert. Er hatte Parkinson und war, je älter er wurde, von zunehmender Verträglichkeit. Im Alter hat er immer gesagt: »Wenn du mal eine Firma aufmachst, dann werde ich der Hausmeister.« Und, ehrlich, ich hätte mir keinen besseren »Hausmeister« wünschen können. Zum Start meines ersten Unternehmens lieh er mir tatsächlich 5000 Mark.

Später habe ich den beiden eine Wohnung gekauft, in der sie zusammen lebten. Mein Vater kam häufig, auf seinen Stock gestützt, zum Haus meines Bruders Helmut in Aalen, setzte sich aufs Sofa, erzählte ein wenig, bekam ein Schnäpschen und wackelte wieder nach Hause. Und wenn er allein daheim war, weil meine Mutter beim Einkaufen war, dann hat er bei meinen Geschwistern angerufen und ihnen am Telefon Lieder vorgesungen. Er ist richtig menschlich geworden auf seine alten Tage.

Nach seinem Tod haben wir seine Zeugnisse gefunden, von der ersten Klasse bis zur Ausbildung zum Betriebsleiter: alles Einser, unglaublich. Er hätte sich einen Finger abgebissen, wenn er dafür statt einer Zwei eine Eins bekommen hätte – so viel Ausdauer, so viel Wille und Geradlinigkeit, aber auch so viel Verbissenheit war in ihm. Manchmal denke ich, dass ich davon mehr abbekommen habe, als ich mir eingestehen mag.

1990 wurde bei meiner Mutter exakt an jenem Tag Krebs diagnostiziert, als mein Vater zur Kurzzeitpflege ins Altenheim sollte. Auf geheimnisvolle Weise waren die beiden Leben ineinander verschlungen. Fast ein dreiviertel Jahr hat Karin dann die Pflege meiner Mutter übernommen – eine wirklich harte Aufgabe. Weil meine Mutter nachts kaum noch schlief, war meine Schwester rund um die Uhr im Einsatz. Ich bin Karin sehr dankbar dafür. Von einem besonders dramatischen Moment hat sie mir erst viel später berichtet. Kurz vor ihrem Tod hatte meine Mutter geklagt, wie ungerecht das Leben doch zu ihr sei. »Wie gern hätte ich jetzt noch ein Weilchen gelebt, ganz allein für mich und ohne ihn. Aber nicht mal das ist mir vergönnt.«

Es jagt mir heute noch ein Frösteln über den Rücken, wenn ich an die vielen Ehejahre meiner Eltern denke. Wir Walls waren bestimmt keine besondere Familie, sondern eher normal für den deutschen Durchschnitt der Nachkriegsjahre. Mit dem heutigen Blick allerdings muss man feststellen, wie unendlich grausam der Alltag sein kann.

Ich frage mich, welcher Sinn dahintersteckte, dass wir alle uns das Leben so unnötig schwergemacht haben. Mein Vater und meine Mutter hätten ein sehr viel erfüllteres Leben führen können, wenn sie eine andere Einstellung zueinander gefunden hätten: etwas mehr Liebe und Ruhe und Zufriedenheit. Nicht immer dieser unnötige Druck. Es war doch alles gut. Wir alle hätten ein glücklicheres Miteinander genießen können. Aber es war uns nicht vergönnt.

KAPITEL 2

»Bananenknacker!« – Jugend zwischen Mopeds, Flausen und Arrest

Motorräder und Mädchen – Lehrjahre in der Schlosser-
werkstatt – Hinter Gittern – Erste Lieben: Spatz und Rosi –
Flitterwochen bei der Schwiegermutter – Leben als Zeuge
Jehovas – Vom Arbeiter zum Angestellten

> *»In einer Sekunde entschied sich mein Leben.*
> *Und ich habe den redlichen Kurs gewählt.«*
> HANS WALL

Mein Vater war ein Sicherheitsmensch. Er hätte sich niemals Geld geliehen, um eine Anschaffung zu machen.
Meine Eltern lebten die schwäbische Sparsamkeit konsequent. Urlaub, Fernseher, Auto gab es erst, als mein Vater
auch bar bezahlen konnte. Wenn ich diese Haltung geerbt
hätte, würde es die Wall AG nicht geben.

Ich war und bin ein Risikotyp, vielleicht aus reiner Op-
position. Schon früh kam ich deswegen mit meinem Vater
in Konflikt. Als Lehrling verdiente ich mein erstes eigenes
Geld, was mir eine gewisse Unabhängigkeit verschaffte.
Jeden Tag ging ich am Schaufenster des führenden Zwei-

rad-Händlers in Aalen vorbei. Und jeden Tag leuchtete sie mich verführerischer an mit ihrem verwegenen Korallenrot.

Sie hatte es mir angetan: die NSU Quickly. Seit 1953 erlaubte das Gesetz jedem 16-Jährigen, ein kleines Motorrad zu fahren, steuerfrei und ohne Führerschein. Einzige Bedingung: Das Gefährt durfte nicht mehr als 50 Kubikzentimeter Hubraum haben.

Die NSU Quickly war ein ebenso schickes wie erfolgreiches Moped: ein Schwingsattel, Scheinwerfer mit integriertem Tacho, bauchiger 3-Liter-Tank und eine kräftige Trommelbremse vorn. Der Start erfolgte mittels der Pedale. Die 26-Zoll-Räder waren etwas zu groß, um richtig schnittig auszusehen, dafür brachte es der Motor auf 1,4 PS bei 5000 Umdrehungen in der Minute. »Nicht mehr laufen, Quickly kaufen«, so lautete der Werbeslogan. Wenn man sich tief über den Lenker duckte, brachte es die Maschine locker auf 50 Stundenkilometer – ein Rausch der Geschwindigkeit.

Monatelang hatte ich voller Sehnsucht dieses wunderbare Gefährt bestaunt. Eines Tages war es so weit: Ich hatte den Händler lange genug bearbeitet, dass er sich auf eine Ratenzahlung einließ. Stolz knatterte ich mit meinem Moped nach Hause und parkte es bei uns im Hausflur.

Als mein Vater die Maschine sah, fuhr er aus der Haut. Es gehörte sich seiner Ansicht nach nicht, dass ein Halbwüchsiger wie ich ein solch stolzes Gefährt pilotierte. »Zurück!«, befahl er mir. »Das kannst du dir doch gar nicht leisten. Zurück!« Noch bevor ich etwas erklären konnte, hatte mein Vater den Händler angerufen. Der erklärte, dass er die Maschine gern zurücknähme. Allerdings verfielen dann die 50 Mark Anzahlung. Schließlich sei die Maschine ja nun nicht mehr neu, sondern gebraucht. Knurrend musste mein Vater die Erklärungen des Händlers akzeptieren. Beim Wettstreit zwischen Prinzipientreue und Sparsamkeit gewann das Geld. Ich durfte die Maschine behalten. Und ich habe meine Schulden schon damals zuverlässig abgestottert.

Die NSU Quickly war mehr als ein Moped, sie war ein Statussymbol. Ja, ich war ein ziemlicher Angeber. Ich wollte Anerkennung, egal von wem, egal wie. Denn in meinem tiefsten Inneren herrschte eine dauernde Unzufriedenheit mit mir selbst. Ich wusste als Heranwachsender nicht damit umzugehen, dass ich offenbar so gut wie nichts konnte. Das Urteil, das mein eigener Vater in der Schule über mich gefällt hatte, saß tief. Ich glaubte selbst daran, ein Versager zu sein. Umso gieriger sehnte ich alle Gelegenheiten herbei, die dieses Versagermuster relativierten.

Besonders gut gelang mir das Vergessen auf dem »Boulevard«. So nannten wir die Bahnhofstraße in Aalen, die ich, oft mit meiner Schwester Karin, auf und ab stolzierte. An guten Tagen bin ich die Bahnhofstraße ein Dutzend Mal und öfter auf und ab marschiert. Ich tat so, als interessierten mich die Blicke der Mädchen überhaupt nicht. Aber in Wirklichkeit sog ich sie auf wie ein Verdurstender das Pfützenwasser. Karin meldete überdies minutiös, welches Mädchen mir welchen Blick in welcher Intensität gewährt hatte.

Der Gegensatz von hartem Zuhause und diesen Triumphläufen über den Boulevard hätte nicht größer sein können. Mit der Quickly war ich natürlich noch viel attraktiver. Die bewundernden Blicke von anderen habe ich über viele Jahre gebraucht. Wenn ich ehrlich bin, kann ich mich bis heute nicht davon frei machen. Durch die Ablehnung meines Vaters bekam die Anerkennung von außen einen immens hohen Stellenwert.

Die Erkenntnis dahinter ist weder neu noch revolutionär: Bewunderung ist auf Dauer teuer, aber nicht sehr haltbar. Das war mir egal. Ich wünschte mir nichts sehnlicher als Luxus. Obgleich wir weder Hunger noch Mangel litten, kam mir unser Zuhause doch relativ kümmerlich vor. Fünf Kinder waren mit dem Einkommen eines Molkereileiters ordentlich, aber eben nicht üppig aufzuziehen.

Als Jüngster musste ich alles auftragen, was noch in Ordnung war, nicht nur Konfirmationsanzüge, sondern auch Schuhe, Hosen, einfach alles. Ich kann mich nicht erinnern, ob mich Mitschüler schief angeguckt haben. Die anderen hatten ja auch nicht mehr. Im Gegenteil. Es herrschte viel Not nach dem Krieg, da ging es uns mit der Molkerei prächtig. Wir hatten sogar eine Badewanne. Aber ich habe mich trotzdem geniert. Es war ja auch niemand da, der mir gesagt hätte: »Du siehst aber schick aus.« Lob gab es ohnehin fast nie. Ich teilte mit meinen beiden Brüdern ein Zimmer und war immer der Kleine, der die Klappe zu halten hatte. Ich hielt mich aber nie daran.

Die abgelegten Klamotten meiner Geschwister widerten mich an. Aber ich hatte nicht viel anderes anzuziehen. Ich weiß noch, wie grausam dieser Konfirmationsanzug war, in den ich gesteckt wurde. Er stammte von einem

Vetter aus Schwäbisch Gmünd, war von meiner Mutter halbwegs passend gemacht worden, und ich schämte mich zu Tode darin. Alle um mich herum trugen schicke Klamotten. Und ich sah aus wie eine Vogelscheuche. Wahrscheinlich ist es niemandem aufgefallen, aber mir kam es so vor. Als Kind und Jugendlicher war ich fest davon überzeugt, immer und überall zu kurz zu kommen.

Bis heute habe ich einen ziemlichen Eitelkeitstick. Ich lege großen Wert auf schöne Anzüge und gutsitzende Hemden. Inzwischen ist bei mir sogar eine politische Haltung daraus geworden. Anstatt zwei Dutzend Hemden zu besitzen, die irgendwo in der Dritten Welt für Hungerlöhne zusammengeschustert worden sind und bei denen der erste Knopf schon abfällt, bevor man den Laden verlassen hat, sollten wir alle ein bisschen mehr Wert auf Qualität und Herkunft legen.

Drei ordentliche Hemden, in Deutschland produziert, sind für alle Beteiligten segensreicher als ungezählte modische Fetzen, die nicht mal die erste Wäsche überleben. Wenn jeder Bürger im Rahmen seiner Möglichkeiten darauf achten würde, Produkte zu kaufen, die seine unmittelbaren Mitmenschen herstellen oder vertreiben, dann hätte das nichts mit Nationalismus zu tun, sondern mit tätiger Nächstenliebe. Wie wollen wir unseren Sozialstaat aufrechterhalten, wenn große Teile unserer Kaufkraft in Asien landen?

Dem Halbstarken Hans Wall ging es natürlich keine Sekunde lang um volkswirtschaftliche Aspekte, sondern ausschließlich darum, sein ramponiertes Ego aufzupäppeln, egal wie. Schicke Fahrzeuge sind seit jeher ein sicherer Weg, einer angeknacksten männlichen Psyche aufzuhelfen. Ein Kumpel von mir hatte es gut: Sein Vater fuhr einen Mercedes, mit roten Samtsitzen. Es war ein unbeschreibliches Gefühl, dort mitzufahren, in so einem 170er mit Buckel, einem fahrenden Palast. So einen wollte ich auch haben, so schnell wie möglich.

In den gehobenen Kreisen der Gesellschaft ist es heutzutage ja schick, sich mit seiner wilden Jugend zu brüsten. Wer will nicht alles die Revolution angezettelt, eine Frittenbude überfallen oder einen Mülleimer angezündet haben. Ich kann aus bitterer Erfahrung sagen: Wer jemals auch nur den Hauch einer kriminellen Erfahrung erlebt und dafür gebüßt hat, der brüstet sich nicht damit. Mir bleibt heute noch das Herz stehen, wenn ich überlege, wie knapp ich einer kleinkriminellen Karriere entgangen bin. Von Stolz kann überhaupt keine Rede sein.

Ich will die Verantwortung für meine Fehltritte nicht delegieren. Aber ich will sie erklären. Ich bekam keine Anerkennung von meinem Vater, ich bekam keine Bestätigung aus der Schule, aus der Lehre oder durch ein Hobby. Ich hing herum und verlor mich in meinen Tagträumen. Ich bewunderte zwar die Boxer, wie sie sich bis aufs Blut bearbeiteten, aber eine besondere Begabung für irgendeinen Sport zeigte ich nicht. So habe ich eben andere Methoden entwickelt, um mir Aufmerksamkeit zu verschaffen.

Schon als Kind hatte ich ein großes Interesse an Spielgefährten gezeigt, die meinen gutbürgerlichen Eltern garantiert missfallen hätten, wenn sie davon Wind bekommen hätten. Als Jugendlicher fühlte ich mich noch immer zu solchen Typen hingezogen, deren Faszination vor allem darin bestand, dass sie sich nicht immer an alle Regeln und Gesetze hielten. Ich suchte Abenteuer. Sicher spielte es auch eine Rolle, dass meine Kameraden aus der Aalener Halbwelt mich, den Betriebsleitersohn, genauso spannend fanden wie ich sie.

Nachdem mein Vater meine schulische Karriere radikal verkürzt hatte, besorgte er mir wenigstens eine Lehrstelle, bei der Molkereimaschinenfabrik Gebrüder Rieger in Aalen. Das Unternehmen baute aufwändige Armaturen und Installationen für die Molkerei. Mein Vater kannte den Betriebsleiter, und so wurde ich eben zum Schlosser ausgebildet.

Die Rieger-Werke waren eine Aalener Legende. Vor der Weltwirtschaftskrise arbeiteten 700 Menschen bei den »Aalwerken«, bevor sie von den Alexander-Werken in Remscheid geschluckt und zugemacht wurden. Die Söhne des Gründers und Aalener Ehrenbürgers Heinrich Rieger, Carl und Emil, gründeten 1939 eine neue Metallfabrik auf dem alten Anwesen im Zentrum der Stadt. Sie müssen interessante Typen gewesen sein. Carl legte sich neben seiner Villa auf dem Fabrikgelände eine Reitbahn und einen kleinen Zoo mit exotischen Tieren an, darunter seltene Vögel. Sein Bruder Emil hingegen stand auf teure Luxusautos – er starb bei einem Unfall – und trat bei Festen als Sänger auf. Beide gehörten zu den Freimaurern.

Diese Zeiten waren aber längst vorbei, als ich meine Schlosserlehre anfing. Das Sagen hatte nun der Urenkel des Firmengründers. Etwa 250 Mitarbeiter arbeiteten 1956 bei den Rieger-Werken. Die Firma war ein mittelständisches Unternehmen geworden. Wir stellten Maschinen her, zum Beispiel Milchabfüllanlagen, aber auch Fleischwölfe.

Als ich 1959 fertig war mit der Lehre, kam Karin in den Betrieb. Sie lernte im Büro. Dort hieß ich nur »Bananen-Knacker«. Dieser absurde Begriff klingt mir heute noch in den Ohren: »Bananen-Knacker, komm mal her …«, »Bananen-Knacker, feg die Werkstatt!«, »Wo steckt denn der Bananen-Knacker?« Immer dieses Wort: »Bananen-Knacker, Bananen-Knacker.« Ich habe fürchterlich darunter gelitten.

Ich war aber auch selbst schuld. Denn ich war so dämlich gewesen, meine kleinkriminellen Missetaten vor der Belegschaft auszubreiten, weil ich die ungläubigen Gesichter genoss, die mich anstarrten. Wenn es darum ging, einen Ruf in Rekordzeit zu ruinieren, dann war ich ganz weit vorn. Wie konnte ich so dusselig sein, mich mit Fehltritten zu brüsten? Gleichwie: Ich hatte eine Menge gelernt. Und immerhin habe ich die Lehre ja trotzdem zu Ende gebracht.

Was war geschehen, dass ich so unverhohlen prahlte? Mit meinem Kumpel Ewald war ich wie so häufig auf dem Güterbahnhof herumgestreunt, zwischen den Gleisen. Wir hatten die Waggons begutachtet und überlegt, was sie wohl geladen haben mochten. An einem Eisenbahnwaggon, der uns besonders spannend vorkam, hatten wir die Plombe geknackt und waren hineingeklettert. Drinnen lagerten lauter getrocknete Früchte und exotisches Obst. Bananen waren damals für uns ein unerschwinglicher Luxus. Wir haben uns vollgefressen wie die Affen. Mein Kumpel hatte noch seinen kleinen Bruder dabei.

Plötzlich hörten wir, dass jemand kam. Wir guckten uns an. Sofort war klar, dass wir türmen mussten. Also raus aus dem Waggon, zwischen den Gleisen weggerannt und immer den Kleinen hinter uns her geschleift. Die Stimmen kamen immer näher. Wir sind einen Abhang runtergekullert. Ich bin über den Zaun gesprungen, aber mein Kumpel kam mit seinem kleinen Bruder nicht hinterher. Am Zaun haben die Häscher Ewald dann gekriegt.

Mein Kumpel hätte alles auf sich nehmen können, da er zwei Jahre jünger und noch gar nicht strafmündig war. Er wäre glimpflich davon gekommen. Und ich auch. Aber die Polizei hatte Ewald gegrillt, bis er mich verpfiff. Es war ja auch kein Geheimnis, wer der Freund vom Ewald war. Und weil ich der Ältere war, galt ich auch noch als Anstifter und Hauptschuldiger. Ich bin natürlich nicht nach Hause gegangen, sondern habe mich die halbe Nacht herumgetrieben.

Ich ahnte, dass meinen Eltern längst bekannt sein musste, was gegen ihren Problemsohn vorlag. Mein Vater war am Boden zerstört, was ihn aber nicht davon abhielt, mich erst einmal ordentlich zu verprügeln. Er hatte große Angst, sein Ansehen zu verlieren. Über Jahre hinweg hatte er sich eine solide Anerkennung in der Stadt erarbeitet, auch wenn er keine Freunde hatte und in keinem Verein aktiv war. Dass sein missratener Sohn sich nun anschickte, dieses sorgsam erarbeitete Renommee auf einen Schlag zu zerstören, das machte meinen Vater besonders zornig.

Es kam sogar zu einer richtigen Gerichtsverhandlung wegen Siegelbruchs. Zum Glück fiel ich noch unter das Jugendstrafrecht. Aber zu Arrest wurde ich trotzdem

verurteilt. An drei Wochenenden musste ich zum Amts-
gericht, da wurde ich dann über Nacht eingesperrt. In
der Zelle war es dunkel und muffig, und es stand nur ein
alter Ofen darin. Ich habe mich unendlich einsam gefühlt. Das war schlimm für mich, dieses Allein- und Ver-
lassensein.

Wenn es heute heißt, wir brauchen eine härtere Gang-
art für problematische Jugendliche, bin ich entschieden
dagegen. Ich glaube nicht daran, dass Strafen Menschen
besser machen. Wenn man von Samstag bis Montagmor-
gen eingesperrt ist, ohne jede Ansprache, ohne ein Buch
oder irgendwelchen Kontakt, wie soll man da ein besserer
Mensch werden? Bei vielen wächst womöglich der Zorn
und sie werden noch aggressiver, sobald sie wieder in Freiheit sind. Was hat ein Halbstarker denn zu verlieren, wenn
seine Eltern ihn komplett alleinlassen? Meine haben sich
wahrscheinlich mordsmäßig für ihren Sohn geschämt.
Mein Vater hat bestimmt gesagt, man müsse mich am besten für immer wegschließen.

Es waren drei grausame Wochenenden. Und ich Trottel habe damit auch noch angegeben im Betrieb, in der
Umkleidekabine, so, dass es auch jeder hören konnte. Und
plötzlich war ich der »Bananen-Knacker«. Ich habe eine
Menge gelernt damals – weniger im Arrest als vielmehr
hinterher. Wenn man offen und arglos und leutselig ist,
dann geht man unkalkulierbare Risiken ein. Was lernt ein
Jugendlicher daraus? Sei verschlossen! Sage nie die Wahrheit! Verstecke deine Gefühle! Verschleiere deine Absich-
ten! Es ist menschenfeindlich, aber der sichere Weg. Ich
versuche dennoch, mich von diesem ewigen Taktieren frei

zu machen. Es belastet mich. Ich bin ein offener Mensch und will es bleiben.

Die Bananen-Knacker-Erfahrung hätte eigentlich genügen müssen, um mich schlagartig auf den Pfad der ewigen Tugend zurückzuführen. Aber es gab immer neue Situationen, in denen ich versucht war, etwas anzustellen. Ich erinnere mich noch genau an diesen Sommerabend, an dem ich mit meinen Kumpels mal wieder unterwegs war. Auf einmal standen wir vor einem Mercedes 170, genauso ein schicker, wie ihn der Vater meines Freundes fuhr. Die Tür war unverschlossen, der Schlüssel steckte. »Los, komm, den schnappen wir uns«, sagte einer von den Jungs. Und ich hatte die Hand schon an der Türklinke.

Dies sind genau die Sekunden, in denen sich entscheidet, wie ein Leben weitergeht. Schlüsselsekunden. Beginne ich eine Karriere als Krimineller? Oder funktionieren die Sicherheitsmechanismen im Unterbewusstsein? Wer ist der wahre Hans? Nach welchen Maximen entscheidet er? Es waren endlos lange Sekunden. Die Kumpels starrten mich an. Sie riefen: »Mach schon, steig ein.« Ich stand da, viele Momente lang. Aber ich bin nicht eingestiegen. Langsam habe ich die Klinke wieder losgelassen und bin zurückgewichen. Als ob mir unterbewusst klar war: In dieser Sekunde entscheidet sich mein Leben. Und ich habe den redlichen Kurs gewählt. Ich weiß bis heute nicht, warum.

Habe ich damals wirklich nachgedacht? Oder habe ich instinktiv gehandelt? Habe ich im Hinterkopf womöglich die Stimme meines Vaters gehört? Oder die meiner Mutter? Ich weiß es nicht. Ich denke, es war mein Gewissen, das mich gebremst hat.

Diese inneren Mechanismen, die junge Menschen dazu bewegen, in den wichtigen Momenten instinktiv das Richtige zu tun, die lernt man nicht in der Schule. Dieses Verhalten stammt aus frühesten Phasen der Kindheit und ist von Eltern und Geschwistern angelegt. Viele Grundsätze wie Neugier, Spaß, Freude, Belastbarkeit, Ehrgeiz werden ganz früh in einem Menschen gefördert oder eben verschüttet. Es greift zu kurz, wenn wir heute über Kindertagesstätten oder Ganztags-Grundschulen reden. Die Basiserziehung von Kindern findet in den allerersten Lebensjahren zu Hause statt. Nur wenn halbwegs zufriedene und kompetente Eltern ein Kind prägen, dann wird später auch ein guter Mensch daraus. Zu glauben, dass Schule oder Uni allzu viel Einfluss auf die Erziehung haben, halte ich für naiv.

Dennoch müssen wir alles tun, um junge Menschen auch im fortgeschrittenen Alter zu stärken. Ich halte viele Vorträge an Universitäten und vor Auszubildenden. Und ganz häufig sehe ich da junge Leute, die lustlos dasitzen, die frustriert sind oder niedergeschlagen. Sie sind allein. Jedem Einzelnen von ihnen würde ich gern meine eigene Geschichte erzählen. Es spielt keine Rolle, ob einer ein tolles Zeugnis hat oder auch mal mit dem Gesetz in Konflikt kommt. Jeder Mensch hat jeden Tag die Chance, mit seinem Leben etwas anzufangen, egal, ob einer Bananen-Container geknackt hat oder Autos.

Deutschland bietet einzigartige Möglichkeiten, zurück auf einen geraden Weg zu kommen. Fast niemand ist verloren. Deswegen ist es ja auch so brutal, wenn der eigene Vater sagt: Aus dem Buben wird nichts, der hat nur

Dummheiten im Kopf. Bei manchen kommt da vielleicht sogar der Punkt, an dem sie dieses Urteil selbst glauben und danach handeln. Deswegen halte ich auch nichts von harten Strafen und Verurteilungen. Wir Erwachsenen und Erfolgreichen müssen immer wieder die Hand reichen und Angebote machen, solchen jungen Leuten zu helfen. In den meisten Menschen steckt eben doch ein guter Kern.

Meinen guten Kern verbarg ich allerdings ziemlich ausdauernd. Als Lehrling war ich keine auffallend fleißige Erscheinung. Ich fieberte vor allem den Pausen entgegen. Immerhin nutzte ich die Lehrzeit, um meine Mittlere Reife nachzumachen. Dieser Volksschulabschluss quälte mich gewaltig. Innerlich spürte ich, dass ich für meinen Lebensweg noch etwas mehr Fundament brauchte.

Mein größtes Problem bestand allerdings auch in der Lehre fort: das technische Zeichnen. Warum auch immer, ich habe es einfach nicht hingekriegt, eine dreidimensionale Zeichnung aufs Papier zu bringen. Ich hatte eine echte Blockade. Dafür hatte ich großartige Techniken entwickelt, die Zeichnungen aus fremden Heften in meines zu transportieren. Abpausen, durchdrücken, abnehmen – ich hatte alle Techniken der Vervielfältigung perfektioniert.

In der Berufsschule hatte ich das Glück, in eine sogenannte Förderklasse zu kommen. Dort musste ich jeden Abend erscheinen, nach der Arbeit im Betrieb. Die Mittlere Reife gab es nicht geschenkt. Das Zeugnis habe ich dann leider vor Wut ins Klo gespült. Denn in einem Fach, ich weiß nicht mehr welchem, hatte ich eine Fünf. Das hat mich so geärgert und ich habe mich derartig geschämt, dass ich dieses Zeugnis einfach vernichtet habe.

Meine erste Stelle als Schlosser bekam ich bei der Firma Oppold in Oberkochen. Ich kann nicht behaupten, dass ich glücklich war. Schlosser, das ist ein ehrbarer Beruf, keine Frage, aber ich wollte mehr, ich wollte etwas anderes, ich wollte vor allem selbst gestalten und mir nicht von einem Meister diktieren lassen, was ich zu tun hatte. Mein Unbehagen wuchs, aber es fand noch keinen Ausdruck, kein Ventil. Schließlich war ich auch auf die wichtigen Dinge des Lebens konzentriert: mein erstes Auto und meine erste Freundin.

Der »Spatz« war Deutschlands kleinstes Cabrio und eigentlich gar kein richtiges Auto, sondern eher ein Moped mit einer Hülle drum herum. Dieses wundersame Gefährt kostete neu 2975 Mark und gehörte zu den ersten serienmäßig hergestellten Kleinwagen mit Leichtstoffkarosserie. Die Bayerischen Autowerke in Traunreut stellten zwischen 1956 und 1985 859 dieser schnittigen Kleinstwagen her. Das Leergewicht betrug nur 429 Kilogramm, bei einer Größe von 3,30 mal 1,40 Metern. Der Spatz hatte eine offene Karosserie, die mit dem Rahmen verschraubt war. Türen besaß das kleine Gefährt nicht, deshalb war der Einstieg etwas beschwerlich, besonders, wenn das Faltverdeck geschlossen war. Drei Personen saßen auf der Sitzbank mehr oder weniger bequem nebeneinander.

Ursprünglich hatte der Rennfahrer Egon Brütsch den Spatz als dreirädriges Mobil ohne Fahrgestell konzipiert, bei dem die Radaufhängungen der Vorderräder und des Hinterrads unmittelbar an der Karosserieschale befestigt waren. Richter verboten das Gefährt nach einem Rechtsstreit jedoch als verkehrsuntauglich. Auf unebenen Straßen wirkten die Kräfte so stark, dass sie schwere Risse in der Karosserie verursachten.

Der Spatz wurde als flotter Flitzer gepriesen, dennoch erreichte der Ein-Zylinder-Zweitakt-Motor nur eine Höchstgeschwindigkeit von 75 Stundenkilometern, was selbst für damalige Verhältnisse nicht allzu schnell war. Der erste Citroen DS von 1955 erreichte bereits 140 km/h. Der Spatz hatte eine Lenkradschaltung und fuhr kurioserweise rückwärts genauso schnell wie vorwärts, denn man konnte den Motor einfach umdrehen. Daher standen vier Rückwärtsgänge und somit die volle Geschwindigkeit zur Verfügung. Ausprobiert habe ich allerdings nie, wie schnell man wohl rückwärts fahren konnte.

Die Bayerischen Autowerke stellten im Februar 1958 leider die Produktion des Spatz-Nachfolgers Victoria 250 ein, weil sich der Wagen nicht gut verkaufte. Ihm eilte der Ruf voraus, feuergefährlich zu sein, nachdem er bei mehreren Tests vor versammelter Presse unvermittelt in Flammen aufgegangen war. Ich mochte das Auto trotzdem. Es sah sportlich aus und ließ sich einfach reparieren, kleine Kratzer konnten unauffällig ausgekittet werden. Außerdem sollte es bei Unfällen schützen, weil der Kunststoff sehr elastisch war. Zum Glück kam ich nie in die Verlegenheit, das auszuprobieren.

Mein Spatz war grün und sorgte fast für Porsche-Gefühle. Ich knatterte mit meinem Plastikbomber nach Oberkochen und nahm gern mal ein Mädchen mit. Später schaffte ich mir einen grauen Käfer an, dann einen grünen Ford. Mein Vater sah meine Auto-Begeisterung nicht gern.

Er kaufte sich sein erstes Auto mit 65, als er es bar bezahlen konnte.

Zur gleichen Zeit schwärmte mir ein Freund jeden Tag aufs Neue von einer bezaubernden Blondine vor, die mit ihm im Bus fuhr. Die schien die Traumfrau schlechthin zu sein: blond, zart, schön wie ein Traum, so wie Brigitte Bardot. Mein Kumpel war verliebt. Und ich war neidisch. Ich wollte auch eine wunderschöne Frau.

Um sie zu treffen, sind wir gemeinsam zum Fasching gegangen, irgendwo auf den Dörfern, wo der Fasching noch ursprünglich ist und nicht so steif und affig wie im Fernsehen. Und da stand sie dann, schön wie eine Rose. Um mich war es sofort geschehen. Die oder keine. Sie hatte eine dunkelhaarige Freundin dabei, die war für mich vorgesehen. Leider interessierte sie mich überhaupt nicht.

Aber es gab eine bewährte Regel: Führt der Weg nicht gleich zum Ziel, nimmt man eben den Umweg über die Freundin. Also habe ich erst einmal geduldig mit der Dunkelhaarigen getanzt. Irgendwann hatte ich mich dann tatsächlich bis zu der Blonden vorgearbeitet. Sie schien widerwillig, tanzte aber trotzdem mit mir. Sie hieß Rosi. Ich war fest entschlossen, sie nicht mehr loszulassen, auch wenn sie mich demonstrativ ablehnte. Aber ich kämpfte einfach weiter. Ich wollte sie wiedersehen.

Ich umschwärmte Rosi wie eine Motte. Wahrscheinlich war es Mitleid oder Ermüdung, dass sie mir nach langem Zögern dann endlich ein Rendezvous gewährte. Ich habe natürlich den wohlerzogenen Molkereileitersohn gespielt. Immer, wenn ich zu ihr gefahren bin, habe ich mir ein schickes Auto geliehen und gesagt, das gehöre meinem Vater. Ich ahnte ja nicht, dass solche Statussymbole bei ihr gar keine Rolle spielten. Ich war Hals über Kopf verliebt, als Rosi mir eines Tages erklärte, dass sie nicht so sei wie die anderen Mädchen: Ihre Familie gehörte zu den Zeugen Jehovas.

Am Anfang wusste ich nicht viel mit dieser Information anzufangen. In Baden-Württemberg gibt es die absonderlichsten Glaubensgemeinschaften. Da erschienen mir die Zeugen Jehovas als nicht übermäßig exotisch. Ich stand nun vor der Wahl, meine große Liebe Rosi gleich wieder aufzugeben oder ihr eine Chance zu geben. Das tat ich. Ich hörte ihr einfach zu.

Es war in der Tat faszinierend, wie fest manche Menschen in ihrem Glauben verwurzelt sind. Und Rosi und ihre Familie, die fanden es wiederum gut, dass da ein Mensch von außen kam, der einfach nur zuhörte, der sich interessierte, ohne sofort alles zu beurteilen und zu bewerten.

Sie fragten mich, ob ich an die Bibel glaube. Ja, sagte ich, ich glaube an die Bibel. Die Bibel hatte mich schon immer fasziniert. Obschon wir in einem gläubigen Landstrich wohnten, war meine Familie nicht besonders religiös. Gebetet wurde zu Hause nie, allenfalls sangen wir zu Weihnachten die üblichen frommen Lieder.

Auch wenn ich mit der Schule nicht viel anfangen konnte, interessierte mich der Religionsunterricht doch sehr. Der Konfirmandenunterricht kam mir ebenfalls nicht so lästig vor wie zum Beispiel meiner Schwester Karin. Wir gingen als Konfirmanden jeden Sonntag in die Kinderkirche, die nach dem normalen Gottesdienst abgehalten wurde. Pastor Rau war allerdings kein besonders charmanter Werber für die Sache Jesu. Er machte seinem Namen alle Ehre und hätte ein Bruder meines Vaters sein können. Wenn er einen Raum betrat, erstarb schlagartig jedes Gespräch. Ich traute mich kaum zu atmen. Wir standen alle stramm.

Kurz vor der Konfirmation ist Pastor Rau sogar einmal zu uns nach Hause gekommen. Ich war unglaublich ängstlich, auch wenn es keinen Grund gab. Wahrscheinlich fürchtete ich, mein Vater und der Pastor würden sich verbünden und ein Strafgericht abhalten. Der Angeklagte war natürlich ich. Der Richterspruch stand schon fest: Schuldig in allen Punkten. Zum Glück kam es nicht so weit.

In unserer Familie war ich der Einzige, der dann und wann die Bibel aus der Kommode zog, auf der unser Radio stand. Es waren die Bilder, die mich besonders faszinierten. Die großen Erzählungen von Schuld und Sühne, von Vergehen und Vergeben rührten meine Kinderseele, die immer empfänglich war für starke Gefühle. Die Bibel ist nun mal das zentrale Werk unserer christlichen Kultur. Dieses Buch der Bücher hat sich mir von früh an tief eingeprägt.

Die Bibeltreue der Zeugen Jehovas imponierte mir. Diese Menschen trugen ein festes Gerüst des Glaubens in sich, sie ruhten in ihrer Überzeugung. Das war genau das, was mir zu Hause immer fehlte. Mein Vater war streng und strebsam, aber man wusste nicht wofür. Er betrieb Disziplin als Selbstzweck, ohne Richtung, ohne Ziel.

Da erschien mir Rosis Glaubensgemeinschaft spannender. Zum ersten Mal ergab alles einen Sinn. Ich ließ mich also ein auf diese neue Welt. Ich las die Bibel, ich nahm an Schulungen teil, ich betätigte mich als fleißiger Missionar an den Haustüren. Erstmals in meinem Leben beschäftigte ich mich ernsthaft mit Inhalten. Ob ich da nun einer Sekte oder einer verqueren Glaubensrichtung hinterherlief, interessierte mich weniger.

Die Zeugen Jehovas mögen ein bisschen eigenartig und altmodisch wirken, aber sie haben durchaus interessante Mitglieder: die amerikanischen Tennisspielerinnen Venus und Serena Williams gehören dazu, die Musiker Prince und Michael Jackson, und auch der frühere US-Präsident Dwight D. Eisenhower wuchs als Zeuge Jehovas auf. Vielleicht ist der amerikanische Zweig auch etwas gemäßigter. Kaum vorzustellen, dass Venus Williams jahrelang mit dem *Wachturm* an einem Bahnhof steht.

Jede Religion kann missbraucht werden; viele Weltreligionen sind als Sekte gestartet. Ich kann nur für die Glaubensgemeinschaft in Karlsruhe zu meiner Zeit sprechen. Und die war für mein Empfinden erträglich: sehr fromm, bisweilen etwas seltsam, aber im Grunde nicht bösartig. Ich habe eine Menge gelernt über Werte, über Fehlverhalten, aber auch über andere Religionen.

In der Phase der Orientierungslosigkeit, die ich durchmachte, kam mir Rosi gerade recht. Die Hoffnung, das Paradies eines Tages zu erreichen, ist ja nicht so schlecht als Antrieb. Das ewige Zusammenleben mit der Frau, die man liebt, der Löwe, der nicht mehr tötet, sondern Stroh frisst wie das Vieh, das ist für mich der schönste Glaube, den es gibt. Jesus Christus ist gestorben, um uns von unseren Sünden zu erlösen – dieser Glaube vereint die Christen.

Eines Tages bin ich sogar zu unserem evangelischen Pfarrer gegangen. Ich wollte mit ihm über die verschiedenen Auslegungen von Bibelpassagen sprechen. Ich habe ihm die protestantische Sichtweise dargelegt und die der Zeugen Jehovas, um ihm zu erklären, dass man sich für eine Version entscheiden müsse. Der Pastor ließ sich aber gar nicht auf eine Debatte ein, sondern sagte ganz lässig, dann gelte eben beides, das sei doch kein Problem. Da habe ich ihm gesagt, dass ich Klarheit wolle, und er mir diese Klarheit nicht gebe. Deswegen würde ich jetzt aus der Kirche austreten. Und dann bin ich bei den Zeugen Jehovas eingetreten.

Fortan habe ich die Bibel gemeinsam mit Rosi studiert. Ich habe versucht, offen dabei zu bleiben. Schließlich ging es nicht nur um den Glauben, sondern auch um Rosi. Aus dieser gemeinsamen Beschäftigung mit dem Glauben wurde tatsächlich Liebe. Die skeptische Rosi ließ sich langsam überzeugen, dass ich es ernst meinte. Und der flatterhafte Hans entdeckte auf einmal die Ernsthaftigkeit.

Ich wurde von den Zeugen Jehovas tatsächlich getauft. Ich war ein vorbildlicher Glaubensbruder, der artig von Haustür zu Haustür gezogen ist. Ich wollte den Leuten helfen. Leider war der Bedarf nicht besonders groß. Aber es war eine einzigartige Erfahrung zu spüren, wie ablehnend mit Menschen umgegangen wird, die nicht in das gängige Schema passen.

Unser Grundgesetz sieht Glaubensfreiheit vor. Und solange keine Sauereien im Namen der Religion geschehen, soll doch jeder Mensch glauben, woran er will. Ich war eben für ein paar Jahre ein Zeuge Jehovas. Es war eine

Phase in meinem Leben, die mir nicht sonderlich geschadet hat.

Bei den Zeugen Jehovas müssen die Mitglieder oft Ansprachen halten über ihren Glauben, vor hundert Leuten und mehr. Für mich war das ein gutes Training. Damals habe ich die Scheu verloren, vor einer größeren Gruppe Menschen zu sprechen, nur mit ein paar Stichworten, ohne großes Manuskript. Es hat mir gutgetan zu sehen: Mann, das kannst du ja. Bei aller Rumtreiberei war ich ja doch eher schüchtern. Durch die religiösen Vorträge habe ich früh meine Freude an Reden entdeckt. In meiner Unternehmerlaufbahn hat mir sehr geholfen, dass ich kein Akademikerdeutsch spreche, sondern auch komplizierte Sachverhalte so darstelle, dass jeder sie versteht.

Mit den Jahren allerdings wuchsen meine Probleme mit den Zeugen Jehovas. Die Religion stand zwischen mir und meiner Frau, zwischen mir und den Kindern, zwischen mir und dem Geschäft. Sie wurde zu einer Belastung für uns alle, vor allem aber für mich. Die Trennung nahte langsam, aber unausweichlich.

Vor allem für meinen Sohn Daniel war es traumatisch. Das hat er mir bis heute nicht verziehen. Mir war gar nicht klar, wie sehr ihn die Rituale als Kind quälten, vor allem dieses Reden vor der Gemeinde. Da waren ja auch Selbstbezichtigungen gefordert. Er wäre fast daran zerbrochen.

Ich bin heilfroh, dass er diese Jahre so gut hinbekommen hat. Bis heute ist er kuriert von jeder Art von Glauben. Ich habe mir oft Vorwürfe gemacht, dass wir Daniel damals zu solchen Vorträgen gezwungen haben. Wie alle Eltern haben wir es gut gemeint. Aber Zwang geht nicht.

Wenn Kinder nicht wollen, werden sie ihren Grund haben. Das sollten Eltern respektieren.

Ich habe mich wieder dem ganz normalen Christsein zugewandt. Denn vor über dreißig Jahren haben mich die Zeugen Jehovas aus ihrer Gemeinschaft ausgeschlossen. Eines Tages stand ich vor der Wahl: Bibeltreuer oder Unternehmer?

Bis dahin war ich allerdings ein überzeugter, ein mustergültiger Glaubensbruder. Da ich die Religion gewechselt hatte, stand einer Hochzeit mit Rosi nichts mehr im Wege. Für mich war klar: Wir würden ewig zusammenbleiben.

Wir feierten 1965 in einem Restaurant in Aalen. Mein Vater schimpfte, warum ich denn gleich heiraten müsse, ich solle erst mal Karriere machen. Meine Mutter weinte, weil ich mit Rosi nach Karlsruhe ziehen wollte. Sie verlor einen wichtigen Verbündeten im täglichen Kampf gegen meinen Vater. Da die Zeugen Jehovas voreheliche Liebeleien verboten, konnte ich es kaum erwarten, bis die Gäste sich endlich verzogen hatten.

Statt Flitterwochen verbrachten wir fast einen Monat im Bett von Rosis Mutter. Sie war Kriegerwitwe und vermietete ihre Wohnung unter. Wir hatten das Schlafzimmer gekapert und die Mutter auf die Wohnzimmercouch verbannt. Das war eine schöne, irre Zeit.

Doch zugleich bescherte mir die Schwiegermutter ein traumatisches Erlebnis. Als ich mit meinem kleinen Koffer vor der Tür stand, sah sie mich nur missbilligend an. Als sie dann die beiden verschlissenen Anzüge sah, die in meinem Koffer lagen, da brach es aus ihr heraus: »Du hast ja gar nichts!« Die Übersetzung lautete: Du bist arm wie eine Kirchenmaus. Du bringst nichts, aber auch gar nichts mit in die Ehe. Wie willst du Rosi ernähren, geschweige denn eine Familie?

Das Schlimmste war: Sie hatte völlig Recht. Ich hatte nichts, ich verdiente nichts und ich hatte keine bemerkenswerte Ausbildung. Unsere erste Wohnung kostete 500 Mark, ich verdiente 800. Solange ich zu Hause gelebt hatte, kam ich mit meinem Geld immer halbwegs zurecht. Aber jetzt, als Ehemann und angehender Familienvater, wurde mir klar, wie wichtig eine solide ökonomische Basis ist. Als Techniker würde es Jahrzehnte dauern, bis ich eine Wohnungseinrichtung zusammengespart haben würde.

Zwar predigten die Zeugen Jehovas, dass man sich mit einem Dach über dem Kopf und drei Mahlzeiten am Tag zufriedengeben soll. Aber mir war diese Bescheidenheit auf Dauer zu wenig. Und Rosi auch. Wir brauchten Tische, Stühle und schöne Teppiche. Ich wollte etwas werden im Leben.

Meine Zeit mit Rosi war enorm wichtig für meine Entwicklung, aus mehreren Gründen. Ich entdeckte Ernsthaftigkeit und Ausdauer als Erfolgsbedingungen, ich musste mein Leben an den Werten der Zeugen Jehovas messen, ich bekam einen Halt, den ich zu Hause vermisst hatte. Vor allem aber stellte ich fest, dass ich mit meinem Beruf zwar eine Familie ernähren konnte, aber der Luxus, von dem ich immer noch träumte, der war auch in 20 Jahren voller Fleiß nicht zu erreichen.

Es war dieser Satz der Schwiegermutter: »Du hast ja gar nichts«, der mich plötzlich anstachelte. Es war, als hätte sich ein Korken gelöst, ein Knoten, eine Verschlingung in meinem Hirn. Zum ersten Mal war mir völlig klar: Du musst dich anstrengen. Du musst es ernst meinen. Du bekommst nichts geschenkt. Aber du wirst belohnt, wenn du dir Mühe gibst. Ich wollte nach oben, jetzt auf einmal, und am liebsten sofort. Der Ehrgeiz hatte mich gepackt.

Im ersten Schritt bewarb ich mich an der Ingenieursschule in Ulm. Ich bestand die Aufnahmeprüfung, aber es hieß: In diesem Jahr sind erst mal die Bundeswehrler dran. Im nächsten Jahr schaffte ich die Aufnahmeprüfung wieder, aber da waren dann die Ulmer an der Reihe. Ich verlor die Geduld und ging zur staatlichen Technikerschule nach Heidenheim. Die dauerte nur zwei Semester damals, eine Art Aufbau-Ausbildung, aber sie brachte mir einen Titel: »staatlich geprüfter Maschinenbautechniker«. Das klang allemal besser als »Schlossergeselle«. Diese Zusatzausbildung hat mir sehr viel gebracht, ich habe noch mal Zusammenhänge kapiert, die für mich als Unternehmer später wichtig waren. Meine Note war zwar nicht besonders – Durchschnitt 3,1 –, aber ich habe bestanden. Das hat mir gutgetan.

Wenn ich zurückblicke, dann hat mir das deutsche Bildungssystem enorm geholfen. Obwohl mich mein Vater schon nach der vierten Klasse abgeschrieben hatte, bekam ich mehrfach die Chance, einen neuen Anlauf zu nehmen. In der Lehre konnte ich die Mittlere Reife nachholen, später dann hatte ich eine Auswahl verschiedener weiterführender Schulen, die meine Fähigkeiten förderten. Es gibt ein breites Angebot, eben nicht nur Gymnasium und Studium oder Realschule und Lehre. Es gibt Möglichkeiten dazwischen, für Jugendliche wie mich, die erst mit einiger Verzögerung kapieren, dass sie sich mal ein bisschen anstrengen müssen. Die Idee dahinter ist großartig: Niemand wird fallengelassen. Jeder bekommt in jeder Lebensphase eine Chance. Dafür bin ich diesem Land unendlich dankbar. Dieses Bildungssystem gehört gehegt, gepflegt und ausgebaut. Wir hören immer nur von Fällen, wo jemand gescheitert ist, aber fast nie von den vielen kleinen alltäglichen Erfolgen. Ich war so einer. Auch wenn es lange nicht danach aussah.

Die beiden Semester auf der Technikerschule hatten mich vom Arbeiter zum Angestellten gemacht. Ich hatte gesellschaftlichen Aufstieg am eigenen Leib erfahren. Es bedeutete allerdings auch jede Menge Stress. Denn die Kollegen im Betrieb akzeptierten mich natürlich nicht sofort. Es war ja nicht so, dass sie sich mitfreuten, weil ich mich weitergebildet hatte. Oft hieß es: »Der ist jetzt wohl was Besseres.«

Immerhin bekam ich sofort einen Job als staatlich geprüfter Maschinenbautechniker. Ich zog einen weißen Kittel an und saß im Büro der Firma Lechner Pumpwerke in Karlsruhe, einem mittelständischen Betrieb mit 60 Leuten. Wir bauten Trinkwasserpumpwerke, von der ersten Zeichnung bis zur Montage.

Ich teilte mein Büro mit einem wahnsinnig ehrgeizigen Ingenieur. Er hieß Pusch und stellte sich bei jeder Gelegenheit mit dem gleichen Spruch vor: »Pusch – Paula, Ulrich, Schule.« Und ich hieß Hans Wall und hatte das Gefühl, nicht die geringste Ahnung von dem zu haben, was die Firma eigentlich machte. Paula-Ulrich-Schule tat alles, dieses Gefühl zu verstärken.

Pusch betrachtete mich von Anfang an als Konkurrenz. Sein Zeichenbrett hatte er immer so ausgerichtet, dass ich nichts sehen konnte. Er half mir nie, sondern ließ mich von Anfang an allein mit meinen Zweifeln. Als erste Aufgabe sollte ich eine Zeichnung machen für einen Behälter, den die Schweißer dann herstellen mussten. Natürlich brauchte ich ewig lange und verschwendete auch viel zu viel Material. »Oh je, oh je«, sagte der Chef nur, als er mein Erstlingswerk sah. Aber er erklärte mir, wie es besser ging. Paula-Ulrich-Schule schaute nur zu und grinste.

Diesem arroganten Pinsel Pusch habe ich einen weiteren Ehrgeiz-Schub zu verdanken. Denn ihm wollte ich es zeigen. Sein selbstgefälliges Grinsen sollte ihm vergehen. Ich hatte den Ehrgeiz entdeckt und war gewillt, mich noch etwas weitertreiben zu lassen.

Und so kam es, dass der ehemalige Taugenichts Hans plötzlich Literatur über Wasserwerksbau und Pumpenbau in sich hineinfraß wie andere Leute Schnitzel. Wissen, das ich mir eigentlich in der Schule und der Ausbildung hätte aneignen sollen, aber das holte ich nun nach. Plötzlich wurden mir dann auch die größten Projekte anvertraut. Ich leistete etwas und wurde dafür belohnt. Paula-Ulrich-Schule guckte nur noch verdutzt, welch große Projekte ich plötzlich betreute, wie ich mit dem Auto auf die Baustellen fuhr und Anweisungen gab.

Diese Zeit war entscheidend für mein Leben. Ganz unabhängig vom vernichtenden Urteil meines Vaters, von diesen ewigen kritischen Blicken konnte ich mich zum ersten Mal selbst ausprobieren und beweisen. Ich hatte Verantwortung übernommen, mir Wissen angeeignet und Projekte nicht nur angefangen, sondern auch zu Ende gebracht. Ich hatte ehrliches und seriöses Arbeiten entdeckt.

Ich bekam Anerkennung, erstmals in meinem Leben. Ich musste mich nicht mehr verstellen und so tun, als ob ich etwas leistete. Denn ich leistete wirklich etwas. Ich war mit mir im Reinen. Ich hatte keine Angst mehr, vor nichts und niemandem. Nach und nach stellte ich fest, dass ich genauso viel leisten konnte wie andere, manchmal sogar mehr. Zum ersten Mal beschlich mich ein geradezu revolutionärer Gedanke, den ich zuvor nicht mal gewagt hatte zu denken: Das kannst du besser. Es war wie ein neues Leben. Ich hatte mich selbst gefunden. Großartig.

KAPITEL 3

»Kannst du so was?« –
Der Start von Wall I

Techniker im Wirtschaftswunder – Familie, Kinder, Wohlstand – Hilbig, Riedel und Reklame – Erdbeeren mit Sahne –
Von der Malscher Scheune zum Ettlinger Werk – Die Geburtsstunde der Firma Wall – Neue Bushäuschen braucht
das Land – Gründerjahre oder die Mühsal der Ebene – Geschäft oder Religion – Bruch mit den Zeugen Jehovas

> *»Es war selbstverständlich, dass die
> ganze Familie mit angepackt hat.«*
> DANIEL WALL

Rosi und ich, wir führten ein typisch deutsches Wirt-
schaftswunder-Leben. Die Familie wuchs, der Wohlstand
auch, nur leider ziemlich langsam. Ich schaffte, was mir
zehn Jahre vorher niemand zugetraut hatte: Mit ehrlicher
Arbeit ernährte ich eine Familie. Es ging uns gut. Ich hätte
glücklich sein müssen. Aber meine Ungeduld trieb mich
um. Ich wollte höher, schneller, weiter, mehr.

Ich wünschte mir eine neue Wohnzimmereinrichtung,
ein schickes Auto. Überall um uns herum blühte in diesen

Jahren der Wohlstand, die Wirtschaftswunderjahre bescherten dem Land und jedem einzelnen Haushalt mehr oder weniger bescheidenen Luxus. Daran wollte ich teilhaben. Ich wusste nur noch nicht wie.

Bei der Firma Lechner lief es prima. Der Seniorchef hatte mich unter seine Fittiche genommen und wies mich in die Geheimnisse des Pumpwerkbaus ein. Der Mann hatte sich hingesetzt und mir, dem Anfänger, alles in Ruhe erklärt. Er hatte mich ernst genommen. Und ich hatte mich mit anständiger Arbeit revanchiert. Paula-Ulrich-Schule war noch immer ein Stinkstiefel. Aber er wunderte sich inzwischen. Denn mit meinem neuen Selbstbewusstsein und den Hilfestellungen des Seniorchefs entwickelte ich mich besser, als ich es von mir selbst je gedacht hätte.

Ich stand nicht mehr nur vor dem Reißbrett und quälte mich mit meinen Zeichnungen, sondern ich bekam Projekt-Verantwortung. Zum ersten Mal erhielt ich einen Einblick, wie ein Unternehmen funktioniert, von der Akquise über den Einkauf bis hin zur schlüsselfertigen Lieferung. Als normaler Mitarbeiter kennt man ja häufig nur einzelne Phasen einer langen Herstellungskette.

Ich hatte das Glück, dass der Seniorchef ein mitteilungsbereiter Zeitgenosse war, der mich an seinem Fachwissen und seinem unternehmerischen Verstand teilhaben ließ. Außerdem vertraute er mir. Sehr rasch bekam ich die Chance, eigenverantwortlich Anlagen zu entwerfen, aber auch den Bau zu leiten. Ich fuhr zu den Baustellen, ich sprach mit Monteuren und Kunden, ich lernte, wie ein Jongleur eine Vielzahl Bälle in der Luft zu halten. Ohne Lechner senior hätte ich nicht so schnell so viel gelernt und schon gar nicht so viel Selbstvertrauen gehabt. Paula-Ulrich-Schule grollte.

Die Karriere bei Lechner tat mir gut. Ich traute mir etwas zu und ich setzte die Pläne auch um. Ich zog ein Projekt vom ersten Plan bis zur Fertigstellung durch, gemäß einem Terminplan, der vertraglich festgelegt war. Ich lernte deutsches, sogar schwäbisches Wirtschaften, bis heute eine ausgezeichnete Grundlage für jeden Unternehmer. Man kann über Baden-Württemberger viel Böses sagen, manches stimmt auch, aber die mittelständische Kultur in diesem Bundesland ist einmalig. Große Autobauer können nicht darüber hinwegtäuschen, dass die wirtschaftliche Struktur eine mittelständische ist. In nahezu jedem größeren Ort gibt es ein technisches oder feinmechanisches Unternehmen.

Die Zahl der Patentanmeldungen pro Kopf übertrifft alle anderen Bundesländer bei weitem. Es liegt ein freier Unternehmergeist über dem Land, der sich in Generationen entwickelt hat. Viele Menschen haben den Drang, sich selbstständig zu machen. Es ist ein Entfaltungsstreben, das man nicht verordnen oder herbeiwerben kann. Es wächst mit jeder Generation ein bisschen mehr.

In Baden-Württemberg kann man sehr deutlich die Macht der Tradition erkennen. Über Jahrhunderte wurden Wissen und Mentalität weitergegeben. Werte wie Fleiß und Neugier, Zuverlässigkeit und Tüftlergeist kann man nur sehr bedingt an Universitäten züchten. Es war der alte Lechner, der mich entscheidend nach vorn brachte, seine Art, mich an die Hand zu nehmen, seine Bereitschaft, sein Wissen zu teilen. Diese Haltung hat mich geprägt.

Gern bin auch ich bereit, jungen Leuten alles zu erzählen, was ich über unser Geschäft weiß. Hätte ich nur mit seltsamen Charakteren wie Paula-Ulrich-Schule zusammenarbeiten müssen, wäre ich womöglich ein egomanischer Karrierist geworden. Solche Menschen bremsen die Tradition. Da wird nichts weitergegeben, der Fluss durch die Generationen stoppt.

Die Unternehmenskultur in Baden-Württemberg lehrt uns zweierlei: Der Aufbau einer gesunden, leistungsstarken und widerstandsfähigen Wirtschaftsstruktur funktioniert nicht innerhalb weniger Jahre. Es genügt nicht, ein Industriegebiet auszuweiten und günstige Grundstücke anzubieten. Wirtschaft ist ein Kulturgut, das wachsen muss. Kinder müssen von ihren Eltern erfahren, wie viel Spaß es macht, aber auch, wie viel Verantwortung es mit sich bringt, ein Unternehmen zu führen. Die Ausdauer, ständig neue Produkte zu entwickeln, der sportliche Ehrgeiz, auch auf dem Weltmarkt zu bestehen, die Akribie, eine Bilanz halbwegs ordentlich zu erstellen, das alles sind Fähigkeiten, die man am besten schon als Kind von den Älteren lernt.

Ich habe meinen Sohn Daniel sicher häufig gequält. Er musste alle Abteilungen unseres Unternehmens durchlaufen. Ich habe ihn gegen seinen Willen sogar in die USA getrieben. Wir haben Fehler gemacht, ich vor allem, aber am Ende haben auch diese Fehler dazu beigetragen, dass Daniel ein ausgezeichneter Chef geworden ist. Wer einen solchen Vater übersteht, den haut im unternehmerischen Alltag nicht jedes Lüftchen um. Mein Sohn hat sich bewährt, nicht nur als Schönwetterkapitän, sondern in heftigen Stürmen.

Ich weiß, dass Daniel verantwortungsvoll mit unserem Familienbetrieb umgeht. Die Übergabe funktionierte nicht nur reibungslos, sondern mustergültig. Wir haben ein Stück schwäbische Unternehmenskultur nach Berlin getragen. Darauf bin ich sehr stolz.

Rosi war glücklich mit der Familie, ich war rastlos. Natürlich freute ich mich, dass ich einen verantwortungsvollen Posten bekleidete. Aber die Erfahrungen der letzten Jahre waren so nachhaltig, dass ich mir noch mehr zutraute. Ich ahnte, dass ich als Techniker bei Lechner nicht enden wollte und nicht enden würde. Ich wollte mehr. Vor allem wollte ich ein selbstbestimmtes Leben.

Der Gipfel des Luxus schien mir die Freiheit, auszuschlafen. Von Kind an bereitete es mir starke körperliche und seelische Schmerzen, morgens früh aufzustehen. Ich liebe es, auszuschlafen, manchmal auch nur zu dösen und den Tag- und Nachtträumen genussvoll nachzuhängen. Schlafforscher haben inzwischen festgestellt, dass es unterschiedliche Typen von Schläfern gibt. Manche kommen morgens gut auf die Beine, andere gar nicht. Das ist aber weniger ein charakterliches Problem als ein genetisches. Und genetisch gesehen bin ich ein Murmeltier.

Außerdem sind die Stunden morgens im Bett ausgesprochen kreativ. Eigentlich schlafe ich gar nicht richtig, sondern denke so vor mich hin. Ich liebe diese Stunden. Doch einem Techniker in Schwaben mit einer fünfköpfigen Familie ist ein geruhsames Erwachen nicht vergönnt. Genau das aber war mein Ziel: eines Tages ausschlafen zu dürfen. Wahrscheinlich war es die wahre Triebfeder für alles, was noch kommen sollte.

Vorerst versuchte ich tapfer, mich als Angestellter zu behaupten und unseren bescheidenen Wohlstand zu mehren. Als Hausmeister war ich zusätzlich für eine moderne Wohnanlage verantwortlich, wechselte Glühbirnen, mähte Rasen, schrubbte den Swimmingpool, erledigte Reparaturen, stellte die Mülltonnen an die Straße. Rosi hatte ein halbes Dutzend Putzstellen. Sie wienerte rund um die Uhr. Wir waren unglaublich fleißig. Zeitweise arbeitete ich sogar noch als Nachtschichtleiter in einem Produktionsbetrieb, kam kurz nach Mitternacht nach Hause und musste am nächsten Morgen früh wieder bei Lechner antreten. Von Ausschlafen konnte keine Rede sein.

Wir haben Tag und Nacht gerackert. Aber ich wollte nun mal ein Auto, ich wollte Urlaub, ich wollte meinen Anteil am Wirtschaftswunder. »Wohlstand für alle« hatte Ludwig Erhard verkündet. Was viele bis heute vergessen haben – es bedeutete auch: Rackern für alle. Für Rosi und ihre Zeugen Jehovas waren wir schon eindeutig zu aufstiegshungrig. Die Glaubensbrüder predigten Genügsamkeit. Doch was sie für eine religiöse Pflicht hielten, erschien mir eher als eine Motivationsschwäche. Was konnte falsch daran sein, nach oben zu wollen, solange es mit fairen Mitteln geschah?

Ausdauernd studierte ich die Kleinanzeigen in der Tageszeitung. Was machte die Konkurrenz? Welche Jobs wurden angeboten? Gab es eine neue Chance für mich? Eines Tages stieß ich auf ein Inserat, das ganz spannend klang. Da wurde ein Konstrukteur gesucht, der Pläne zeichnen konnte. Ich hatte das Reißbrett zu Hause stehen, wo ich gelegentlich für Kunden Tuschezeichnungen von Schaltplänen gemacht hatte. Pläne zeichnen, das klang vielversprechend. Man konnte zu Hause arbeiten und wurde ordentlich bezahlt. Ich antwortete auf das Inserat.

Die Firma Wall hatte einige Geburtsmomente; dies war wohl der allererste. Ich traf einen dicklichen Typen, der die Firma Hilbig & Riedel leitete. Der Dicke war Hilbig, Riedel sein Schwiegersohn, ein Grafiker. Die beiden hatten eine unglaubliche Geschäftsidee ausgeklügelt. Ich war vom ersten Moment an fasziniert, mit welchen Einfällen man gutes Geld verdienen konnte.

Hilbig war ein Verkäufertyp, der zu den Bürgermeistern marschierte und sich die Genehmigung für eine neue Art von Hinweistafeln besorgte. Denn dank des wirtschaftlichen Aufschwungs schossen an jeder Ortseinfahrt in wenigen Jahren dichte Wälder von Reklameschildern aus dem Boden. Die vielen unterschiedlichen »Täfele« sahen nicht nur hässlich aus, sondern verfehlten auch ihren Zweck. Kein Ortsunkundiger durchblickte den Schilderwald. Man fand die gesuchte Information vor lauter Hinweistafeln nicht. Hilbig war auf die Idee gekommen, die Reklame auf einem großen Hinweisschild anzuordnen.

Die Bürgermeister waren begeistert, und die Firmen zahlten bereitwillig, weil sie ihr Logo auf dem schicken neuen Schild sehen wollten. Und Hilbig freute sich über die Vorkasse, weil er fünf Prozent Rabatt gab, wenn das Geld sofort überwiesen wurde. Er war zwar ein brillanter Verkäufer, hatte allerdings zwei Schwächen. Er hatte die Arbeit nicht erfunden und er war nicht in der Lage, seinen Partner bei Laune zu halten. Der Dicke holte zwar die Aufträge heran. Aber Riedel musste Tag und Nacht zeichnen.

Gleichberechtigt waren die Partner auch nicht: Hilbig hielt 51 Prozent, Riedel nur 49. Diese zwei Prozent Differenz sorgten für anhaltendes Missbehagen. Denn Hilbig kommandierte, während Riedel schuftete.

Das hat ihm eines Tages gestunken. Riedel stieg aus, machte sich selbstständig, und Hilbig stand ohne Zeichner da. Die Zeichnungen waren aber das wichtigste Verkaufsargument. Erst wenn die Kunden sich auf einem schicken Gemälde sahen, rückten sie auch das Geld heraus. Hilbig hatte inzwischen ziemlichen Ärger, denn er hatte viel vorab kassiert, aber wenig geliefert. Ich hatte allerdings ein kleines Problem: Hilbig suchte einen Grafiker, ich aber war technischer Zeichner und nicht mal ein besonders guter. »Kannst du so was?«, fragte Hilbig. Ich bejahte tapfer. Diese neue Branche erschien mir hoch spannend. Da gab es womöglich etwas zu verdienen. Und ich wollte dabei sein.

Hilbig war eine Krämerseele, aber nicht besonders kreativ. Er grübelte schon seit längerem, wie er an die Industriegebiete der großen Städte herankommen konnte. Viele Bürgermeister wünschten sich eine Systemlösung, klar, übersichtlich und im schicken Aluminiumrahmen. Aber Hilbig fiel nichts ein. Wenn ich mal eine Idee hätte, die funktionierte, dann würde er mich an der Firma beteiligen, versprach Hilbig.

Das ließ ich mir nicht zweimal sagen. Ich entwarf ein Konzept und die passenden Profile dazu. Oben drüber kam der Name des Industriegebiets, darunter ein übersichtlicher Plan mit Straßen und Zahlen. Jedes Unternehmen hatte eine Zahl, die in einer Übersicht aufgelistet war.

Die Tafel sah schick aus und war überaus praktisch. Hilbig jubelte. Ich war noch etwas skeptisch. Mir war immer noch schleierhaft, wie man mit solchem Krempel Geld verdienen sollte. Aber Hilbig zog umgehend los. Wenig später kam er mit dem Auftrag zurück, alle Industriegebiete von Karlsruhe mit unseren Tafeln zu bestücken.

Die Stadt war glücklich, denn die Tafeln kosteten nichts, zugleich verschwand das Schilderdickicht an den Zufahrtsstraßen. So wurden die Firmen wiederum gezwungen, auf unserer Tafel zu inserieren. Denn wir, die Firma »Hilbig & Wall Orientierungsanlagen«, hatten das alleinige Recht, Schilder zu errichten. Wer nicht warb, den gab es nicht. Natürlich waren wir gesprächsbereit und haben den Kunden Möglichkeiten gegeben, ihr Schild gegen eine Gebühr doppelt so groß zu machen wie das ihres Konkurrenten.

Das Geld floss reichlich. Ein Industriegebiet, das bedeutete schnell mal 20 000 Mark. So viel Geld hatte ich noch nie auf einem Haufen gesehen. Aber Hilbig, dieser abgewrackte Typ, plünderte sofort das Konto. »Aber Herr Hilbig, wir müssen doch Material einkaufen«, sagte ich. Hilbig war das völlig egal. Er bestellte zwei weiße Mercedes 200, für jeden von uns einen. Ich war völlig baff. Ungläubig probierte ich den ungewohnten Luxus aus. Mit Rosi fuhr ich eine Woche lang an die spanische Küste. Wir aßen Tag und Nacht nur Erdbeeren mit Sahne. Ich musste mich immer wieder in die Realität zurückrufen. Aber die Geldscheine in meiner Hosentasche waren tatsächlich echt. »Du träumst das nicht, Hans, das ist alles wahr.« Ich glaubte es trotzdem nicht.

Wieder daheim stellte sich mir sofort eine Grundsatzfrage: War dieses Schildergeschäft dauerhaft so einträglich, dass ich dafür meinen Beruf als Maschinenbautechniker aufgeben sollte? Ich verlöre ja sofort den Anschluss, wenn ich da ausstiege. Ein großes Risiko, denn meine Karriere bei Lechner war noch nicht zu Ende. Andererseits war mein Partner Hilbig nicht sehr zuverlässig und hatte größtes Potenzial, die Firma in Krisenzeiten zügig zu ruinieren. Aber die Perspektiven erschienen mir gleichwohl allzu verlockend. Plötzlich wäre ich nicht mehr angestellter Techniker, sondern Unternehmer, wenn auch nur beteiligt. Rosi war skeptisch. Für mich stand fest: ganz oder gar nicht. Ich entschied mich ganz für Hilbig.

Es war eine Goldgräberzeit damals, Anfang der siebziger Jahre. Und ich war mittendrin. Der größte Fortschritt für mich persönlich war die Erkenntnis: Du kannst was! Trau dich! Die anderen können auch nicht zaubern!

Die Produktion, das war ich selbst. Zuerst hatte ich eine alte Scheune gemietet bei der Biergartenmarie in Malsch, eine Kreissäge gekauft und einen Anhänger für den Mercedes.

Alle meine Freunde und Bekannten mussten mir helfen, vor allem natürlich Rosi. Eine wertvolle Hilfe war auch Siegfried Schaal, der Mann meiner Schwester Karin. Er hatte einen kühlen Blick auf die Dinge und war ein zuverlässiger Handwerker.

Siegfried opferte seinen Urlaub und so manches Wochenende. Ich bin ihm bis heute dankbar. Das Geschäft lief von Anfang an, bald hatten wir die ersten Mitarbeiter eingestellt. Und immer öfter ging ich selbst zu den Bürgermeistern, im Blaumann und in Gummistiefeln. Das machte Eindruck, fand ich, weil es mich als ernsthaften Handwerker auswies.

Inzwischen machte ich fast alles allein, während Hilbig sich vor allem darum kümmerte, unser Geld auszugeben. Er war Mitte 50 und unglaublich hungrig nach Leben. Er hatte mir zwar den Einstieg in das Geschäft mit der Werbung ermöglicht, aber ich fühlte mich nicht auf Lebenszeit an ihn gebunden. Er war keine große Hilfe, sondern eher eine Belastung. Wir würden uns trennen, das war klar. Ich wusste nur noch nicht wie.

Eines Tages dann erlebte ich wieder einen dieser magischen Momente, bei denen man erst Jahre später registriert, wie wichtig sie waren, obwohl sie ganz alltäglich erschienen. Zu dieser Zeit lief ich natürlich mit einem Tunnelblick durch die Welt. Ich sah überall nur Werbung und Schilder und überlegte ständig, wo man etwas verbessern und verdienen konnte.

Ich hatte dieses Bushäuschen in Karlsruhe angestarrt, war langsam drum herum geschlichen, hatte mir die Schweißnähte angeschaut und die Verglasung. Entscheidend war die Dachrandwerbung der Sparkasse: »Wenn's ums Geld geht ...« stand da. Diese Wartehalle war kein Zauberwerk, und ich dachte: »Das kannst du besser!«

Der Gedanke ließ mich nicht mehr los. Gleich am nächsten Tag recherchierte ich, was die Werbung wohl kostete. Was ich erfuhr, konnte ich kaum glauben: 300 Mark im Monat bei einem Zehn-Jahres-Mietvertrag. Das bedeutete 300 x 12 x 10 = 36 000 Mark, für ein einziges Bushäuschen. »Wir können tausend schaffen«, sagte ich zu Rosi. Tausend Wartehallen, das wären sage und schreibe 36 Millionen Mark. Warum war darauf noch niemand gekommen?

Ich würde das mit dem Bushäuschen besser machen. »Aber ohne Hilbig«, befahl meine Frau Rosi, als ich ihr von der Idee erzählte, »sonst lasse ich mich scheiden.« Rosi hatte völlig Recht. Dies war die einzigartige Chance, sich mit einer ganz neuen Idee vom lästigen Partner abzusetzen. Warum sollte ich weiterhin das Geld verdienen, das er mit vollen Händen ausgab? Ich wollte es allerdings nicht zum großen Krach kommen lassen. Wir kamen auf eine schlaue Idee. Damit mein Partner keinen Verdacht schöpfte, gründeten wir 1976 die »Süddeutsche Verkehrswerbung Rosemarie Wall«. Ich war überrascht, dass ausgerechnet mein knauseriger Vater mir 5000 Mark lieh. Aber er fand es wohl vernünftig, dass ich in eine eigene Firma investierte. Er war ein Karrieremensch durch und durch und konnte Leistung anerkennen.

Als erste Amtshandlung entwarf ich einen prächtigen Briefbogen und ein selbstbewusstes Anschreiben an Hunderte von Bürgermeistern in ganz Deutschland. »Wartehallen nach Bausystem 2011« kündigte ich an, ohne auch nur eine dieser Wartehallen geschweißt zu haben. Die wirklichen Zauberworte aber lauteten: »Kostenlose Lieferung und Montage.« Damit waren die Bürgermeister sofort zu begeistern.

Anfang der siebziger Jahre waren Buswartehäuschen ein großes Thema. Viele Menschen, gerade Schüler, Senioren oder Schichtarbeiter, waren auf öffentliche Verkehrsmittel angewiesen. In Schneeregen und Hagelsturm auf einen verspäteten Bus warten zu müssen, das war eine Zumutung.

Dass nun plötzlich ein Unternehmen dieses kostspielige Problem gratis lösen wollte, bedeutete für die Gemeinden ein Geschenk des Himmels. Rastatt hatte sofort zugesagt und Heidelberg auch, gleich hundert Stück. Umgehend fing ich an, Buswartehallen zusammenzubauen, Fundamente zu gießen und Werbung zu verkaufen. Studenten haben mir geholfen und bis tief in die Nacht den Dreck weggefahren. Ich hatte den Ehrgeiz, ordentliche Arbeit abzuliefern.

Hilbig bekam von all dem nichts mit, denn ich hatte vorgesorgt: Ich hatte zwei Tonbänder und zwei Sekretärinnen. Die eine für Hilbig, die andere für Rosis Firma. Dummerweise wurden eines Tages die Bänder vertauscht. Die Hilbig-Sekretärin hat meinem Partner natürlich sofort von der eigenartigen Korrespondenz berichtet. Von einem Tag auf den anderen kam eine einstweilige Anordnung, dass ich alles abgeben musste, den Mercedes, die kompletten Unterlagen. Laut Gesellschaftervertrag durfte ich kein Unternehmen im gleichen Bereich – Werbung – betreiben. Das tat ich meines Erachtens auch nicht, denn mein Geschäft waren Wartehäuschen. Es war eine Sache der Auslegung. Der gefräßige Hilbig hatte seine Chance sofort gewittert und sich den ganzen Betrieb einverleibt, den ich mit aufgebaut hatte.

Ich hatte als Unternehmer noch gar nicht richtig angefangen, da stand ich schon allein da. Und das war gut so. Ich war Hilbig los und konnte mich mit aller Kraft meinen

Wartehäuschen widmen. Es dauerte dann auch keine drei Jahre, bis Hilbig am Boden war. Die Mitarbeiter haben ihn einfach ausgenommen.

Der Fairness halber ist festzuhalten, dass ich meinem Partner Hilbig eines zu verdanken habe: den Sprung in die Selbstständigkeit. Hätte ich nicht auf sein Inserat geantwortet, hätte ich womöglich das ehrenwerte, aber unspektakuläre Leben eines angestellten Maschinenbautechnikers geführt. Hilbig hatte mir die Angst genommen, selbst etwas zu unternehmen, auf sich selbst zu vertrauen.

Die Idee mit den Buswartehallen erwies sich als Knüller. Es dauerte keine drei Jahre, da hatte ich 1300 solcher Häuschen aufgestellt. Unsere Hallen standen in Crailsheim und Worms, Bremerhaven und Schleswig, Speyer, Celle und mehr als 40 anderen Städten. Wir waren nahezu im gesamten Bundesgebiet vertreten.

Den Namen hatte ich von »Süddeutsche Verkehrswerbung R. Wall« in »Hans Wall Orientierungsanlagen« geändert. Der eigene Name ist wichtig bei einer neuen Firma. Wenn die Kunden das Gefühl haben, da steht einer mit seinem Namen für das Unternehmen ein, dann schafft das sofort Vertrauen. Der zweite wichtige Vertrauensfaktor war die eigene Produktion. Wir haben unsere Produkte selbst entworfen, konstruiert und gebaut. Das machte sonst keiner in Deutschland. »Wall« stand für Kompetenz und Zuverlässigkeit in der Stadtmöblierung. Alles aus einer Hand, das war schon damals unser Erfolgsrezept.

Die Expansion verlief in einem gespenstischen Tempo. 1974 Gründung, 1975 ein neuer von Georg Knoll konzipierter Fertigungsablauf, 1976 Umzug wegen Platzmangel nach Karlsruhe-Knielingen und Umwandlung in eine GmbH, 1977 erneut Umzug nach Durmersheim, 1979 Errichtung der Produktionsstätte in Ettlingen, auf 5500 Quadratmetern.

Ob Heidelberg oder Mannheim, Regensburg oder Bremerhaven, Mainz oder Worms – sie alle hatten sich für das Wall-System 2011 entschieden. Und bescherten uns 1979 über drei Millionen Mark Umsatz. Ich gönnte mir einen weißen Porsche mit Autotelefon.

»Wall Wartehallen – von Hamburg bis zum Bodensee« haben wir damals in unseren Anzeigen geschrieben.

Das klang eindrucksvoll und stimmte sogar. Wir waren von einer kleinen schwäbischen Rumpelbude zu einem deutschlandweit operierenden Unternehmen geworden. Das lag auch daran, dass wir ziemlich hemmungslos warben. Ob Bürgermeister, Verkehrsbetriebe, Partei- oder Fraktionsobere – alle wurden mit unseren Rundschreiben und Katalogen bombardiert. Dank des Wordplex-Systems konnten wir Tausende von Briefen adressieren und frankieren. Daniel, damals 17 Jahre alt, trieb die EDV zu Höchstleistungen. Die ersten beiden Wall-Lehrlinge Sandra Beyer und Silvia Weber holten aus dem hochmodernen Commodore Amiga alles heraus. Für eine Romanze blieb dennoch Zeit: Heute heißt Sandra Beyer mit Nachnamen Wall. Sie hat Daniel geheiratet.

Manche lokalen Würdenträger baten schon um Gnade, weil sie unsere Reklamepakete gleich doppelt und dreifach geliefert bekamen. Egal, dachte ich mir, und warb unverdrossen weiter. Der Erfolg war überwältigend, die Herausforderungen allerdings auch. Denn was kaum einer ahnte:

Es kam ein gigantisches Problem auf mich zu. An 1300 verschiedenen Orten in ganz Deutschland eine Buswartehalle in Ordnung zu halten, zu reinigen, Vandalenschäden zu reparieren, neue Werbung zu kleben, das erwies sich als logistisch kaum zu bewältigende Aufgabe. Mein Denkfehler war es gewesen, auf kleinere Städte und Ortschaften zu setzen, die oftmals viele Kilometer auseinander lagen. Es erwies sich als nahezu unmöglich, guten Service auch noch in den hinterletzten Dörfern zu garantieren. Geld verdienen konnte man nur mit den Städten, aber nicht ausschließlich auf dem Land.

Wir hatten allerdings auch einen Vorteil. Der immense Kostendruck erzeugte zugleich einen immensen Innovationsdruck. Um die Instandhaltungskosten gering zu halten, haben wir sehr viel herumexperimentiert, zum Beispiel um eine vandalensichere Wartehalle zu entwickeln. Man glaubt ja gar nicht, mit wie viel Energie und Kreativität junge Menschen vorgehen, wenn es gilt, so ein Häuschen zu demolieren.

Eines wurde mir sehr schnell klar. Es war keine Lösung, möglichst einfache, hässliche Hallen aufzustellen. Die Billig-Modelle waren sofort kaputt. Im Gegenteil: Je anspruchsvoller die Gestaltung und das Material ausfielen, desto geringer waren die Schäden. Es schien einen eigenartigen Wertschätzungsdialog zu geben zwischen dem Vandalen und seinem potenziellen Opfer. Schöne Hallen wurden eher in Ruhe gelassen.

Damals wuchs viel von dem Know-how, von dem die Wall AG heute noch lebt. Fakt ist: Alles beginnt mit einer guten Gestaltung. Ästhetik ist wie eine unsichtbare Kraft,

die im öffentlichen Raum Ruhe und Zufriedenheit aus-
strahlen kann, aber auch Respekt und Wärme. Schein-
bar banale Dinge wie Stadtmöbel umgeben uns jeden Tag.
Wir mögen achtlos an Bänken und Informationsvitrinen
vorbeilaufen, aber sie beeinflussen uns doch. Schlampige
Plakatwände entwerten eine Straße. Schicke Hinter-Glas-
Poster heben dagegen das Niveau. Und entsprechend
benehmen wir uns auch.

Wenn wir zum Beispiel ein wunderschönes Flughafen-
gebäude betreten, wo alles glänzt und glitzert, kämen wir
nie auf den Gedanken, eine Bananenschale auf den Boden
zu werfen. Das tut man einfach nicht. Es klingt schmalzig,
aber es ist wahr: Wir haben von Anfang an mehr Liebe in
die Produkte gesteckt als unsere Konkurrenten. Und die
Menschen spüren das.

Wer morgens an der Haltestelle friert, und davon gibt
es viele Millionen, der ist müde und nicht so gut gelaunt.
Und wenn um ihn herum dann noch alles dreckig und
heruntergekommen ist, dann ist der ganze Tag schon ver-
saut. Aber es gibt kein Gesetz, dass das so sein muss. Eine
saubere, schöne Wartehalle mag nicht viele Probleme lösen. Aber sie bietet einen besseren Start in den Tag als eine
vermüllte und verdreckte Ecke.

Je intensiver wir uns mit Funktion und Design unserer Buswartehallen beschäftigten, desto klarer wurde uns,
wie viele Bürger sich mit diesen einfachen Unterständen
auseinandersetzten. Der Wetterschutz für Buskunden war
ein Dauerthema in der Lokalpresse. Also sammelten wir
akribisch Zeitungsbeiträge und Leserbriefe, in denen sich
Menschen über Wartehallen im Besonderen und Stadt-

möblierung im Allgemeinen aufregten. Leserbriefe wie den folgenden gab es in praktisch jeder deutschen Tageszeitung.

Es ist nicht nur der Umstand ärgerlich, dass es in den von der Deutschen Städte-Reklame neu aufgestellten Wartehäuschen keine Sitzgelegenheiten für die Busfahrgäste gibt, sondern auch, dass es in diesen Wartehäuschen buchstäblich aus allen Ecken und Kanten unerträglich zieht. Am Erdboden ist nämlich ein etwa zehn Zentimeter breiter Spalt gelassen, so dass die Luft sehr gut hindurchpfeifen kann, und damit das »Umwälzverfahren« gut funktioniert, dasselbe oben zur Abdeckung hin noch einmal, sowie zwischen jeder Glasscheibe und an jeder Ecke wiederum. Es ist eine Zumutung für die Fahrgäste, sich hier, besonders an kalten, regnerischen und stürmischen Tagen, unterzustellen und auf den bisweilen noch verspäteten Bus (zum Beispiel Linie 19, am Wasserturm) zu warten, wo der Wind ohnehin meist heftig weht. Das Gleiche gilt auch für das andere Wartehäuschen der Linie 10 am Wasserturm und schräg gegenüber an der Friedhofsmauer. Man läuft Gefahr, sich Blasen- und Nierenleiden (durch kalte Füße) sowie Erkältungen und Ohrenschmerzen zuzuziehen. Es sind vormittags vielfach auch ältere, gebrechliche und kränkliche Leute, die auf den Bus angewiesen sind, wenn sie etwa wegen einer Spritze zum Arzt fahren müssen. Ich denke an die vielen Frauen, die einkaufen müssen oder berufstätig sind, aber auch an die, die aus umweltfreundlicher Gesinnung den Bus benutzen (zu erinnern ist an die Werbeslogans). Ich mache mich

zum Sprecher vieler, die schon an eine Unterschriften-
sammlung gedacht haben. Wir wollen keine Reklame,
wir wollen Schutz gegen die Unbill der Witterung und
Sitzgelegenheiten, dann ertragen wir auch die Reklame!
P.S. Erhalten Sie bitte das alte Wartehäuschen auf der
Franziskanerstraße, nur setzen Sie bitte bald die schon
lange fehlende Scheibe bzw. Füllungen ein.

Man kann über solche Zuschriften lächeln, man kann sie
aber auch ernst nehmen. Wir bei Wall haben immer versucht, die Anregungen der Bürger aufzunehmen. Wenn nur
einer schreibt, dass es im Bushäuschen zieht, dann werden
hundert andere das gleiche Gefühl haben, obwohl sie sich
nicht äußern. Dennoch fielen die Reaktionen auf unsere
Wartehallen ausgesprochen unterschiedlich aus. Während
sich die Lokalpresse im Fachwerkstädtchen Celle über die
Reklame beschwerte, jubelten die Friedrichshafener: »Endlich hat das Frieren ein Ende.«
Immer mehr Städte zeigten Interesse, Vertreter größerer Kommunen gingen dagegen lieber auf eine mehrtägige
Informationsreise nach Südfrankreich, wo unser Konkurrent Decaux seine Produkte unter südlicher Sonne prä-
sentierte. Allerdings nicht immer mit Erfolg. Als sich ein
Münchner Stadtrat probehalber mal an die Querstange
eines Bushäuschens hing, bog sich das Metall gefährlich
durch. Auch das war erstklassige Reklame für uns.
Es gab aber auch Städte, die glaubten, sie seien selbst als
Unternehmer erfolgreich. Hannover etwa schlug unser
Angebot aus, 500 Wartehallen im Wert von fünf Millionen
Mark aufzustellen. Stattdessen beauftragte die Stadt einen

Designer mit der Entwicklung eines eigenen Prototyps, der im Orkan jedoch klirrend zu Bruch ging. Egal. Hannovers Oberbürgermeister Herbert Schmalstieg wollte es so. Ergebnis für den Steuerzahler war ein Millionenverlust. Dafür standen die Fahrgäste jahrelang im Regen. Die Kommunen unterschätzten einfach, wie viel Know-how wir inzwischen bei der Konstruktion gesammelt hatten. Deswegen haben wir von Anfang an sehr großen Wert auf gute Materialien und erstklassige Gestaltung gelegt.

Während in der Nachkriegszeit der Städtebau zunächst einmal darauf zielte, elementare Lebensbedürfnisse zu befriedigen, erkannte man in diesen Jahren, dass zu einem lebendigen Stadtleben mehr gehört als Funktionalität. Die Bürger strebten raus aus ihren Häusern hinein in den öffentlichen Raum. Deshalb wurde es zunehmend wichtig, die Plätze auch zu gestalten.

Betrachtet man die ersten vor hundert Jahren errichteten Wartehallen, fällt auf, dass es richtige kleine Häuser waren, aus Ziegeln oder Holz, wie zum Beispiel die villenartige, älteste bekannte Berliner Wartehalle auf dem Bismarckplatz in Grunewald aus dem Jahr 1903.

Oft waren Wartehallen in Mehrzweckbauten integriert, mit Kiosk, Fernsprecher, Toilette. In den zwanziger Jahren begann sich die Wartehalle zum Unterstand zu wandeln. Das war notwendig geworden, um Kosten und in den Innenstädten Platz zu sparen. Wetterschutz und Sitzmöglichkeit standen nun über repräsentativen Ansprüchen. Mit unserem Konzept, kostenlosen Service gegen die Vermarktung von Werbeflächen zu bieten, wurde der Haltestand als Werbeträger interessant. Zwar wurden Busse und

Wartehallen bereits in den zwanziger Jahren mit Werbung plakatiert. Neu war jedoch, dass das nun nicht mehr zufällig geschah, sondern planmäßig. Mit der Funktionsverschiebung veränderte sich auch die Wartehalle selbst.

Für Laien mögen diese Feinheiten der Stadtmöblierung banal klingen. Aber wenn ich mich an die siebziger Jahre erinnere, dann fallen mir vor allem heruntergekommene Plakatwände und lausige Verschläge ein, in denen sich Menschen unterstellen sollten. Öffentliche Toiletten waren ohnehin eine Zumutung. Es kümmerte sich eben niemand um den öffentlichen Raum. Und die Gesetze des Wettbewerbs galten nicht.

Der träge Monopolist Deutsche Städte-Reklame (DSR) schickte seit Jahren Kolonnen mit Leimeimer, Quast und Plakaten los, um mehr oder weniger akkurate Werbung zu kleben. Unter den frisch an die Bretterwände geklatschten Werbebotschaften stand der Kleister in Pfützen. Wer sich gern über Werbung und ihren Wildwuchs aufregt, der sollte sich Bilder von Städten damaliger Zeit anschauen. Es war grausam. Die Dachrandreklame an Buswartehallen war schon ein gewisser Fortschritt. Aber erstens war sie oft sehr aggressiv und zweitens wurde sie von vielen Menschen, zu Fuß oder im Auto, schlichtweg übersehen, weil sie zu hoch angebracht war.

Ich war fest davon überzeugt, dass man Stadträten, Bürgern, aber auch Werbekunden mehr Ästhetik und mehr Qualität bieten musste. Es konnte nicht das Ziel sein, jedes Bushäuschen mit möglichst viel Werbung vollzupflastern. Wer will mit seinen Produkten oder Botschaften schon in einem heruntergekommenen Umfeld vertreten sein?

Also wagten wir eine Revolution, welche die alten Herren von der DSR für verhängnisvoll hielten. Sie meinten, so was rechne sich nie, wie wir aus zuverlässiger Quelle erfuhren.

Wir reduzierten die Werbung auf eine einzige Fläche, und zwar die Schmalseite der Wartehalle. Es galt das Motto: Weniger ist mehr. Schlagartig sahen unsere Wartehallen sauberer, klarer und moderner aus. Die Werbekunden waren ebenfalls glücklich, weil ihre Plakate in einer Vitrine hinter Glas ausgestellt waren, Beleuchtung inklusive.

Weil wir die Werbung ansprechender präsentierten als die Konkurrenz, kamen immer mehr Kunden zu uns, die ihre Plakate direkt von Wall betreut wissen wollten. Aus einem Geschäft für die Produktion von Wartehallen erwuchs in kurzer Zeit ein zweiter, weitaus lukrativerer Geschäftszweig: die Vermarktung der Werbung.

In Rekordzeit hatte ich geschafft, wovon ich immer geträumt hatte: Alles in einer Hand, in meiner Hand. Da war niemand, der mir ins Geschäft quatschte oder mir Vorschriften machte. Sobald ich eine Stadt erobert hatte, bestimmte ich allein den Fortgang der Partnerschaft. Und da gab es nur eine Strategie: maximale Qualität auf allen Ebenen. Der Kunde ist König. Fehler, die machten nicht wir, sondern die anderen.

Wie erbittert der Kampf um die Städte schon damals geführt wurde, erlebten wir in Berlin. Die Berliner Verkehrsbetriebe (BVG) hatten im Sommer 1982 einen ersten Vertrag über 200 Buswartehallen mit Wall abgeschlossen. Doch plötzlich mischte sich der Senat ein. Die Politik favorisierte unseren französischen Rivalen Decaux, offenbar, weil diese »sehr potente Firma« politisch »an höchster Stelle Druck ausübte«, wie die Berliner Lokalpresse mutmaßte. Der Kampf um Berlin sollte meine Schicksalsschlacht werden – eine sehr erfolgreich geführte allerdings.

Anfang der achtziger Jahre war ich dem Ruin allerdings näher als dem Luxusleben an der Riviera. Obgleich die Einnahmen sprudelten, fraßen mich die explodierenden Kosten für die Wartung und Instandhaltung meines Wartehallen-Imperiums auf.

Zeitgleich stellte sich bei mir privat vieles auf den Kopf. Die Zeugen Jehovas, vor allem aber meine Frau Rosi, beobachteten mit wachsendem Argwohn meine vielen Werbekunden. In Wirklichkeit ging es um Grundsätzlicheres: Rosi sah mit großer Skepsis, dass ich mein Geschäft in die großen Städte zu verlegen gedachte. Für mich war es eine wirtschaftliche Notwendigkeit, um unser Unternehmen zu retten. Aber für Rosi bedeutete es Gotteslästerung, das Schicksal immer wieder aufs Neue herauszufordern. »Sei doch zufrieden«, sagte Rosi. Ich war es aber nicht.

Meine Frau wollte auf gar keinen Fall umziehen. Ich dagegen war überzeugt, dass die Firma ihren Sitz in eine deutsche Metropole verlegen musste. Wer mit den großen Städten Geschäfte machen wollte, konnte nicht aus Ettlingen heraus operieren. Ich brauchte ein Schaufenster, in dem ich meine Produkte für alle Welt sichtbar ausstellen konnte. Eigentlich kam da nur Berlin infrage. Und die ersten 200 Buswartehallen waren ein guter Anfang. Rosi aber wollte nicht weg aus ihrer vertrauten Gemeinde. Wir waren in einer Phase der privaten Eskalation. Die Religion, die Familie, die Firma standen in einem unauflösbaren

Spannungsverhältnis. Und meine wachsenden Werbeaktivitäten waren der Auslöser.

In den sechziger und siebziger Jahren gehörten Tabak- und Alkoholproduzenten zu den finanzkräftigsten Werbekunden überhaupt. Sie hielten meine Firma am Leben. Beide zusammen machten wohl drei Viertel des gesamten Marktes aus. Und ich hatte einen neuen großen Kunden an der Angel: HB.

Die Zeugen Jehovas hatten aber eine etwas merkwürdige Weltsicht. Trinken wurde gerade noch geduldet, solange man nicht soff wie ein Loch, Homosexualität war verboten, am schlimmsten geächtet war allerdings das Rauchen: Tabakkonsum ist bis heute ganz und gar untersagt. Teufelszeug. Wer raucht, fliegt raus. Und wer Werbung für Tabakkonzerne zuließ, der war mindestens so schlimm wie ein Raucher.

Ich stand vor einer Grundsatzentscheidung: Ich hatte nur Aussicht auf Erfolg mit meinen Buswartehäuschen, wenn ich auch Zigarettenwerbung akzeptierte – alles andere wäre eine Illusion gewesen. Außerdem hatte ich auch gar kein Problem mit Zigaretten oder ihren Konsumenten. Jeder Mensch hat das Recht, sich auf seine Weise dem Tod ein Stück näher zu bringen. Wer jahrelang mit dem *Wachturm* in der Hand an zugigen Straßenecken steht, lebt bestimmt nicht gesünder als ein Gelegenheitsraucher.

Es halfen aber keine Argumente, sondern nur klare Entscheidungen. Ich habe mich schließlich für das Geschäftliche entschieden. Damit war aber zugleich das Urteil über meine Religionszugehörigkeit gefällt. Vom einen auf den anderen Tag wurde ich ausgeschlossen, vor über

30 Jahren. Die übrigen Mitglieder durften kein Wort mehr mit mir reden, meine eigene Frau bekam massive Probleme, weil sie mit einem Sünder wie mir zusammen war.

Deutlich wie nie zuvor zeichnete sich unser Grundsatzkonflikt ab: Rosi war von Jugend an verwurzelt in dieser Glaubensgemeinschaft. Sie konnte und sie wollte nichts anderes als ihre Gruppe. Für mich waren die Zeugen Jehovas eher eine Phase, ein Experiment, das mir einige Einsichten verschafft hatte, aber auch die Erkenntnis, dass sich Religion sehr leicht missbrauchen lässt. Starke Charaktere halten den Gruppendruck vielleicht aus. Aber schwächere leiden. Da werden Zwänge ausgeübt und Schuldgefühle mobilisiert, das kann schon sehr grausam sein. Für mich war das Experiment jedenfalls beendet.

Jeder Mensch soll nach seiner Façon selig werden, hat schon Friedrich der Große gesagt. Die Religionsfreiheit gilt auch in jeder demokratischen Verfassung als hohes Gut. Aber wenn die Grenze zur psychologischen Beeinflussung überschritten wird, dann wird es problematisch. Ich jedenfalls war nicht bereit zu glauben, dass einer nicht zur Auferstehung kommt, nur weil er eine Zigarette raucht. Wenn man mit Aussteigern nicht mehr reden darf, verliere ich ebenfalls jedes Verständnis. Eine Religion muss sich immer der Diskussion stellen, gerade wenn es um Differenzen geht. Also trennten wir uns. Meine Ehe und Familie war damit automatisch neuen, stärkeren Spannungen ausgesetzt.

Ich denke schon länger darüber nach, wieder in die evangelische Kirche einzutreten. Ich habe ein sehr viel verständnisvolleres Verhältnis zur Kirche gewonnen, weniger zu Amts- und Würdenträgern als zu den praktisch Seelsorgenden und denen, die ganz konkret anpacken. Wie manche Menschen sich einsetzen für die Berliner Gedächtniskirche, wie Armen und Alten geholfen wird, wie Alkoholiker betreut werden oder Ausgestoßene, die im Winter fast erfrieren – da werden jeden Tag viele große menschliche Leistungen erbracht, unentgeltlich und ohne großes Aufheben. Es dauert viele Generationen, ein solches Netz, eine solche Mentalität, so viel bedingungslose Hingabe aufzubauen. Es geht allerdings sehr rasch, solche Strukturen komplett zu zerstören. Deswegen braucht die Kirche uns, jeden Einzelnen, der sich ein bisschen engagiert.

Das Christentum mit seinen universellen Werten ist das Fundament unserer Gesellschaft, ob wir das wollen oder nicht. Deswegen geht mir auch diese ewige hohle Debatte um unsere Leitkultur so gründlich auf die Nerven. Wir in Deutschland, in Europa, wir haben doch eine Leitkultur, und das ist die Bibel. Diese Leitkultur ist friedlich und tolerant und akzeptiert jede andere friedliche und tolerante Religion.

Diese Leitkultur tragen viele von uns in sich, zumindest in der Tradition der Familien. Daraus leite ich aber nicht nur Rechte, sondern vor allem Pflichten ab: Als Unternehmer zahle ich keine Hungerlöhne, sondern tue mein Bestes, um soziales Elend zu verhindern. Ich kümmere mich darum, dass die Jugend eine gute Ausbildung bekommt. Das ist nicht viel, aber ein Mindestmaß an tätiger Nächstenliebe. Ich spende, wo ich kann. Ich tue es gern.

Man kann sich ja über den Vatikan und Teile der Amts-
kirche ausgiebig und völlig zu Recht aufregen. Aber es
steht doch andererseits fest: Jesus Christus war ein toller
Kerl. Es wundert mich, dass es darüber so wenig Konsens
gibt in unserer Gesellschaft. Oder Paulus und Petrus: Die
sind nicht als Heilige zur Welt gekommen. Das waren echte Kerle in ihrer Zeit, Männer, die überzeugt waren von
ihrem Glauben, die standhaft waren, aber nicht feindselig
oder intolerant. Eine schönere Leitkultur kann man sich
nicht malen.

KAPITEL 4

»Danke, dass ihr mich unterschätzt habt!« – Das dramatisch erfolgreiche Jahr 1984

Direktor Piefke und die Berliner Verkehrsbetriebe – Der Franzose kommt – Kampf gegen die Deutsche Städte-Reklame – Herzblut, Filz, Millionen – Litfaß und Mariacron – Siegeszug der City-Light-Plakate – Geschäft oder Liebe

> »*Hans Wall ist ein Besessener, der ständig neue Ideen entwickelt und nicht rastet, ehe diese umgesetzt sind.*«
> JOACHIM STOLTENBERG, *Berliner Morgenpost*

Joachim Piefke war ein Naturereignis. Wer nur den Namen hörte, ohne ihn je gesehen zu haben, der bekam ein völlig falsches Bild. Piefke war klug, Piefke war aufrichtig, Piefke war wohltuend unkorrupt, was in seiner Position nicht selbstverständlich war, und Piefke war fair. Als Direktor der Berliner Verkehrsbetriebe ist er bis heute eine Legende.

Piefke, Jahrgang 1921, arbeitete vier Jahrzehnte bei den Berliner Verkehrsbetrieben (BVG). Nach seiner Rückkehr aus dem Krieg wollte er eigentlich Reporter werden. Doch auf Wunsch des Vaters ging er zu den Verkehrsbetrieben. Er fing an als Schaffner, wurde Busfahrer, später Abteilungsleiter und stand schließlich 17 Jahre lang dem Unternehmen vor. Als Vorstand prägte er das Bild der BVG.

Piefke trat nie ohne Fliege auf. So kam er auch eines Tages nach Ettlingen in unser Werk. Ich war ziemlich nervös, denn ich wusste: Von diesem Herrn Piefke aus Berlin hing meine Zukunft ab. Unsere Firma produzierte zwar sehr ordentliche Zahlen, aber mein Logistikproblem war gewaltig. Ich hatte über tausend Wartehallen, im ganzen Bundesgebiet verstreut. Bisweilen lagen die Häuschen abseits, so dass es einen gigantischen Aufwand bedeutete, sie instand zu halten. Richtiges Geld brachten nur die Städte, wo viele Wartehallen auf engstem Raum beieinander lagen und außerdem die Aufmerksamkeit größer war.

Ich brauchte die Großstädte. Aber das war nicht so leicht. Mein erster Anlauf erfolgte 1982, als Hamburg neu ausgeschrieben wurde. Klare Sache: Die Firma Wall aus Ettlingen hatte einen Provinzmakel. Die stolzen Hanseaten guckten auf uns herab. Sie trauten mir nicht zu, die Millionenstadt mit meinem kleinen Unternehmen auszustatten. Schließlich wollten die Hamburger 2000 Wartehallen. Das hätte eine Investition von 20 Millionen Mark bedeutet.

Ich kann verstehen, warum die Herren von der Elbe skeptisch waren. Meine erste Präsentation war halt noch nicht so richtig professionell. Bürgermeister Klaus von Dohnanyi hatte sich einen Besichtigungstermin auf dem Betriebshof Mesterkamp gewünscht. Also fuhr ich von

Ettlingen mit einem Laster nach Hamburg, die Warte-halle hinten auf die Ladefläche geschnallt. Ein Student begleitete mich. Alle paar hundert Kilometer mussten wir anhalten und die Schrauben festziehen. Es war eine präch-tige Wartehalle mit einer sehr schönen Tchibo-Werbung. Ich war sehr stolz, als ich auf den Betriebshof bog. Da hat-te Decaux auch schon abgeladen. Aber nicht eine Halle, sondern ein halbes Dutzend. Und eine wirklich tolle auto-matische Toilette. Zum ersten Mal hatte ich begriffen, dass ich ab sofort in der Bundesliga spielte. Ich war der Mon-teur im blauen Anton. Und Herr von Dohnanyi hielt mich für den letzten Provinzpinsel. Mir stand ein Imperium gegenüber. Sofort war mir klar: »Hans, du bist ein guter Gestalter, aber nicht der weltbeste Designer. Das hier ist Weltklasse.«

Ich habe mir umgehend einen wichtigen Gestalter ge-holt, das Konzept City-Line entworfen und bin noch mal nach Hamburg, direkt zur *Bild*-Zeitung. Die waren sehr freundlich und haben Hamburgs neue Wartehalle gleich fotografiert.

Der Franzose hatte zwar mehr Produkte, aber er trat auch ziemlich arrogant auf. Er hatte mich unterschätzt. Vielen Dank dafür. Meiner Motivation tat das unglaub-lich gut.

Es war ein knappes Rennen. Decaux hatte am Ende zwar gewonnen, aber ich hatte unheimlich viel gelernt. Beim nächsten Mal musste ich eine sehr viel umfangrei-chere Strategie entwickeln. Ich hatte zwar bessere Kondi-tionen angeboten, aber der Franzose war einfach deutlich größer. Außerdem hatte er seine Kontakte in der deutschen Politik von Anfang an auf vielen verschiedenen Wegen gepflegt.

In Hamburg war mir zum ersten Mal bewusstgeworden, wo der Unterschied zwischen einem geruhsamen Provinzstädtchen und einer Metropole lag: In den kleinen Kommunen genügte ein vernünftiges Gespräch mit dem Bürgermeister. Der freute sich über neue, schöne Wartehallen, die kostenlos aufgestellt wurden. In der Großstadt hingegen waren die Entscheidungswege komplex. Es ging um Millionen und viele, viele Menschen redeten mit, häufig die am lautesten, die am wenigsten Ahnung hatten.

Mein Rivale Decaux gewann schließlich Hamburg, später kam Bremen dazu. 1983 stand Berlin an. Wieder war Decaux mit im Rennen. Und natürlich ging er davon aus, wieder zum Zuge zu kommen. Er war ja der Großstadtmensch aus Paris. Aber dieses Mal würden wir gewinnen. Ich wusste nur noch nicht wie.

Immerhin war es schon mal fair, dass der große BVG-Direktor Piefke sich in die Provinz bequemte und uns in Ettlingen einen Besuch abstattete. Er nahm seinen Job offenbar ernst. Bei der Betriebsbesichtigung fragte Piefke mich plötzlich: »Herr Wall, Sie haben ja sehr schöne Sachen hier stehen. Aber sind Sie auch bereit, für Berlin etwas Neues, ganz Besonderes zu machen?« Zuerst dachte ich: Was fällt dem Kerl ein? Ich habe hier die schönsten und besten Produkte der ganzen Welt für ihn aufgestellt. Aber er will was anderes. Doch mein Instinkt hielt mich zurück, dies auch zu sagen. Der Kunde war schließlich König. »Herr Piefke«, sagte ich also, »Herr Piefke, ich mache alles für Sie, und wenn Sie ein Wartehäuschen aus Gold und Silber haben wollen mit Diamanten obendrauf, dann baue ich Ihnen das auch.« Piefke schaute zufrieden und sagte: »Gut, das wollte ich nur wissen. Morgen fliege ich nämlich nach Paris.«

Mir wurde angst und bange. Decaux war bekannt dafür, dass er potenziellen Kunden in Paris stets einen umfassenden, sehr umfassenden Service anbot, auf Wunsch auch 24 Stunden am Tag. Da konnten wir in Ettlingen nicht ganz mithalten. Hier gab es nun mal kein Moulin Rouge. Decaux machte dennoch einen gewaltigen strategischen Fehler. In Paris fragte Piefke ebenfalls, ob er für Berlin etwas Außergewöhnliches erwarten dürfe. Aber Decaux soll nur gesagt haben: »Was für Marseille, Lyon und Paris gut genug ist, sollte für Westberlin doch allemal genügen.« Piefke zeigte es nicht, aber er war beleidigt. Die Entscheidung war jedoch längst noch nicht gefallen.

Die Berliner Wartehallen-Situation war besonders prekär. In der Mauerstadt hatten sich die seltsamsten Unterstände angesammelt, aus Blech, aus Holz, aus gewelltem Kunststoff, der im Volksmund »gefrorene Pisse« hieß, meist baufällig, mit den Spuren von Vandalen-Generationen gezeichnet, oft nur zusammengehalten von dicken Schichten verleimter Werbeplakate. Die Werbung wurde allerdings dramatisch weniger, weil kein Kunde seine Reklame an den Ruinen kleben sehen wollte. Die einzige Dauerwerbung hatte ein Bestattungsinstitut gebucht.

In Berlin war keine Generalüberholung, sondern ein kompletter Neuaufbau nötig. Die Berliner, allen voran Piefke, nahmen das Thema durchaus ernst. Die Zeitungen berichteten unablässig. Wartehäuschen waren Stadtgespräch.

So kam es am 5. Mai 1983 zu einem legendären Duell auf dem Hammarskjöldplatz: Der große Franzose aus Paris und der kleine Hans aus Ettlingen traten an zum Kampf um die symbolträchtigste deutsche Stadt. Hier entschied sich meine Zukunft. Wer Berlin in der Hand hielt, würde eine exzellente Visitenkarte für den Rest der Republik besitzen.

Auf dem Platz direkt vor dem Eingang der Messe prallten zwei völlig unterschiedliche Kulturen aufeinander. Ich hatte ein altes Zirkuszelt gemietet, weil es in Berlin nichts Besseres gab, und darin kleine Modelle unserer Produkte aufgebaut. Unsere Sekretärinnen aus Ettlingen waren in Schwarzwaldtracht im Einsatz, mit Bollenhut, und servierten Schinkenbrettl und auf Wunsch auch einen Schnaps. Es gab Blasmusik und gute Stimmung.

Das französische Imperium hatte zu einem gewaltigen Gegenschlag ausgeholt. Decaux war mit einem riesigen Show-Truck angereist, auf dem er alle seine Errungenschaften in Originalgröße vorführte. Ein Mitarbeiter rief: »Herr Wall, das müssen Sie sehen.« Ich lugte durch einen Spalt unseres Zirkuszeltes, wie der Truck in Position fuhr und unser Zelt fast verdeckte. Die Produkte tauchten wie von Geisterhand aus der Versenkung auf. 20 Leute hatten nichts anderes zu tun als zu putzen. Es war eine Millionen-Show. So richtig wohl fühlte ich mich nicht.

Dann mussten wir Ansprachen halten. Decaux hatte seinen Geschäftsführer vorgelassen, der ein 30-Seiten-Pamphlet zum Vortrag brachte, Botschaft: Wir sind die

Größten, Schönsten, Besten. Weltweit 120 000 Wartehallen, tausend Toiletten, überall die Nummer eins. Dann war ich an der Reihe. Ich habe nur ein paar wenige Sätze gesagt, die aber von Herzen kamen. Auf der Toilette hatte ich mir zuvor eilig ein Konzept gemacht, so viel, wie auf die Rückseite meiner Visitenkarte passte: »Liebe Berliner«, sagte ich, »wir haben eine tolle Idee, wir liefern euch exzellente Produkte, die es auf der ganzen Welt nicht gibt, sondern nur hier. Die City-Line haben wir nur für euch entwickelt und wollen sie hier bauen. Denn wir wollen mit unserem gesamten Betrieb nach Berlin ziehen. Wir wollen hier ein tolles Unternehmen aufbauen, wir wollen mit euch zusammen Erfolg haben und Arbeitsplätze schaffen. Bitte nehmt uns beim Wort. Wir werden euch nicht enttäuschen.«

Die Franzosen mit ihrem Riesenlaster grinsten. Aber nur so lange, bis der Regen einsetzte. Plötzlich schüttete es wie auf Bestellung. Der schicke Truck bot viel zu wenig Platz für die ganzen Menschen. Also flohen sie in unser Zirkuszelt. Zum Glück hatten wir genug zu essen und zu trinken. Die Musik spielte, die Gäste waren fröhlich. Sogar die Franzosen kamen zu uns, weil alle politischen Entscheidungsträger bei uns im Zelt standen. Ich war mein Leben lang nie wieder so froh über einen Regenschauer.

In diesem Moment war die Entscheidung gefallen. Wir waren offenbar die Sympathischeren, fanden die Berliner. Und der große Franzose hatte das Nachsehen. Dieser Regenguss hat mich gerettet. In diesem Moment konkretisierte sich die Gründung von Wall II. Zwar dauerte es mit dem Neustart noch eine Weile. Aber ohne Berlin hätte es nie geklappt. Deswegen bin ich dieser Stadt, ihren Bürgern und den meisten der Politiker und Behördenmenschen auch unendlich dankbar.

Ich habe mich zwar oft geärgert über merkwürdige Entscheidungen, schleppende Abläufe und krasse Fehler. Es ist aber ein entscheidender Standortvorteil, dass heute alle wichtigen Politiker, alle Diplomaten der Welt in der Hauptstadt jeden Tag unsere Produkte sehen. Das wäre in Ettlingen etwas schwieriger gewesen.

Ich gestehe, dass ich ein paarmal daran dachte, die Stadt zu verlassen. Ich bin eben ein impulsiver Mensch. Aber letztendlich bin ich glücklich hier. Ich habe Berlin viel zu verdanken. Diese Stadt ist meine Stadt, hier bin ich mit dem Herzen zu Hause. Ich bin ein schwäbischer Berliner, aber eben ein Berliner. Und das ist auch gut so.

Das Jahr 1984 sollte den Wechsel von Wall I zu Wall II bringen. Zuvor musste ich allerdings noch eine Reihe von Abenteuern bestehen. Denn der Betrieb stand nach wie vor in Ettlingen und über tausend in der Bundesrepublik verstreute Wartehallen waren immer noch unsere Geschäftsgrundlage.

Sehr zum Gaudium mancher Mitarbeiter und Freunde hatte ich einen extravaganten Teppich auf dem Konferenztisch in Ettlingen liegen. Eingewebt war eine Weltkarte.

Sie symbolisierte mein Ziel: Ich wollte hinaus in die Metropolen, nicht nur in Deutschland und Europa, sondern überall auf der Erde, vor allem natürlich in den USA. Roland von zur Mühlen hatte sich eines Tages tatsächlich erdreistet, mit einem Kugelschreiber auf dieser Teppich-Weltkarte herumzukritzeln. Er nahm meinen Expansionsdrang offensichtlich nicht so ernst. Berlin war ja auch schon was für den Anfang. Aber auch ihm würde ich es noch zeigen. Der Weg in die Welt erforderte allerdings einen mutigen Schritt. Ich musste mein Wartehallen-Sammelsurium verkaufen.

Zum Glück hatte ich noch nie ein Problem damit, einfach loszulassen. Ich konnte mich ohne Schwierigkeiten von meinem Bushäuschengeschäft trennen. Es liegt wahrscheinlich daran, dass ich ein Aufbau-Typ bin. Solange etwas wächst und weitere Expansion zu erwarten ist, bin ich Feuer und Flamme. Alltagsroutine wiederum langweilt mich grenzenlos.

Es gibt Unternehmertypen, die hängen jahrzehntelang mit derart vielen Emotionen an ihrem Laden, dass ihnen der klare Blick für weiter reichende Entscheidungen und Zusammenhänge verlorengeht. Sobald die Alternativen verlockend sind, kann es manchmal von großem Wert sein, wenn man loslässt und sich etwas Neuem zuwendet. Die Erfahrungen, die ich mit Wall I gemacht hatte, würden jetzt in Wall II einfließen und etwas Neues, Schöneres, Erfolgreicheres schaffen.

Die Atmosphäre im Jahr 1984 war aufgeheizt. Die Deutsche Städte-Reklame (DSR) war der Marktführer. Seit Jahrzehnten kassierte diese Firma in vielen Städten, ohne viel Leistung zu bringen. Vollautomatisch klebte diese mafiöse Organisation Deutschland mit Plakaten voll. Nun plötzlich erfolgte ein Zwei-Fronten-Angriff. Von Frankreich her kam die Firma Decaux, die zehn Jahre vor mir den Markt der Stadtmöblierung entdeckt hatte. Die Franzosen boten ordentliche Produkte und attraktive Verträge für die Kommunen. Sie drängten vom Westen her. Erst im Saarland, dann in Köln, schließlich Hamburg und Bremen, so kämpfte sich Decaux Schritt für Schritt auf den deutschen Markt. Von der anderen Seite drängte ein Emporkömmling namens Wall immer weiter vor.

Bei der Deutschen Städte-Reklame herrschte Panik. Diese Stimmung gedachte ich für mich zu nutzen. Ich schickte ein eindeutiges Signal nach Frankfurt, in die Zentrale der Deutschen Städte-Reklame. Ich sei bereit zu verkaufen: 1300 Buswartehäuschen plus Werbeflächen. Die DSR hoffte natürlich, ich würde mich aus dem Werbegeschäft zurückziehen, aber weiterhin die Häuschen bauen und liefern.

Die Perspektiven waren hochinteressant: Mit über tausend neuen Plakatflächen würde man dem expandierenden Franzosen endlich etwas entgegensetzen können. Die DSR biss an. Mir wurde ein Termin in der Zentrale in Frankfurt gewährt – wieder so ein Schlüsselmoment, in dem die Geschichte des Unternehmers Wall eine ganz neue, überraschende Wendung nehmen sollte.

Rückblickend muss ich der Ehrlichkeit halber feststellen, dass es strategisch am schlausten gewesen wäre, wenn sich die DSR mit Decaux zusammengeschlossen hätte. Decaux hatte ihr das vorgeschlagen, doch sie wollte keinen in ihrem Monopolgeflecht dulden. Zwei Große hätten sich den Markt aufteilen und gemeinsam alle anderen Wettbewerber fernhalten können. Decaux hatte das Know-how, die DSR die Verträge. Es hätte beiden genutzt. Aber so weit dachte niemand bei der Deutschen Städte-Reklame. Dort herrschte ein selbstzufriedener Funktionärshaufen. Solche Strukturen verhindern Innovationen, weil Menschen breit in Positionen sitzen und Monopole kontrollieren. Da herrscht ein Denken, das aus der Kaiserzeit kommt: Uns gehört alles, und ohne uns läuft nichts. Das ist kleinkariert.

Diese Leute waren Plakatvermarkter, die gar nicht gemerkt hatten, dass der Markt der Stadtmöblierung sich wandelte. Es kam viel Technik ins Spiel, dafür muss man Gefühl und Fachwissen haben. Die Investitionen verhundertfachten sich gegenüber den Täfelchen. Diese Behördenchefs aber machten den entscheidenden Fehler, zu glauben, sie müssten nicht viel investieren und könnten ohnehin alles alleine machen: Hersteller, ein paar Leute, welche die Wartung übernehmen, das muss man nur dem Wall und dem Decaux nachmachen – ganz einfach. Aber diese Funktionäre waren nicht einmal in der Lage, den Designern eine Vorgabe zu machen. Und Designer merken ganz schnell: Denen kann man ja vorlegen, was man will. Die nehmen alles ab.

Die umfassende Ahnungslosigkeit der DSR-Oberen war mein Glück. Am entscheidenden Abend in Frankfurt blickte ich in eine Reihe selbstzufriedener Gesichter. Ich spürte sofort: Sie nahmen mich nicht ernst, nicht eine Sekunde. Andererseits hatten sie Angst vor mir, denn ich hatte den Markt in Bewegung gebracht. Ich hatte nicht nur Buswartehallen aufgestellt in ganz Deutschland, sondern verkaufte auch Werbung, jede Woche. Damit war das Geschäft der Herren bedroht. Sie glaubten an die Klebeplakatierung. Die kannten sie. Die wollten sie. Und nichts anderes. Deswegen hatten sie mich herbestellt. Um wieder

Ruhe in den Markt zu bringen. Und um mir den Mund zu stopfen, mit Geld. Wie träge Geld macht, das konnten sie sehen. Sie mussten nur in den Spiegel schauen.

Das Konstruktionsproblem der DSR war offensichtlich: Die beteiligten Städte erwarteten jedes Jahr satte Ausschüttungen. Wer aber große Investitionen vornimmt, der kann nicht so viel ausschütten. Deswegen war der DSR so viel daran gelegen, den Status quo zu erhalten. Nichts sollte sich ändern, die Kohle musste weiter fließen, keine Experimente. Wenn es nach ihr gegangen wäre, würden die DSR-Werber noch heute mit dem Kleistereimer durch die Gegend laufen und ihre eigenen Städte verschandeln.

So geriet die DSR mit den Jahren in einen Teufelskreis. Sie hatte kein Kapital, konnte irgendwann nicht mehr investieren, warf immer weniger ab, erfüllte die Erwartungen der Städte nicht mehr und wurde zum Verkaufsobjekt. So schnell, so einfach, so tragisch funktioniert der Niedergang. Innovationsfeindlichkeit war eines der stabilsten Merkmale der DSR. Trends wurden nicht erkannt, sie hätten ja Geld kosten können.

Anfang der achtziger Jahre zeichnete sich zunehmend eine Entwicklung ab, welche die DSR ignorierte: Dachrandwerbung und Klebeplakatierung waren Instrumente von gestern. Die Zukunft gehörte der sauber verglasten, idealerweise beleuchteten Werbung. Mir war klar: Wer hier zuerst die großen Städte eroberte, der war für die Zukunft ausgezeichnet aufgestellt.

Die DSR aber hielt mich für verrückt, weil ich Vitrinen für 15 000 Mark baute, um nur ein Plakat hineinzuhängen. Das war mein Glück. Damals ist ein völlig neues Plakatformat geboren worden, das City-Light, das ich in Berlin eingeführt habe. Heute ist es in Deutschland das vorherrschende Werbeformat in der Stadtmöblierung. City-Light, das bedeutete: Nicht fünf Plakate pro Wartehalle, sondern nur eines, das aber erstklassig präsentiert und in wöchentlichem Wechsel. So ließen sich zwar weniger Kunden bedienen, dafür aber größere, welche die verstärkte Aufmerksamkeit gern mit höheren Preisen bezahlten.

Das Schmuddelplakat starb langsam, die edle Vitrinenpräsentation gewann fortlaufend. Für uns waren zudem die Kosten übersichtlicher. Mit einer Fahrt pro Woche ließen sich Wartung, Reinigung und Plakatwechsel gleichzeitig erledigen. Je fünf verschiedene Plakate mit unterschiedlichen Wechseltagen an tausend Wartehallen – das war ein nicht zu bezahlender Aufwand. Die Deutsche Städte-Reklame aber hatte bei uns nur die Menge gesehen, nicht aber die dahinterstehende Logistik begriffen.

Die Rollenverteilung für unser Verkaufsgespräch war klar: Ich war der Spinner aus der Provinz, der teure Experimente unternahm und den man dringend vom Markt bugsieren musste, damit die DSR auch weiter ihre Leimspur durch deutsche Städte ziehen konnte.

Ich war entschlossen, ihr Spiel mitzuspielen. Ich verließ mich auf mein darstellerisches Talent. Sie wollten einen Idioten, also machte ich ihnen den Idioten. Der Kunde ist König. Herr Wurster, Chef der Deutschen Städte-Reklame, trug seinen Namen völlig zu Recht. Er war Teil des unseligen städtischen Machtgeflechts aus Magistrat, Wirtschaft und Verwaltung, zusammengehalten durch Politik und Dom Pérignon. Wettbewerb und Unternehmergeist waren diesen Herrschaften zuwider. Sie waren der Inbegriff des deutschen Stillstands.

Und jetzt saß ich ihnen gegenüber. Ich hatte mir geschworen, diesen Raum nicht ohne Unterschrift zu verlassen. Ich wollte meine Buswartehallen loswerden, ich durfte es nur nicht zeigen. »Mein Herzblut«, wiederholte ich also immer wieder, »mein Herzblut – das kann ich nicht verkaufen.« Jedes »Herzblut« trieb den Kaufpreis ein weiteres Stück nach oben.

Einer fiel allerdings auf in dieser modrigen DSR-Riege. Er passte gar nicht in die Reihe, schien jünger, moderner, beweglicher. Er war der Justiziar, ein gewisser Roland von zur Mühlen. Später erfuhr ich, dass er als Kronprinz von Wurster gehandelt wurde. Er sollte den Chef beerben und die DSR in eine weitere Generation von Filz und Kleister führen. Von zur Mühlen passte nicht in die Runde, fand ich. Aber in diesem Moment war das egal. Da war jeder Feind.

Das Angebot der DSR sah so aus: Ich sollte Geschäftsführer der DEGESTA werden, einer frisch gegründeten Firma für Stadtverkehrsanlagen, in die meine eigenen Bushäuschen künftig eingebracht werden sollten. Ich wollte 50 Prozent, man bot mir zehn.

Deren Kalkulation lautete: Sie würden mich weiter Bushäuschen bauen lassen, aber die große Werbekohle selbst einstecken. Es war ja auch verlockend, mich mit Geld zur Ruhe bringen zu lassen. Der Verkauf würde mir ein sattes Barvermögen bescheren. Dazu die regelmäßigen Aufträge für neue Wartehallen. Das Werk in Ettlingen wäre auf Jahre ausgelastet gewesen. Aber ich stellte mich stur: »Mein Herzblut.«

Die Argumente flogen hin und her, es war schon mitten in der Nacht. Aber ich sagte immer wieder: »Mein Herzblut.« Dann ging ich – »mein Herzblut« – zur Tür. Da bekamen die Herrschaften Panik. Sie dachten: Wenn der Kerl jetzt zu Decaux geht, dann haben wir ein richtig großes Problem. Hans Wall darf nicht durch diese Tür gehen, koste es, was es wolle. In diesem Moment stand das Angebot: Die DEGESTA hat auf einen Schlag alle meine Wartehallen gekauft, für 13 Millionen Mark. Umgehend konnte ich all meine Schulden tilgen, etwa acht Millionen Mark. Zum ersten Mal in meinem Leben war ich Millionär. Das fühlte sich gut an. Ein langer vergnüglicher Ruhestand hätte beginnen können. Aber ich war lange noch nicht fertig.

Meine Frau war der Meinung, dass es nun gut sei. »Fang bloß nicht wieder an, am Glücksrad zu drehen«, sagte sie. »Du bist ein Spieler und du bleibst ein Spieler.« Aber ich wollte mich von denen da in Frankfurt nicht so einfach wegkaufen lassen. Ich wollte meine eigene Firma, eine neue, größere. Ich bin kein Spieler. Dieser Vorwurf trifft einen Schwaben ins Mark. Aber ich bin ein Sportler. Ich will Wettbewerb, ich will mich messen, ich will um die Wette laufen. Das hat Rosi nie verstanden. In diesen Tagen des Jahres 1984 wurde uns beiden klar, dass wir völlig unterschiedliche Dinge vom Leben erwarteten.

Ein paar Tage später hatte ich der DSR dann Kartons mit Ordnern vorbeigebracht. Jede Wartehalle hatte ja ihre Akte. Und die Herrschaften wollten jede Wartehalle einzeln prüfen und sich davon überzeugen, dass es die Halle überhaupt gab. Dann zeigten diese DSR-Knacker auch gleich ihr wahres Gesicht. Ursprünglich waren zehn Prozent der DEGESTA versprochen worden und der Posten des Geschäftsführers. Nachdem ich unterschrieben hatte, waren es nur noch fünf Prozent, und der Titel hieß: »Technischer Direktor«. Sie haben versucht, mich zu hintergehen, wo es nur möglich war. Das war offenbar das gängige Geschäftsgebaren. Mir war es zuwider und dem Justiziar von zur Mühlen offenbar auch. Den traf ich unten im Foyer und er guckte, als wolle er sich entschuldigen. »Dieses Haus betrete ich nie wieder«, sagte ich. Er nickte nur.

Schließlich bin ich doch Geschäftsführer der DEGESTA geworden, allerdings nur, um die DSR-Kader in Sicherheit zu wiegen. Meine wirklichen Pläne hatten sich längst konkretisiert. Ich spielte das Spiel also unauffällig mit. Aber davon wusste niemand. Ich steckte allerdings in einer heiklen Doppelrolle. Die Gesellschafter der DEGESTA gingen davon aus, dass ich die anstehenden Verträge mit Berlin und Düsseldorf in die DEGESTA einbringen würde. Aber ich dachte gar nicht daran. Ich hatte meine Buswartehallen in der Provinz verkauft, um in große Städte investieren zu können. Wall II war längst in der Planung, aber ohne die Herrschaften von DSR oder DEGESTA. Die wiederum pochten auf einen Vorvertrag, der aber nicht wirklich professionell aufgesetzt war.

Eines Tages sagte ich zu DSR-Wurster: »Wenn ich nach Berlin und Düsseldorf gehen soll, dann brauche ich jemanden, der sich in diesen Vertragssachen auskennt.« Wurster meinte natürlich, ich sei so dämlich, meinen Vorvertrag erfüllen zu wollen. Ich sagte zu ihm: »Ich hätte gern den Herrn von zur Mühlen an meiner Seite.« Wurster dachte sich nichts und stimmte zu. Ich aber wollte nur von zur Mühlen als Motor für Wall II. Seinen besten Mann.

Ab sofort pendelten Roland von zur Mühlen und ich jede Woche nach Berlin, um an unserem Vertrag zu arbeiten. Da waren wir dann auch sehr schnell sehr erfolgreich. Der BVG-Direktor Piefke war einfach ein feiner, zuverlässiger Herr. Kaum hatten wir den Berlin-Vertrag, sagte ich zu von zur Mühlen: »Jetzt müssen Sie aber zu mir kommen.« Ich glaube, er hatte schon so etwas geahnt. Jedenfalls hat er nicht lange gezögert, sondern sofort zugeschlagen. Es war bei einem Italiener in Berlin. »Okay, ich komme«, sagte er.

Das hat mir imponiert, dass einer die Seiten wechselte, obwohl sein Leben bis zur Rente schon komfortabel organisiert war. Es begann eine Zusammenarbeit, ohne die es die Wall AG nie gegeben hätte. Roland von zur Mühlen war der mit Abstand wichtigste Mann all die Jahre. Schon deswegen, weil er mich gelegentlich bremste.

Bei der Städtereklame gab es natürlich einen Riesenaufschrei und sofort jede Menge bitterböser Briefe. Das war uns egal. Wir hatten nur ein Problem: diesen Vorvertrag. Den galt es loszuwerden. Aber nicht wir durften aussteigen, sondern die DSR musste einen Rückzieher machen. Wir haben von einem Wirtschaftsprüfer hochrechnen lassen, was der Vertrag mit 15 Jahren Laufzeit an

Umsatz bedeutete. Aufgrund der Zahlen boten wir der DSR an, den Vorvertrag wahrzunehmen und 40 Prozent für vier Millionen Mark zu kaufen. Die Frankfurter waren natürlich hell empört und machten einen kardinalen Fehler, über den ich mich bis heute freue. Sie schrieben einen wütenden Brief: »Wir lehnen ab.« Damit war der Vorvertrag hinfällig, und ich war frei für meinen unternehmerischen Angriff. Das war der DSR gar nicht klar. Und ich war heilfroh, dass ich mit solchen Amateuren nicht weiter zusammenarbeiten musste.

Sehr viel später kamen die DSR-Oberen dann noch einmal angeschwänzelt, als sie kapiert hatten, dass unsere moderne Kombination von Informationssystemen, Stadtplänen, Toiletten und Wartehallen mit Werbung viel eleganter und erfolgsträchtiger war als ihre Klebeplakate. Sie wollten meine schicken Produkte haben. Die DSR winkte mit einem Riesenauftrag, einzige Bedingung: Ich sollte Roland von zur Mühlen entlassen. Ich habe dann Daniel und von zur Mühlen zusammengerufen. Wir haben ein bisschen über den Auftrag geredet und schließlich abgestimmt. Einhelliges Urteil: ablehnen. Wir lassen uns doch von keinem Kunden unsere Personalpolitik diktieren. Von der DSR schon gar nicht.

Roland von zur Mühlen hatte von Anfang an die volle Kontrolle, wenn ich nicht da war. In die Sommerferien verabschiedete ich mich gern länger, aber es war ja auch nicht viel los. Leider hatte ich anfangs vergessen, von zur Mühlen eine Vollmacht für die Bank zu hinterlassen. Plötzlich standen ihm die Lieferanten auf den Füßen und wollten ihr Geld. »Die können warten«, sagte ich. »Die gehen pleite«, sagte er. Ich hatte zwar Probleme, eine Vollmacht auszustellen, weil ich fürchtete, das Konto könnte leer sein, wenn ich aus den Ferien zurückkam. Aber ich habe sie ihm dann doch gegeben. Und das Konto war tatsächlich gut verwaltet, als ich zurückkehrte.

Sobald wir den Vertrag hatten, ging es in Berlin los. Wir mussten tausend Wartehallen aufstellen, Lieferanten suchen, Monteure finden. Wir fingen noch einmal ganz von vorne an. Und die Ettlinger marschierten vorneweg. Tivadar Balaz schweißte Tag und Nacht. Peter Schwärzl und Otto Kremser bauten unermüdlich auf. Bald wurde die zweihundertste Wartehalle mit dem Berliner Leierkasten »Am Wannsee« eingeweiht.

Weil wir mit einer völlig neuen Art der Vermarktung begannen, den City-Light-Plakaten, leisteten wir echte Pionierarbeit. So wie Ernst Litfaß. Als der seine erste Säule aufbaute, wusste er auch nicht, ob es funktionieren würde. In dieser Zeit ist Litfaß ein echtes Vorbild für mich geworden.

Stadtmöblierung war immer schon ein dynamisches Geschäft. Zu den ältesten Berliner Straßenmöbeln gehören die »Scharren« – feste Verkaufsbuden aus Holz, in denen Schlächter, Bäcker und auch Kraut- und Gemüsehändler ihre Waren anboten. Schon 1311 überließ der Berliner Rat den »Knochenhauern« diese Stände gegen Erbpacht zur Nutzung. Die ersten »festen Krambuden«, steinerne Verkaufsläden mit Bogenhallen, errichtete man Ende des 17. Jahrhunderts – und ihre Zahl stieg stetig an. Zwei Jahrhunderte später entstanden nach einem Entwurf des Architekten Martin Gropius die ersten 20 beweglichen

Soda- und Selterswasser-Trinkhallen aus Holz. Ihr Angebot wurde nach und nach um Kuchen und Zeitungen erweitert.

Um die stetig steigende Nachfrage nach Zeitungen zu befriedigen, unterbreitete der Buchhändler Stilke dem Magistrat einen Vorschlag zur Aufstellung von Kiosken aus Eisen und Glas. Der 1905 errichtete erste Kiosk auf dem Leipziger Platz war sogleich ein großer Erfolg. Die neu gegründete »Deutsche Kioskgesellschaft« kaufte alle noch existierenden Trinkhallen auf und ersetzte sie durch neue Kioske, deren Dach in ausladender Form aus Kupfer hergestellt war und darunter eine Fläche für Werbung bot.

Nach und nach entstanden Kioske mit Fernsprechzellen, mit Wartehallen und Uhren, und auch die einheitliche Gestaltung löste sich auf. Ob aus Holz oder Stein, in Form eines Häuschens oder Tempels – die Vielfalt war so groß wie die Art der Nutzung. Seitdem gehören Kioske fest in das Straßenbild Berlins, und heute findet man sie, ob fest installiert oder beweglich, an beinahe jeder Straßenecke.

Im Jahr 1877 fanden die ersten erfolgreichen Sprechversuche zwischen dem Berliner Generalpostamt und dem Haupttelegrafenamt statt. Die Reichspost ließ aus London beschaffte Fernsprecher von der Firma Siemens nachbauen. Obwohl die Einwohner der Stadt der neuen Einrichtung gegenüber eine ungewöhnliche Zurückhaltung bewahrten, wurde 1881 die erste deutsche Fernsprechvermittlungsstelle im Haupttelegrafenamt mit 48 Teilnehmern in Betrieb genommen. 1913 begann man, öffentliche Telefonzellen mit Münzfernsprechern am Straßenrand zu errichten. Die Idee kam von der Handelskammer, damit das Publikum sich Fuhrwerke bestellen konnte. Die Zellen waren schallisoliert und hatten eine Sitzgelegenheit.

In den zwanziger Jahren vereinfachte sich dann der Bautyp und wurde funktionaler. Die Telefonzelle nutzte man nun auch als Briefmarken- und Postkartenautomat. Der Formgestaltung waren dabei keine Grenzen gesetzt. Erst 1930 wurde das Äußere des »Fernsprechhäuschens« vereinheitlicht: zuerst in den Farben Schwarz, Weiß, Rot. Ab 1946 ersetzte man die Farbe der Häuschen durch ein einheitliches Gelb, welches lange das Stadtbild prägen sollte. Neben dem Äußeren änderte sich auch die Bezeichnung: von »Fernsprech-Automat« in »Öffentlicher Fernsprecher« und schließlich in »Fernsprecher«. Das Innere hingegen prägte stets ein Hinweisschild: »Fasse dich kurz! Nimm Rücksicht auf Wartende.«

Bereits zu Beginn des 19. Jahrhunderts war es in Berlin üblich, Anschlagzettel und Plakate an Häuserecken oder Bäume anzuheften, was für die Polizei ein ständiges Ärgernis darstellte. Umso erfreuter war die Behörde, als im Jahr 1854 der Verleger Ernst Litfaß den Antrag stellte, »Annoncier-Säulen« zu errichten. Der gelernte Buchhändler und gescheiterte Schauspieler leitete ein Berliner Druck- und Verlagsunternehmen und brachte unter anderem den *Berliner Krakehler* heraus.

Seine eigene Erfindung war die Reklamesäule nicht: Vorbilder dazu hatte er bereits in London und Paris gesehen. Die geplanten Säulen wurden zunächst von Gegnern als »Missschöpfung« kritisiert. Trotz der Einwände zeigte die Berliner Bevölkerung jedoch Interesse an diesem neuartigen Straßenmöbel, das wohl der Beginn aller Reklametafeln war. Litfaß verpflichtete sich, stets die neuesten Verordnungen und Bekanntmachungen der Stadt anzukleben.

Im 19. Jahrhundert konnten sich nur wenige Leute eine Zeitung leisten. Sie liefen zur nächsten Ecke, um sich zu informieren. An den Litfaßsäulen waren Mobilmachungen, Wahlaufrufe oder Heiratsankündigungen ausgehängt. Tanzlokale, Weinstuben, Zirkusse und Theater machten Werbung. Ernst Litfaß erhielt das alleinige Recht, in Berlin zu plakatieren, und avancierte damit bald zum Reklamekönig.

Mitte April 1855 stellte er die erste Litfaßsäule an der Münzstraße/Ecke Grenadierstraße in Berlin auf, heute ein Denkmal.

Bereits am 2. Juli 1855 übergab er alle 150 Säulen der öffentlichen Nutzung. Litfaß stieg zum anerkannten Unternehmer im preußischen Staat auf.

Nach seinem Tod im Jahr 1874 setzten sich seine Nachkommen nicht länger für das Unternehmen ein, und es verlor an Bedeutung. Die Litfaßsäule behielt aber ihren festen Platz im Stadtbild. Das Anschlagswesen wurde neu ausgeschrieben und die Konzession über die Jahre an verschiedene Firmen übergeben. In einer Hochphase im Jahr 1935 standen in Berlin über 3210 Säulen. Nach dem Zweiten Weltkrieg reduzierte sich ihre Zahl jedoch auf einige Hundert. Nun halfen sie hauptsächlich bei der Suche nach vermissten Angehörigen.

Plötzlich erschienen dann die ersten Kinoplakate und Veranstaltungshinweise auf den Säulen. Inzwischen steht die Litfaßsäule, in historischer Gestalt oder moderner Form, wieder an jeder Straßenecke. 2001 habe ich mich dafür eingesetzt, dass das Grab von Ernst Litfaß auf dem Dorotheenstädtischen Friedhof restauriert und als Ehrengrab der Stadt Berlin eingetragen wird.

Ich genoss dieses Litfaß-Gefühl, wenn man Großes plant, aber nicht genau weiß, ob es klappt. Wir mussten in Berlin gleichzeitig die Wartehallen aufstellen, ohne zu wissen, ob die Vermarktung funktionierte. Es waren spannende Monate. Wir waren hochmotiviert, und unsere Begeisterung riss sogar die von den Berliner Verkehrsbetrieben mit – allen voran Betriebsleiter Teicke und sein Abteilungsleiter Rogge. Wir fingen auf der Clayallee an, mit Mariacron, einem Weinbrand. Ich wollte nie mehr etwas anderes trinken. Die Spannung war ungeheuerlich. Wir hatten unsere Reklamen aufgestellt. Und eines Abends schalteten wir dann tatsächlich das Licht an. Es funktionierte. Es sah toll aus. Ich war begeistert und gerührt zugleich.

Wir waren finanziell gleichwohl am Anschlag. Unsere Investitionen hatten all mein Geld verschlungen. Doch wieder war das Glück auf unserer Seite. Denn die Berliner Sparkasse war auf unsere Werbung aufmerksam geworden. Direktor Moser war so begeistert von der Werbung und auch davon, dass die alten grünen Verschläge der BVG endlich verschwunden waren, dass er sofort mitzog. Umgehend hatte er einen Auftrag an die Freie Universität gegeben: Die Studenten sollten ihm doch mal das eine oder andere Plakatkonzept entwerfen. Das lief dann drei Jahre lang mit immer neuen Ideen von Professor Heinz-J. Kristahn.

Das bedeutete unseren Durchbruch in Berlin. Drei Jahre lang wurden unsere Plakatflächen gebucht. Und mit diesem Konzept konnten wir wiederum Werbung machen für unsere Anzeigenflächen. Auf einmal lief es. Die Kunden kamen.

Natürlich stand ich bei den Berlinern auch in der Pflicht. Ich hatte versprochen, die Produktion nach Berlin zu verlegen und hundert Arbeitsplätze zu schaffen. Für die Stadt war dieses Versprechen immens wichtig. Viele Unternehmen hatten Berlin verlassen. Da war es ein tolles Signal, dass auch mal ein neuer Arbeitgeber kam.

Kaum waren wir in Berlin, da wurden wir schon politisch angefeindet. Die SPD stand immer gut mit Decaux. Und wir hatten hundert Jobs versprochen. Wir hatten unsere Koffer noch nicht ausgepackt, da hatte der Herr Staffelt, ein angeblicher Wirtschaftsexperte von der SPD, schon eine Überprüfung unseres Vertrags und der Einhaltung durchgesetzt. »Rechnungshof überprüft Wall-Vertrag« hieß die Schlagzeile zur Begrüßung. Unsere Mitarbeiter waren irritiert. Da kommen die Laster, da werden die Maschinen aufgebaut, und plötzlich stürmt das erste Filmteam in die Montagehalle und führt ein Verhör mit mir.

Wenige Wochen vorher war ich noch der nette Schwabe, der Berlin tausend Wartehallen schenkte, jetzt fahndete schon der Rechnungshof. Ich bat um Geduld, schließlich hatten wir schon 30 Arbeitsplätze eingerichtet. Aber ich fühlte mich doch beleidigt. Da machte man Millionenschulden, rackerte von früh bis spät, setzte sein ganzes Kapital aufs Spiel und wurde zuallererst als Verbrecher behandelt. Decaux hat die Berichte natürlich alle nach

Düsseldorf geschickt. Dort wollte er mich diskreditieren, dort würden wir unsere härteste Schlacht schlagen.

So gut sich das Geschäft entwickelte, so kontinuierlich wurde mein Privatleben belastet. Rosi war weder von Berlin noch von Wall II begeistert. Immer wieder bearbeitete sie mich, seit dem DSR-Deal praktisch jeden Tag.

»Du bist ein Spieler«, sagte sie immer wieder. »Du hast dein Spiel gewonnen. Du hast jetzt keine Schulden mehr, du hast ein paar Millionen auf der Seite. Du hast einen schuldenfreien Betrieb. Damit kannst du weiter Häuschen produzieren und verkaufen. Aber ein neues Spiel, und zwar ein noch größeres Spiel, ist ein viel zu großes Risiko. Sei zufrieden mit dem, was du jetzt hast.« Sie hat mir sehr große Konflikte bereitet, die mir innerlich schwer zu schaffen machten. Ich hatte bisweilen wirklich das Gefühl: Du bist unersättlich. Und dagegen musste ich ankämpfen. Die Bibel sagt: Wenn du Kleidung und Nahrung hast und ein Dach über dem Kopf, was brauchst du dann noch mehr? Und ich hatte ein schlechtes Gewissen wegen meiner angeblichen Maßlosigkeit. Rosi sagte: »Du bist gierig. Du willst die ganze Welt. Du wirst scheitern. Du wirst untergehen.« Eine Stimme in mir sagte: »Hör doch auf deine Frau. Vielleicht hat sie Recht.« Aber ich habe trotzdem nicht auf sie gehört. Ich konnte einfach nicht.

Der Aussicht, in großen Städten den Einstieg zu versuchen, konnte ich nicht widerstehen. Dieser Konflikt hat uns langsam, aber sicher auseinandergebracht. Rosi hatte ja aus ihrer Sicht durchaus Recht gehabt. Für die Familie, die Kinder, die Religion, für alle wäre es gut gewesen, wenn ich in Ettlingen geblieben wäre. Aber in mir war einfach zu viel Ehrgeiz und zu viel Unruhe. Berlin faszinierte mich. Ich konnte ohne Baden-Württemberg leben. Aber Rosi hatte immer gesagt: Mensch, die vielen Ampeln und dann der Dreck und die Kriminalität. Schließlich trennten wir uns.

Wir haben viele Jahre nicht miteinander gesprochen. Erst 2007 bin ich, ich weiß nicht warum, an unserem alten Haus in Waldbronn vorbeigefahren. Ich wollte einfach mal schauen, wo und wie ich früher gewohnt habe. Spontan rief ich bei meiner Frau an und sagte: »Du, ich bin in der Nähe, aber ich habe mich nicht getraut zu läuten.« Ich hatte wohl Angst, dass sie mit mir abrechnen, mich verletzen würde. Ich hatte ein schlechtes Gewissen, womöglich auch wegen der Bibel. Ich wollte keinen Streit.

Aber sie hat prima reagiert und mich eingeladen: »Besuch uns doch.« Ich drehte sofort um. Da öffnete mir eine Frau die Tür, die ich kaum wiedererkannte. Ich wollte fragen: Wo ist denn Rosi? Aber das war sie, nur eben 15 Jahre älter. Ich war davon ausgegangen, das blonde Mädchen vom Fasching zu sehen. Es war das erste Mal nach all den Jahren, dass wir miteinander sprachen. Am Ende aber waren wir beide richtig glücklich. »Hans«, sagte sie, »Hans, es war richtig, dass wir uns getrennt haben. Ich wäre nie nach Berlin gekommen.«

Das war eine schwierige Situation, zumal zwei meiner Kinder dabei waren. Ich nickte nur. Wir hatten immerhin offen und ehrlich geredet. Dafür bin ich ihr dankbar. Auch wenn ich lieber gehört hätte, dass sie es bis heute unendlich bereut, dass sie mich damals einfach hat gehen lassen.

Rosi ist gut versorgt. Sie hat unser Haus bekommen, einen Ferienbungalow auf Fehmarn, dazu kommen die monatlichen Zahlungen. Ich halte es für erbärmlich, wenn man um den letzten Heller feilscht, obwohl man es gar nicht nötig hat. Rosi hat drei Kinder in die Welt gesetzt, sie hat die Firma mit aufgebaut, sie war am Anfang ununterbrochen an meiner Seite.

Ich sorge mich dennoch vor allem um unsere Kinder Anja und Hans-Dieter. Die sind seit ihrer Geburt bei den Zeugen Jehovas und etwas labil, wie mir scheint. Ich habe ihnen alle erdenklichen Jobs angeboten bei der Wall AG, aber sie wollten nicht nach Berlin. Dabei könnte ich sie gut gebrauchen. Anja hat studiert und ist Steuerberaterin, und Hans-Dieter ist ein guter Musiker. Er studiert Jura. Sie werden ihren Weg machen, leider nicht bei der Wall AG. Ich bin sehr glücklich, dass Daniel so gut aus der Sache herausgekommen ist und jetzt das Unternehmen führt. Ich habe meiner Familie schon eine Menge zugemutet.

KAPITEL 5

»Keine Schwäche zeigen« – Vom Habenichts zum Millionär und zurück

Wir fahren nach Berlin – Der Pleitegeier kreist – Kampf
um Düsseldorf – Luigi Colani und Raumschiff Enterprise –
Zauberkoffer und Miniaturtoiletten – Romanze in Wall –
Bonanni, Kleihues und Sekkei – Blut an der City-Toilette

> *»Das, was der Hans im Kopf hat, muss durch.*
> *Egal wie, auch wenn er dabei alles verliert.«*
>
> SIEGFRIED SCHAAL, Schwager

Wir hatten Berlin gewonnen – eine großartige Vorausset-
zung für den Start von Wall II. Endlich wurden wir ernst
genommen. So bestanden gute Aussichten, auch die Düsseldorfer zu überzeugen. Es gab nur ein kleines Problem:
Wir mussten innerhalb kürzester Zeit über 15 Millionen
Mark investieren. Stadtmöblierung ist ein langfristiges
Geschäft mit sehr hohen Anfangskosten: Die Ausgaben für
Bau, Montage, Wartung fallen sofort an, die unsicheren
Einnahmen aus der Werbung allerdings erstrecken sich
über zehn oder 20 Jahre. In Rekordzeit hatte ich das Kunst-
stück fertiggebracht, aus einer drohenden Pleite dank des

135

DSR-Vertrags als Millionär hervorzugehen, um jetzt, wenig später, wieder dem Pleitegeier ins Auge zu blicken. Einmal vom Habenichts zum Millionär und wieder zurück.

Es war gut, dass Roland von zur Mühlen ins Unternehmen gekommen war. Er brachte erst einmal Ordnung in die Bilanzen. Natürlich kam es gleich am Anfang zu einem Grundsatzstreit. Ich hatte ein paar Anzahlungen bereits als Umsatz angegeben, weil das Geld binnen kurzer Zeit kommen würde. Roland von zur Mühlen fand das unseriös und wurde gleich formell: »Herr Wall, wir müssen das sofort klären.« Er tat so, als stünden wir beide mit einem Bein im Gefängnis. Er redete von Konkursverschleppung und Unterkapitalisierung. Mein neuer bester Mann drohte, das Unternehmen sofort wieder zu verlassen. Ich musste also mal wieder mit Banken reden, und er machte einen berichtigten Jahresabschluss. Ich glaube, das war auch gut so. Wo ich manchmal vielleicht zu großzügig war, trat Roland von zur Mühlen eher kleinlich auf. Das sollte sich als eine perfekte Kombination erweisen.

Er war ein Sicherheitsfanatiker, ich nicht. Es macht mir bis heute nichts aus, morgen drei Millionen Euro auszugeben, auch wenn ich nur zwei in der Tasche habe. Wohlgemerkt: Es geht um Investitionen ins Geschäft, nicht um Spaß und Spesen. Meine Konkurrenten haben mich auch deswegen unterschätzt, weil sie dachten: Na ja, der Wall, der hat schon gute Ideen, aber er schafft es nicht, sie umzusetzen, weil er die Kohle nicht aufbringt. In der Tat gehörte es immer wieder zu den größten Herausforderungen, Geld zu besorgen. Banken vergeben Kredite nur ungern, wenn als Sicherheiten Buswartehäuschen, Pissoirs und Plakatklebeflächen dagegenstehen.

Unser Finanzierungskonzept war eigentlich ganz einfach. Wir hatten das Geld aus dem DSR-Deal und wir bekamen ein Investitionsdarlehen aus dem Fördertopf des Landes Berlin. Das Geld war allerdings schnell aufgebraucht. Die Banken empfingen uns zwar gern, weil wir ebenso exotische wie unterhaltsame Geschäftspartner waren. Aber nach einer Tasse Kaffee war die Beratung meistens beendet. Verträge mit tollen Aussichten sind in den Augen der Kreditverantwortlichen zuerst einmal nur ein Stück Papier.

Da das Material schon gekauft war, drängte die Zeit. Da begegneten uns Direktor Dr. Wolfgang Poeck und sein Kreditreferent Eberhard Köster von der Berliner Bank für Handel und Industrie (BHI). Die beiden glaubten nicht nur an unser Konzept, sondern rückten sogar Geld heraus, drei Millionen Mark. Diese Summe setzten Poeck und Köster gegen immensen Widerstand ihrer Vorstandsmitglieder durch. Der Kreditrahmen war entsprechend eng: Wir traten so ziemlich alles ab, was wir hatten, inklusive der Werbeeinnahmen. Und wir durften den Kreditrahmen nicht um einen Pfennig überschreiten.

Egal. Ein enges Finanzkonzept hat disziplinierende Wirkung. Das Balancieren blieb unsere Dauerbeschäftigung: Auf der einen Seite mussten Lieferanten bezahlt und Kreditzinsen an die Banken entrichtet, auf der anderen Seite Werbekunden akquiriert und Erlöse erzielt werden. Es war ein ewiger Kampf gegen die Zeit – aber nie war es langweilig.

Ich war derjenige, der keine Scheu hatte, Leute anzusprechen, egal ob auf Partys, Empfängen oder bei hochoffiziellen Angelegenheiten. Angeblich soll ich Menschen mit meiner Schwärmerei über die Ästhetik des Wartehäuschens richtiggehend in meinen Bann gezogen haben. Roland von zur Mühlen war jedenfalls immer wieder verblüfft, wie man so lange und so hingebungsvoll über die kleinen Unterstände referieren konnte.

Der Start in Berlin war ein schwieriges Unterfangen, denn hier klaffte ein gigantisches Finanzierungsloch, viel größer als alle vorherigen. Ich hatte all meine Millionen von der DSR bereits in das Abenteuer an der Spree gesteckt. Aber es reichte bei weitem nicht. Trotzdem wollte ich zusätzliche drei Millionen Mark für den Neubau unseres Produktionswerkes in die Hand nehmen.

Mir stand der Sinn nicht nach Kleckereien, sondern nach einer richtig ordentlichen Investition. »Herr Wall, wir mieten«, flehte Roland von zur Mühlen. Aber ich bestimmte: »Wir bauen.«

Bei der Grundsteinlegung des Spandauer Werks 1985 waren fast alle fröhlich.

Senator Edmund Wronski schwenkte den Maurerhammer. Aber mir war doch einigermaßen unwohl. Während ich die Festrede hielt, sah ich Roland von zur Mühlen hinten im Publikum mit Bankern reden. Ich wusste schon, was die Herren in den dunklen Anzügen im Sinn hatten: Sie wollten uns die Luft abdrehen. Sie wollten fällige Gelder in Millionenhöhe.

Obwohl ich die Hose voll hatte, obwohl der Sender Freies Berlin in Tateinheit mit dem Wirtschaftsförderer

Staffelt mich schon der Job-Lüge bezichtigt hatte, obwohl unsere Kreditlinie ziemlich strapaziert war, wurde ich plötzlich ganz mutig. »Du schaffst es«, sagte ich mir, »du darfst jetzt nur keine Schwäche zeigen.«

Roland von zur Mühlen musste in dieser Zeit ohnehin ständig mit Gläubigern kämpfen, die mal wieder Geld von uns haben wollten. Wir mussten diese Durststrecke durchstehen, es gab keine Alternative. Notfalls wäre ich zum Wirtschaftssenator gegangen und hätte ihm etwas Passendes erzählt. Immer wenn es kritisch wurde, ist mir etwas eingefallen. Und am Ende hat ja auch jeder sein Geld bekommen.

Besonders gelungen war der Auftritt mit Tony O'Reilly. Er war der Held der internationalen Wirtschaft jener Tage, ein Ire, der 25 Jahre Chef bei Heinz-Ketchup war und auch sonst alles in Gold verwandelte, was er anfasste.

Sir Anthony O'Reilly wurde 1936 in Dublin geboren und studierte an der Universität Bradford Marketing. Bevor er zu Heinz ging, hatte er bei der Irish Dairy Board »Kerrygold« als internationale Lebensmittelmarke etabliert sowie die Geschäfte der Irish Sugar Company geführt. Als O'Reilly 1969 bei Heinz U.K. anheuerte, besaß er keine einzige Aktie des Unternehmens. Aber weil er über die Jahre seinen Aktienbesitz immer weiter ausbaute und alles, was er hatte, wieder in das Unternehmen investierte, wurde er reichlich belohnt.

O'Reilly war ein Milliardär, der immer neue Firmen zusammenkaufte, vor allem Mittelständler, die solide und erfolgreich arbeiteten. Eines Tages klopfte O'Reilly bei Wall an. Ich sollte mitmachen in seinem Imperium, für wahnsinnig viel Geld – eine großartige Chance, nicht für mich persönlich, aber für die Reputation der Firma.

Umgehend hatte ich mir Dr. Poeck geschnappt, unseren Banker, und ihm einen Trip nach Irland angeboten. »Oh, Tony O'Reilly«, sagte Dr. Poeck entzückt, »da komme ich aber gerne mit.« Wir flogen also nach Irland, wurden von einem riesigen Mercedes abgeholt, und Dr. Poeck war sehr beeindruckt. Als wir dann die Auffahrt vor dem Schloss entlangrollten, sagte er gar nichts mehr, so verblüfft war er. Ringsum standen Sicherheitsleute mit Maschinenpistolen, auf einem Gelände halb so groß wie Zehlendorf. In den Gästebüchern standen einige Kennedys und auch sonst nur A-Prominenz.

Wir haben dort übernachtet und mit dem Finanzvorstand verhandelt. Die Iren wollten tatsächlich mit 15 Prozent einsteigen und das Geld sofort in bar bezahlen. Aber sie wollten darüber hinaus die Option, nach fünf Jahren meine ganze Firma zu kaufen. Das habe ich natürlich nicht zugelassen.

Dr. Poeck kam aus dem Staunen gar nicht mehr heraus. Seine Augen wurden groß und größer, und plötzlich sagte er: »Das ist aber jetzt ungewöhnlich, dass Sie nicht unterschreiben, bei so einem Angebot.« Ich habe nur gesagt: »Dr. Poeck, ich glaube, das schaffen wir in Zukunft auch mit Ihnen.« Damit war unsere Kreditlinie für eine Weile gesichert. Dr. Poeck war so beeindruckt, dass er uns Venturecapital besorgte, von einer Firma, die uns unter die Arme griff, aber nicht gleich das ganze Unternehmen wollte. Die Iren waren natürlich sauer. Aber die Firma war gerettet.

Bald bekamen wir dann den Scheck von den Kapitalgebern, über drei Millionen Mark. Ein eindrucksvolles Stück Papier. Ich bin mit Roland von zur Mühlen zum Italiener gegangen, ins Ciao am Kudamm. Wir haben ordentlich auf den Putz gehauen. Am Ende des Abends habe ich dem Geschäftsführer den Scheck gegeben zum Bezahlen. Er ist fast in Ohnmacht gefallen. Zum Glück hatten wir noch ein bisschen Kleingeld dabei.

Ohne Roland von zur Mühlen hätten all diese Abenteuer nie funktioniert. Er hat Vertrauen aufgebaut, er hat verhandelt, er hatte die Ausdauer für diese vielen lästigen Gespräche. Allein der Abschluss des Berliner Toiletten-Vertrags dauerte vier Jahre. In dieser Zeit habe ich ihn jeden Tag angerufen und nach der Vertragsunterschrift gefragt. Das muss schon sehr nervend gewesen sein. Ohne Roland von zur Mühlen hätte ich auch nie die Geduld für den ewigen Kampf gegen Decaux aufgebracht. Die Franzosen hatten schon Hamburg und Köln, wir Berlin. Jetzt ging es um Düsseldorf.

Decaux hatte seine Deutschlandzentrale in Köln aufgebaut. Düsseldorf war immens wichtig, als Mode- und Wirtschaftsstadt mindestens so bedeutend wie München. Decaux hatte die politischen Mehrheiten in Düsseldorf. Er hatte alle seine Produkte dort stehen. Wir hatten vielfach nur Modelle. Der Kampf zog sich dennoch über mehr als drei Jahre hin, eine Entscheidung wollte nicht fallen. Fachlich hatte sich der Vorstand der Düsseldorfer Verkehrsbetriebe RBG für uns entschieden. Der Vorsitzende Georg Püttner und der kaufmännische Vorstand Wilhelm Kons waren von der Qualität unserer Produkte absolut überzeugt. Aber die Politik trödelte mal wieder vor sich hin. Ich bekam nicht einmal die Chance, unsere Produkte bei den politisch Verantwortlichen zu präsentieren.

Eines Tages erfuhren wir dann, dass Decaux einen Termin beim Oberbürgermeister bekommen hatte. Ein solches Treffen stand mir als Mitbewerber auch zu, fand ich. Der OB war ein Bär namens Klaus Bungert, mindestens zwei Meter groß, mit Händen wie Bratpfannen. Aus Ettlingen hatte unsere Frau Fitterer unablässig in Düsseldorf angerufen im Büro des Oberbürgermeisters, aber sie kam nie weiter.

Eines Morgens ist mir dann der Kragen geplatzt. Als Frau Fitterer wieder einmal Bungerts Sekretärin am Telefon hatte, ließ ich ihr ausrichten, sie möge ihrem Herrn Oberbürgermeister mitteilen, dass ich wegen eines Termins noch lange keinen Kniefall mache, »schon gar nicht bei Herrn Bungert«. Am nächsten Tag hatten wir einen Termin. Der verlief zwar ziemlich frostig, aber immerhin konnte ich unsere Produkte präsentieren und beweisen, dass wir besser waren als Decaux.

Die Düsseldorfer waren alles andere als fair. Während die Experten wie so oft auf unserer Seite standen, spielte die Politik mit allen Tricks, um Decaux nach vorn zu bringen. Wegen eines Besuchs des damaligen Pariser Oberbürgermeisters Jacques Chirac zum Beispiel durfte Wall seine Muster-Wartehallen nicht an der Bushaltestelle vor dem Rathaus aufbauen. Der mächtige Jacques Chirac, ein enger Vertrauter von unserem geschätzten Wettbewerber Decaux, sollte unsere Produkte einfach nicht zu Gesicht bekommen.

Weil ich wusste, dass ich den Düsseldorfern etwas Besonderes liefern musste, hatte ich Luigi Colani engagiert, damals der verrückteste Designer, der in Deutschland herumlief. Mit seinem transsilvanischen Bart war er ein Star, oft im Fernsehen, ein Meister der Selbstdarstellung.

Luigi Colani, der eigentlich Lutz Colani hieß, hatte seine Karriere nach dem Studium der Aerodynamik Anfang der fünfziger Jahre als Automobildesigner begonnen. Später entwarf er Geschirr und Möbel, aber auch Schiffe und Flugzeuge in den charakteristischen runden Formen. Dabei war er immer auch ein Meister der Imagepflege, der die Arbeiten seiner Kollegen bissig kommentierte. Er war ein Visionär, eigenwillig, provozierend und unglaublich erfolgreich, auch wenn viele seiner Objekte nur Prototypen oder Entwürfe blieben.

Für uns entwarf Colani ein paar Modelle, die genauso ungewöhnlich waren, wie ich das erwartet hatte. Die Wartehalle war die ausgeflippteste der Welt. Sie sah aus, wie aus dem Raumschiff Enterprise gefallen.

Der Bau des Prototyps kostete allein 40 000 Mark. Viel zu teuer, fand Roland von zur Mühlen, aber ich wusste: Das Geld ist gut angelegt. Die Pressekonferenz mit Colani war rappelvoll, und der Künstler hat eine wunderbare Show abgezogen. Als er nach unserem Mitbewerber gefragt wurde, tat Colani so, als kenne er den Namen nicht, und sagte »Delgure« oder »Delorette«. Die Journalisten bogen sich vor Lachen.

Endlich kam der Tag der Tage. Im Stadtrat sollte endgültig abgestimmt werden. Wir machten uns keine großen Hoffnungen, denn Decaux hatte mal wieder sein gesamtes

Politikerbespaßungsprogramm aufgefahren, inklusive der üblichen Paris-Fahrt, die »Informationsreise« genannt wurde, aber eher einer Freudentour gleichkam. Bis zum Schluss arbeitete der Franzose vor allem mit Millionen. Bei einem vertraulichen Gespräch am Düsseldorfer Flughafen hatte mir Jean-Claude Decaux persönlich einige Millionen Mark für die Firma Wall angeboten. Ich lehnte ab. Den Düsseldorfern sagte er unmittelbar vor der Entscheidung plötzlich fünf Millionen Mark in bar zu.

Unser französischer Freund hatte allerdings einen gravierenden Fehler gemacht: Er hatte den Stadtoberen versprochen, seine Deutschlandzentrale nach Düsseldorf zu verlegen. Ein Stadtrat erinnerte sich jedoch, dass Decaux den Kölnern genau das Gleiche zugesichert hatte: den Standort seiner Deutschlandzentrale. Noch während der Sitzung wurde ein Bote nach Köln geschickt, um eine Kopie des Vertrags zwischen Decaux und der Stadt Köln herbeizuschaffen.

Tatsächlich, im Vertrag mit den Kölner Verkehrsbetrieben hieß es: Decaux verpflichtet sich, seine Hauptverwaltung in Köln einzurichten und zu unterhalten. Da hatte unser geschätzter Rivale wohl etwas zu viel versprochen. Er hatte damit seine Seriosität wirkungsvoller untergraben, als wir es je geschafft hätten. Die Düsseldorfer trauten dem großen Franzosen nicht mehr. Und die kleine Firma Wall bekam wieder einmal den Zuschlag.

Aber die Schlacht war immer noch nicht zu Ende. Der Rat der Stadt hatte uns gewollt, aber die Stadtverwaltung hatte einen anderen bevorzugt. Da es immer noch starke Kräfte gab, die eine Zusammenarbeit mit den Franzosen

Meine Geschwister und ich; vordere Reihe: v.l.n.r. Karin und ich;
hintere Reihe: v.l.n.r. Helmut, Ursula und Horst

oben: Meine Eltern mit uns fünf Kindern in Aalen
unten: Die Molkerei meiner Eltern in Ingelfingen

oben: Mit meiner ersten Frau Rosmarie im Sportwagen »Spatz«
unten: Meine Tochter Anja vor der 100. Wartehalle in Düsseldorf mit dem
Plakat »Liebe Düsseldorfer, mein Papa lässt euch nicht im Regen stehen«

oben: Mit meinem Sohn und Nachfolger Daniel Wall, dem CEO der Wall AG
unten: Vor dem Café Achteck, historisches Pissoir am Gendarmenmarkt in Berlin

Erste interaktive Plakatsäule Deutschlands (1999), Unter den Linden in Berlin, Design by Josef Paul Kleihues

Präsentation des Wall-Showtrucks vor dem Brandenburger Tor in
Berlin am 30.08.2006

oben: Wall-Produktionswerk in Velten/Brandenburg
unten: Weihnachtsbeleuchtung am Kurfürstendamm in Berlin

favorisierten, wurden uns vom Start weg alle erdenklichen Hindernisse in den Weg gelegt. Wir sollten zum Beispiel garantieren, dass wir in sechs Monaten 700 Wartehallen errichten würden. Das war natürlich nicht möglich, jedenfalls nicht in gewohnter Wall-Qualität.

Roland von zur Mühlen hat die Situation mal wieder gerettet, indem er alle Feinheiten des deutschen Antragsverfahrens ausspielte. Der zuständige Dezernent hatte uns eine Liste mit 700 Standorten vorgelegt und erklärt, diese seien genehmigt. Wir bräuchten nur noch die Liste zu unterzeichnen. Wir lehnten ab, weil im Vertrag geschrieben stand, nach Genehmigung seien die Wartehallen innerhalb von sechs Monaten aufzubauen. Wir beriefen uns auf das Antragsprinzip und erklärten, wir würden die Baulose nach Standortabklärung zur Genehmigung beantragen und danach aufbauen – jeweils hundert Standorte in einem Baulos. Damit verließen wir die Sitzung.

Als wir kurze Zeit später die erste Wartehalle der Presse präsentieren wollten, wurden uns zur Begrüßung die lokalen Zeitungen in die Hand gedrückt mit der Schlagzeile »Wall droht Vertragsstrafe von 3,8 Mio. DM«. Wir waren wie gelähmt.

Aber mein kleines Imperium hat gnadenlos zurückgeschlagen. Innerhalb einer Woche haben wir hundert Wartehallen aufgestellt. Und als die hundertste tatsächlich stand, hatte meine Tochter Anja ein Plakat gemalt: »Liebe Düsseldorfer, wir lassen euch nicht im Regen stehen! Herzlich willkommen unter diesem Dach!!! Anja Wall« Die Idee hatte Roland von zur Mühlen. Das Plakat hing am Belsenplatz in einer Wartehalle und wurde öfter fotografiert als jede Werbung. Die Düsseldorfer Bürger fanden es toll. Damit hatten wir dank Anja endgültig die Sympathien der Menschen auf unserer Seite. Und die Verwaltung gab endlich Ruhe.

Als ich Herrn Decaux eines Tages wieder getroffen habe, da zischte er nur: »Düsseldorf war die letzte Stadt, die Sie in Deutschland bekommen haben, Herr Wall!« Ich betrachtete seine bösen Worte als Kompliment.

Ich hatte keine Angst vor Decaux. Er war verbissen, ich hatte Spaß – bisweilen auch am Schauspiel. Zu meinen Auftritten als großer Unternehmer gehörte es zum Beispiel, die Firma Wall immer ein wenig bombastischer zu schildern, als sie wirklich war, weil unser Konkurrent sehr viel größer war. Das ist nicht immer gelungen. Gerhard Widder etwa, der Oberbürgermeister von Mannheim, entschied sich für die Toilette von Decaux. Er glaubte mir nicht, dass wir die Toilette, die ich als Pappmodell auf seinen Schreibtisch stellte, erfolgreich entwickeln könnten. Einige Jahre später besuchte Widder uns auf der Messe in Budapest, wo wir unsere erste Wall-City-Toilette präsentierten. Er sagte: »Hätte ich das gewusst, hätten wir uns für Wall entschieden.«

Eine Lehre aus über 30 Jahren als Unternehmer lautet: Flunkern nützt nichts. Eines Tages kommt die Wahrheit ohnehin ans Licht, und dann wird alles nur noch schlimmer. Das mussten wir gelegentlich auch am eigenen Leib erfahren. Im Überschwang machten wir zum Beispiel für unser Ettlinger Unternehmen einen feinen Prospekt und einen Werbefilm. Weil mir unser Fuhrpark etwas mickrig vorkam, wurden die Autos einfach optisch vervielfältigt und ins Bild geklebt. Für den Werbefilm fuhren die gleichen Wagen immer wieder um den Block, so dass der Eindruck einer unendlichen Fahrzeugschlange entstand. Leider waren wir nicht auf die Idee gekommen, auch die Kennzeichen auszuwechseln oder abzudecken. So kam man uns schnell auf die Schliche.

Vor allem die Banken merkten rasch, dass sich das junge Berliner Unternehmen ganz schön viel auf die Schultern geladen hatte. Häufig stand ich auf der Bühne und schwang fröhliche Reden, während Roland von zur Mühlen hinten im Publikum die Gläubiger beruhigte. Es waren spannende Zeiten.

Doch trotz aller finanziellen Engpässe mussten wir die Expansion vorantreiben. Wir konnten uns nicht auf Berlin und Düsseldorf ausruhen. Der Kampf ging weiter.

Die Strategie war ziemlich einfach. Wir mussten uns in Deutschland ausbreiten, aber auch international vergrößern. Das deutsche Problem war: Jede Stadt hatte bereits einen Vertrag, meist mit der Deutschen Städte-Reklame. Selbst wenn die Bürgermeister unzufrieden waren, kamen sie doch aus ihren langfristigen Verträgen nicht heraus. Ausschreibungen gab es ohnehin nicht. Oftmals war die Politik auch schlichtweg ruhiggestellt durch schöne Aufsichtsratspöstchen bei der DSR.

Unser Weg führte immer über die Experten in den Verkehrsbetrieben. Dort arbeiteten meist handfeste Leute, die auf einen Blick erkannten, dass unsere Produkte gut waren und unsere Konzepte modern. Es folgte ein Besuch in unserem Produktionswerk in Spandau. Einen Auftrag hatten wir damit noch lange nicht. Denn nun ging es darum, die Politiker zu überzeugen. Wenn sich die Volksvertreter stur stellten, konnten wir einpacken. Wo kein Wettbewerb herrschte, da hatten wir keine Chance zu gewinnen.

Ein Vorteil für uns war, dass die Bürgermeister sich untereinander kannten. Gute Reputation in Stadt A ließ die Chancen für Stadt B beträchtlich wachsen. Ging andererseits etwas schief, wussten es 24 Stunden später alle deutschen Städte. Dafür sorgte schon unsere bezaubernde Konkurrenz. Es musste uns also daran gelegen sein, die gesamte Geschäftskette, von der ersten Präsentation bis zur Wartung nach zehn Jahren, so perfekt wie möglich zu organisieren.

Den Anfang machte meistens ich mit meinem Modellköfferchen, das mit nachtblauem Samt ausgeschlagen ist. Ich hatte mir vom Kreuzberger Modellbauer Milde unsere Produkte ein miniature herstellen lassen. Diese Art der Präsentation ist ungleich wirkungsvoller als Fotos oder Zeichnungen. Der Koffer war 30 000 Mark teuer und birgt von der Bank über das Wartehäuschen und den Kiosk bis hin zur Toilette alles, was wir zu bieten haben, alles »Made in Germany«.

Ich stelle die kleinen Kunstwerke nach und nach auf den Schreibtisch des Kunden, meist Oberbürgermeister, und erläutere die Vorzüge. In dem Moment, da mein Gegenüber beginnt, mit den Miniaturen zu spielen, weiß ich, dass ich auf dem richtigen Weg bin. Wenn er sogar das Toilettenhäuschen in die Hand nimmt, dann ist klar: Hier ist ein Vertrag in Aussicht. Daniel hat genau den gleichen Koffer.

Viele Menschen belächeln uns; die Sicherheitsleute auf dem Flughafen wissen schon, was wir im Gepäck haben. Aber ich bestehe auf der Feststellung: Das ist kein Spielzeug, sondern Anschauungsmaterial. Die Produkte sind so liebevoll und detailgenau gestaltet, dass ein Interessent sofort spürt: Der komische Kauz da auf der anderen Seite des Schreibtisches, der will nicht nur verkaufen, der ist auch mit Herz und Seele bei der Sache.

Diese Akribie, emotional wie handwerklich, zieht sich bei uns durch die gesamte Produktion. Mag die Konkurrenz ihre Produkte in aller Welt zusammenkaufen: Wir produzieren selbst, ganz nach den Wünschen unserer Kunden. Wir wollen nicht die Billigsten sein, sondern die Besten. Nicht der Durchschnitt ist unser Maßstab, sondern Weltklasse, bei den Materialien, beim Design, bei der Verarbeitung, bei der Wartung. Wer in der Champions League mitspielen will, muss erstklassige Leistungen abliefern.

Das ist auch der Grund, weshalb ich von Anfang an auf einer eigenen Produktion bestanden habe, erst für die Schilder in Malsch, dann in Ettlingen und jetzt in Spandau. Nur was meine Leute selbst zusammengebaut haben, kann ich auch guten Gewissens anpreisen.

Natürlich gab es viele Kritiker, die unser Spandauer Werk für eine unnötige Investition hielten – für mich bedeutete sie den Kern meines Unternehmens. Die Eröffnung dieses Werks war ein ganz großer Tag für die Firma.

Am 13. Mai 1987 war es endlich so weit. Netterweise ersparten mir der Wirtschaftsweise Staffelt und die anderen politischen Querschläger neue Schwierigkeiten. Wir hatten unsere Arbeitsplatzzusage inzwischen erfüllt und drei Millionen Mark in den Neubau investiert.

Meine Mutter war gekommen, kurz vor ihrem Tod, mein Bruder Helmut war an ihrer Seite. Natürlich waren der BVG-Direktor Piefke da, Verkehrssenator Wronski und allerlei andere Würdenträger. Ich platzte vor Stolz. Aber andererseits hatte ich auch gelernt, den Schönrednern nicht über den Weg zu trauen. Auf einmal wollten alle meine Freunde sein und hatten sich schon immer für mein Unternehmen eingesetzt. Ich wusste es besser, schwieg und genoss.

Elmar Pieroth, der Wirtschaftssenator, war einer der wenigen, welche die Klasse besaßen, die Wahrheit zu sagen. In mir, in dem Unternehmer Hans Wall, gestand der Senator, habe er sich ausnahmsweise getäuscht. Er habe nicht geglaubt, dass ich meine Zusage einhalten würde, ein Produktionswerk zu bauen und die versprochenen Arbeitsplätze zu schaffen. »Sie sind der einzige Unternehmer, der alle Versprechen eingehalten hat«, so der Senator.

Vielleicht bin ich altmodisch, aber Pieroths Feststellung hat mich nicht nur gefreut, sondern auch erschrocken. Es sollte die absolute Ausnahme sein, dass Unternehmer ihre Zusagen nicht einhalten. In Berlin war es umgekehrt. Eine gehaltene Zusage galt als Sensation. Offenbar war der Betrug ein untrügliches Kennzeichen des Subventionsgrabs Westberlin.

So sehr ich es genoss, dass fortan die Großen aus Politik und Verwaltung ständig in Spandau vorbeischauten, so genau wusste ich auch, wem ich unseren Erfolg zu verdanken hatte: Allen meinen Mitarbeitern, Menschen wie

Tivadar Balaz. Er schweißt und schlossert seit 1978 für Wall, er zog von Ettlingen mit nach Berlin um, er baut die Produkte, die uns einzigartig machen. Oder Otto Kremser, ein Experte für Wartung und Service, der immer seiner Maxime treu blieb: Die einfachste Lösung ist die beste Lösung. Oder Pavo Kobas, der unser Düsseldorfer Geschäft aufbaute, als Fachmann für Reinigung, Wartung und Montage. Oder Silvia Weber, die gute Seele im Düsseldorfer Büro. Oder Joachim Krüger, ebenfalls aus Ettlinger Tagen, ein Wartehallen-Fachmann, der weltweit seinesgleichen sucht. Oder Peter Schwärzl, der Monteur des Teufels, der schneller schraubt, als andere denken. Oder aber Manfred Struck, unser Plakatverkäufer, der sich durch alle Branchen unendlich viel Anerkennung erarbeitet hat. Und natürlich Sandra Beyer, die jetzt Wall heißt, weil sie meinen Sohn Daniel geheiratet hat. Er begann 1984 im Unternehmen, sie kam 1985 als Azubine dazu. Eine Romanze bei Wall. Es sind eben nicht nur glänzende Prospekte, die ein Unternehmen strahlen lassen, sondern Persönlichkeiten, welche die Bereitschaft zeigen, sich mit einem großen Teil ihres Lebens für eine Idee einzusetzen, auch wenn es mal nicht rund läuft. Allen meinen Mitarbeitern bin ich zu ewigem Dank verpflichtet.

Das zweite große Erfolgsgeheimnis bestand im Design unserer Produkte. Gute Gestaltung ist kein Selbstzweck, sondern dokumentiert Respekt gegenüber Kunden und ganz normalen Menschen. Wer morgens in aller Frühe auf den Bus wartet, wer eine öffentliche Toilette benutzt, wer sich einen Stadtplan anschaut, der hat ein Recht darauf, ein gepflegtes, sauberes Äußeres zu bekommen.

Wo gutes Design herrscht, sind die Menschen weniger aggressiv. Ich hatte die Erfahrung gemacht, dass die Vandalismusquote entscheidend sank, wenn die Produkte schön und hochwertig waren, die man den Bürgern im öffentlichen Raum präsentierte. Es ist kein hinausgeworfenes Geld, wenn man in ästhetisch anspruchsvolle Stadtmöbel investiert, sondern eine vorausschauende Anlage. Denn die Kosten für Reparaturen sinken deutlich.

Diese Tatsache trifft nicht nur auf die Gestaltung zu, sondern auch auf die Pflege. Schmuddelige Wartehallen werden noch schmuddeliger, wenn sich niemand verantwortlich fühlt. Jahre später hat Deutschland die Broken-Window-Theorie diskutiert. Soziologen hatten doch tatsächlich festgestellt, dass aus einer kleinen Nachlässigkeit eine große Verwahrlosung werden kann. Wird bei einem leerstehenden Haus oder einem abgestellten Auto eine Scheibe eingeschlagen, dann dauert es nicht lange, bis auch die anderen Fenster kaputt sind, der Müll sich stapelt, die Ratten kommen. Für diese Erkenntnis hätte es keine soziologischen Experimente gebraucht. Ein Tag mit unserem Wartungsdienst hätte vollkommen genügt. Ein Blick in unsere Schulen und Universitäten ist ebenfalls aufschlussreich. Die Verwahrlosung des öffentlichen Raums beginnt immer mit Kleinigkeiten. Deswegen bin ich bis heute wie ein Wilder dahinter her, kleinste Mängel und Beschädigungen unserer Produkte umgehend zu beseitigen.

Ich musste mich mit meinen anspruchsvollen Vorstellungen durchaus immer wieder durchsetzen. Roland von zur Mühlen fand es natürlich viel zu teuer, wenn ich international anerkannte Designer beschäftigte oder ein paar Modelle mehr baute, als wir eigentlich brauchten. Aber im Nachhinein sind alle froh, dass ich damals mit großem Selbstbewusstsein aufgetreten bin. Ich war Deutschlands erster Stadtmöblierer, nicht nur mit eigener Planung und Produktion, sondern auch mit international renommiertem Design, und das musste man allen zeigen.

Roland von zur Mühlen hat es trotzdem nicht immer leicht gehabt mit mir. Gelegentlich beschwerte er sich über meine robusten Umgangsformen. Dann meckerte er wieder, weil ich bei Verhandlungen zu viel versprochen hatte, was am Ende er erfüllen musste. Unsere Aufgabenverteilung war klar: Ich war die Speerspitze, und er der Mann mit dem Gesetzbuch, der hinterher einen Vertrag aushandeln musste.

Eines hatten wir allerdings gemeinsam: Unsere Begeisterung für die Produkte. Wir konnten stundenlang über Wartehallen philosophieren, über Konstruktionen und Schwächen. Da war nichts aufgesetzt. Was uns über 20 Jahre zusammenhielt, war echte Leidenschaft für das Unternehmen und seine Produkte. Nur so war unser ständiger Kampf auszuhalten.

Wir haben von Anfang an gespürt, was echter Wettbewerb ist. In kaum einer anderen Branche wird man rund um die Uhr derart belauert, wird jeder Fehler gnadenlos aufgelistet, jede zertrümmerte Scheibe, jedes Graffiti, jede versprochene und nicht erbrachte Leistung. Man wird angeschwärzt und bisweilen auch verleumdet. Denn es geht um Verträge, die nur alle zehn, 20 Jahre vergeben werden. Haben oder nicht.

Wir mussten ständig angreifen, wir waren die Neuen, die Frischen, die Modernen, wir kämpften gegen die alten, klebrigen Monopolstrukturen in den Städten, wo eine Partei die Verwaltung und ein Vertragspartner die Werbung allein, aber schlecht organisiert hatten.

Fast immer versuchten wir, dieses über Jahrzehnte eingespielte System über die fachliche Ebene zu knacken. Wenn wir eine Stadt eroberten, dann immer über die Experten. Und die saßen in den Verkehrsbetrieben, so wie Direktor Piefke bei der BVG. Diese Fachleute galt es zu begeistern, damit sie auf die Politik einwirkten. Der Prozess war mühsam und dauerte mindestens drei, eher vier Jahre – vier lange Jahre, um vom Stadttor bis ins Turmzimmer des Burgfräuleins zu gelangen. Und wir waren nicht immer willkommen.

Für diese oft ermüdenden Kämpfe ergänzten sich die beiden Charaktere Wall und von zur Mühlen geradezu idealtypisch. Ich war schnell zu begeistern, aber auch schnell zu langweilen. Ich war die Stimmungskanone, die immer mal wieder hereingefahren wurde. Ich hatte Ideen, Fantasie, Freude. Was ich mir ausdachte, das gab es in der Realität natürlich auch bald, dachte ich. Der arme Roland von zur Mühlen musste sich dann um all die lästigen Details kümmern. Immer wieder wurde ich für Geschäftsessen eingeteilt, für vertrauensbildende Maßnahmen mit Kunden, für Problemgespräche. Solchen Terminen hätte ich mich am liebsten entzogen. Aber Roland von zur Mühlen sorgte dafür, dass ich bereitstand.

Eine wichtige Erfahrung machten wir 1988 in Baden-Baden, mit 200 000 Euro Jahresumsatz wirtschaftlich eher unbedeutend, aber für die Stadtreklame von größerer Bedeutung. Baden-Baden ist Europas Sommerresidenz. Die Stadträte hatten alle großen Anbieter zu einem Wettbewerb um neue Stadtmöbel eingeladen. Und alle haben ihre schönsten Produkte dort aufgebaut. Aber die Baden-Badener sagten: Das ist alles nicht schön genug. Und da sind alle beleidigt wieder von dannen gezogen.

Aber ich habe mir gedacht: Der Kunde ist König. Und habe noch mal einen Anlauf genommen. Ich habe mir Architekturstudenten von der Technischen Universität Berlin ausgeliehen, von Professor Arno Bonanni, und die ganze Bande nach Baden-Baden eingeladen, eine Woche lang, mit Lagerfeuer und gutem Essen. Die Aufgabe war: Entwerft mir eine individuelle Stadtmöblierung. Begeistert sind die jungen Leute losgezogen, haben Fotos gemacht, in Archiven gegraben und sind durch die Außenbezirke gewandert. Es war fantastisch.

Wir hatten am Ende 30 erstklassige Entwürfe. Ich fühlte mich bestätigt: Es schlummert so viel Potenzial in unserem Land. Wir müssen es nur fördern. Natürlich hatte Professor Bonanni den besten Entwurf abgeliefert. Seine Idee war es, ein historisches Motiv aufzunehmen, das man überall in der Stadt sieht, an jeder Brücke, überall: ein Kreuzgitter.

Ich lief mit dem Entwurf sofort zum Bürgermeister, der schaute sich den Entwurf lange an und sagte nur: »Jetzt wird es aber schwierig für Sie, Herr Wall.« Ich entgegnete: »Nichts ist schwierig, Herr Bürgermeister.« Er sagte: »Dann bauen Sie mir so eine Wartehalle doch mal im Original.« Ich sagte: »Kein Problem, Herr Bürgermeister, schließlich haben wir ein eigenes Produktionswerk. Geben Sie mir acht Wochen.« Und nach acht Wochen stand die Halle in Baden-Baden. Der ganze Gemeinderat war da und staunte. Und wir hatten den Vertrag. Das war der Beginn der maßgeschneiderten Stadtmöblierung.

Fortan legten wir noch größeren Wert darauf, international renommierte Gestalter für unsere Produkte zu gewinnen. Das maßgeschneiderte Angebot war unsere Stärke, unser Alleinstellungsmerkmal. Wir mussten nicht nur bei Qualität und Wartung, sondern auch beim Design Weltklasse bieten.

Der ehemalige Neusser Stadtdirektor Wilhelm Kons sprach von »inhumaner Architektur mit Beton, rohem Stahl und Zentralglas. Die Haltestellen als Eingangstor zum öffentlichen Nahverkehr waren weitgehend fahrgastunfreundlich und forderten Aggressivität heraus.« Diesen Missstand wollten wir beseitigen. Den Anfang machte die Serie »Softline«, deren Modell »Berlin« eigens für diese Stadt entwickelt wurde.

1987 folgte »City-Line« mit Informations- und Leitsystemen, Verkehrs- und Ampelanlagen, Anzeigen und Ticketautomaten, dazu Bänke, Beleuchtung und Toilettenanlagen.

Mit City-Line haben wir neue Maßstäbe in der Plakatreklame gesetzt. Professor Kristahn, unser alter Mitstreiter, brachte es auf den Punkt: »Was hier präsentiert wird, muss eigentlich gewinnen, oder genauer, wer hier verliert, kann die Ursache nicht im Umfeld, nicht in falscher Höhe, nicht in ungünstiger Blickrichtung, in zu geringer Größe, nicht beim falschen Kleben, nicht in Faltenwurf oder Beschädigung suchen – visuelle Qualität gewinnt hier immer.«

Die City-Line-Wartehallen zeichneten sich durch hohe Transparenz aus: Die Wände bestanden aus Glas und boten freien Einblick. Es gab keine dunklen Ecken, die als Müllhalde dienen konnten. Und tatsächlich minimierten wir allein durch ein verändertes Design die Vandalismusfälle um 50 Prozent. Glas bietet den Vorteil, dass es chemikalienresistent ist und sich leicht reinigen lässt. Fahrgäste und Werbekunden profitieren davon.

Seit 1987 arbeiteten wir mit dem Architekten Professor Arno Bonanni zusammen. Er entwarf die erste Wall-Stadtmöbelserie »Helios« mit zwei Wartehallen, zwei Varianten der Plakatsäule, Mülleimer, Spritzschutz und City-Toilette. Messingkugeln waren das wiederkehrende Element der Serie. Die Litfaßsäule war futuristisch verspielt, geziert von einem spitzen verchromten Kegel.

Die erste Helios-Wartehalle weihte ich im April 1990 im damaligen Ostberlin auf dem Prachtboulevard Unter den Linden ein. »Helios Classic« greift ähnlich der klassizistischen Gebäude des Boulevards antike Elemente auf und passt sich wunderbar in die Architektur ein.

1999 beauftragte ich den weltberühmten Josef Paul Kleihues, eine komplette Stadtmöbellinie für den Berliner Boulevard Unter den Linden zu entwerfen. Die Straße zwischen Lustgarten und Brandenburger Tor sollte wieder zum Aushängeschild der Stadt werden. Kleihues begann seine Arbeit immer mit der Analyse des Stadtbildes. Ihm fiel sofort auf, wie schlecht das Straßenmobiliar aufeinander abgestimmt war und dass es in weiten Teilen nicht mit der städtischen Kulisse harmonierte. Ein Klohäuschen mit dem Charme einer Autobahnraststätte hätte das Ambiente zerstört.

Sein erster Entwurf anlässlich des Wettbewerbs für die Berliner Nobelmeile war erfolgreich. Durch ihre an ein Schiffsdeck angelehnte ellipsenförmige Grundform und die markante Außenstruktur wirken die Stadtmöbel der Designlinie »Challenge« gleichzeitig solide und unaufdringlich. »Challenge« ist inspiriert von den Metropolen der Welt und fügt sich perfekt in das Gesamtbild des Boulevards Unter den Linden ein.

Kleihues entwarf für uns vier weitere Stadtmöbelserien, darunter »Streetline«, mit der wir einen internationalen Wettbewerb in Boston gewannen und den Sprung in die USA, auf den größten Werbemarkt der Welt schafften.

Die Zusammenarbeit mit Designern hat sich stets als gewinnbringend erwiesen, deshalb haben wir sie bis heute fortgesetzt. Zum Portfolio der Wall AG gehören mittlerweile 28 Designlinien, zum Beispiel »Campo« und »Avenue« oder zuletzt »Corso«. Professor Helmut Staubach und Dipl.-Ing. Uwe Kuckertz gründeten ihr Büro 1995 in Berlin und verwirklichen vor allem Projekte für den öffentlichen Nahverkehr: Bahnsteiganlagen, Dienstgebäude, Überdachungen und Stadtmöbel. Für die Wall AG entwickelten sie von Wartehallen bis hin zu Wegeleitsystemen ein komplettes Sortiment an Stadtmobiliar. Alle Elemente haben das gleiche Formenspektrum.

Der deutsch-russische Architekt Sergej Tchoban entwickelte die Wall-Produktlinien »Arbat« und »Newa«, benannt nach einer der ältesten historischen Straßen

Moskaus und dem Fluss, der durch St. Petersburg fließt. Sie repräsentieren das moderne, offene Russland. Geschäfts- und Bürogebäude von Sergej Tchoban prägen das Stadtbild von Metropolen in Ost und West. Dazu zählen der Java-Turm in Hamburg ebenso wie das Leipziger Platz Carré in Berlin und das Federazija-Hochhaus in Moskau, das künftig das höchste Gebäude Europas sein wird.

Mit Antonio Citterio konnten wir für unsere Stadtmöbelreihe »Monbijou« einen der großen Produktdesigner Italiens gewinnen. Citterio-Designs stehen im New Yorker Museum of Modern Art (MoMA) und im Centre Pompidou in Paris. Seit 1972 hat der Italiener Möbel und Gebrauchsprodukte für Designhäuser wie Vitra, B&B, Flexform und Flos entworfen. Ab 1982 kamen Architekturprojekte in ganz Europa und Japan hinzu, darunter das Industriewerk für Vitra und der Hauptsitz der Edel Music AG am Hamburger Elbstrand. Mit Antonio Citterios leicht-luftiger Wartehalle bewarben wir uns bei Ausschreibungen in Lyon, Cannes und Nizza.

Hadi Teherani ist ein weiterer Designer im Team der Wall AG. Er gestaltet visionäre Bürokomplexe ebenso wie Lampen, Stadtmöbel und Raumtextilien. Zu seinen größten Projekten zählen das Konzept einer Living Bridge, einer belebten Brücke in der Hamburger HafenCity, die zugleich begrünte Wohnstraße ist, und das Geschäftshaus Dockland in Hamburg. Teheranis Credo: Die Architektur passt sich der Umwelt an und nicht umgekehrt. Seine Gebäude und Produkte wirken trotz ihrer futuristischen Anmutung nie wie Fremdkörper. Für Hamburg entwarf der

Architekt und Produktdesigner 2006 die Stadtmöbellinie »Landmark«.

Die klaren, ästhetischen Formen überzeugten die Design-Jurys. Die Wartehalle »Landmark« wurde bereits mit dem red dot award 2007, dem Good Design Award 2006 des Chicagoer Athenaeums und dem hamburgerdesignpreis 2006 ausgezeichnet.

Einen Ausblick auf die Zukunft bietet die »Intelligent Series« des japanischen Designbüros GK Sekkei. Mit der intelligenten Wartehalle kam im Jahr 2000 der modernste Typ auf Berlins Straßen. Eine dynamische Anzeige im Dachträger informiert über Abfahrtszeiten, aktuelle Temperatur und Nachrichten, dazu gibt es ein e-Info-Terminal mit Internetzugang und Telefon. Im Gegensatz zu unseren anderen Produkten ist die »Intelligent Series« nicht für eine Stadt entworfen, sondern fügt sich mit ihrem klaren Design aus Metall und Glas problemlos in jedes moderne Stadtbild ein.

Die Wartehallen können an Endhaltestellen auch mit einer Toilette auf minimalem Raum ausgestattet werden. Lichtdurchlässige Solarzellen versorgen die Wartehalle mit umweltfreundlicher Energie.

Die Designer der »Intelligent Series« verstehen sich nicht nur als Gestalter, sondern als Konstruktionsberater für Stadtentwicklung. Im japanischen Toyama entwickelten sie ein integriertes Designkonzept für den öffentlichen Nahverkehr, in das alle Elemente einbezogen sind: Bahnen, Beschilderungen, Haltestellen, öffentliche Einrichtungen, Werbeflächen und Stadtmöbel. Dieser Blick fürs Ganze zeichnet auch die »Intelligent Series« aus – ästhetisch anspruchsvoll, hochwertig und umweltbewusst erfüllt sie alle Kriterien, die für GK Sekkei und Wall im Mittelpunkt stehen.

Optimale Raumnutzung wird immer mehr an Bedeutung gewinnen. In der Zukunft wird es die größte Aufgabe sein, noch mehr Funktionen auf knappem Raum unterzubringen. Dafür haben wir im Jahr 2005 etwa die Doppel-Kabinen-Toilette entwickelt, die auf der gleichen Fläche zwei Toiletten unterbringt, auf Knopfdruck aber auch sekundenschnell zu einer rollstuhlgerechten Einkabinentoilette umfunktioniert werden kann. Die Japaner sind uns da um einige Jahre voraus.

Seit 2008 ist die Wall AG mit 30 Prozent am Designbüro IONDESIGN beteiligt, mit dem wir seit Ende der neunziger Jahre zusammenarbeiten. Die Industrie-Designer Anja Götz und Christoph Fleckenstein gründeten das Unternehmen 1993. Mittlerweile arbeiten bei IONDESIGN sechs junge Gestalter aus den Bereichen Design und Architektur. Ihr Schwerpunkt: dreidimensionale Gestaltung. Stadtmöbel sind für sie Formgebung im öffentlichen Raum – ein Brückenschlag zwischen Architektur und Produktdesign. Für die Wall AG entwarf IONDESIGN ein bluespot-Terminal, das mit dem Good Design Award Japan ausgezeichnet wurde, die Wall-City-Toilette am Berliner Alexanderplatz und die Freiburger Wall-Niederlassung.

In den Gesprächen mit den Verantwortlichen der Städte wurde mir in diesen Jahren klar, dass es neben dem Wetterschutz beim Warten auf den Bus ein weiteres drängendes Bedürfnis der Bürger gab, dem man im öffentlichen Raum nur selten menschenwürdig nachgehen konnte.

In fast allen Städten weltweit gab es ein Toilettenproblem. Und es war bislang nur unzureichend gelöst. Unser geschätzter französischer Mitbewerber hatte zwar eine öffentliche Toilette im Programm, die aber nicht von Rollstuhlfahrern benutzt werden konnte. Hier schlummerte ein weiterer Zukunftsmarkt, wenn wir ein erstklassiges Produkt präsentieren konnten.

Sofort luden wir Rollstuhlfahrer nach Spandau ein, die uns bei der Gestaltung wertvolle Hinweise gaben. Wir tüftelten mit den verschiedensten Mechanismen und Materialien. Die Bedingungen waren klar: Klein, für Rollstühle anfahrbar, selbstreinigend, überschaubar bei den Kosten, aber dennoch modern gestaltet.

Am Heiligen Abend 1987 war es so weit. Ich bekam mein ganz persönliches Weihnachtsgeschenk: den ersten Prototypen der Wall-City-Toilette. Es war früher Mittag. Ich war von einer Auslandsreise zurückgekehrt. Um 14 Uhr sollte ich meine Tochter vom Flughafen Tegel abholen. Seit Monaten kreisten meine Gedanken um unseren Prototypen: die erste vollautomatische City-Toilette.

Ich hatte im Büro aus Holz und Metallschienen einen Schiebe- und Drehmechanismus entwickelt, der sicher, hygienisch, stabil und zuverlässig funktionierte – eine mittlere technische Sensation, die ich mir würde patentieren lassen. Spontan rief ich den Arbeitssenator Wronski an: »Herr Senator, ich glaube, wir sind so weit.« Ich hatte noch nicht zu Ende gesprochen, da saß Wronski schon im Auto. Er kam angebraust und begutachtete meinen Me-

chanismus. Wronski hatte technischer Zeichner gelernt;
er wusste um den Wert meiner Erfindung. Seit Monaten tüftelten unsere Leute nun schon am Rest der Kabine:
Schließmechanismus für die Tür, Lüftung, Wasserversor-
gung.

Einen Tag vor Weihnachten hatte mich mein Entwick-
ler dann tatsächlich angerufen und gejubelt: »Herr Wall,
Herr Wall, wir haben endlich einen Prototypen gebaut,
mit allem Drum und Dran. Sieht fantastisch aus. Den probieren wir gleich im neuen Jahr aus.« Ich überlegte nicht
lange. Bis zum neuen Jahr warten? Niemals. Ich hatte zwei
Stunden Zeit, um mir jenes kleine Stahlhäuschen anzu-
schauen, das mein Leben verändern sollte. Ich setzte mich
ins Auto und fuhr nach Spandau, in unsere Werkshalle.
Kein Mensch weit und breit. Am Heiligen Abend arbeiten
nicht mal wir Wall-Leute.

Ich betrat die schummrige Halle. Der große schnee-
weiß lackierte Block fiel sofort auf. Da stand sie nun, meine Kleine, meine Komplizierte, meine Teure, an der ich so
lange herumgetüftelt hatte. Ich schlich vorsichtig um das
stählerne Häuschen herum, kaum größer als eine Telefonzelle. Angesichts der gewaltigen Arbeit, die in diesem Ding
steckte, hätte ich einige Sekunden in Andacht verharren
müssen. Aber dafür war ich viel zu neugierig. »Bitte nicht
einschalten« stand auf dem Kreppband, das ich von der
Tür löste. Ich fingerte ein 50-Pfennig-Stück aus der Tasche
und warf es in den Schlitz.

Tatsächlich. Die Tür ging auf. Ich trat ein. Die Tür
schloss sich. Alles funktionierte wie von Geisterhand. Ich
holte tief Luft, schaute mich um, genoss den frischen Ge-

ruch von geschweißtem Metall und Farbe. Alles war so, wie wir es geplant hatten. Ich hatte genug gesehen und drückte die Klinke. Aber die Tür ließ sich nicht öffnen. Ich stemmte mich mit der Schulter dagegen. Nichts. Ich fluchte. Blöder ging es wirklich nicht. Ich war Gefangener in meinem eigenen Toilettenhäuschen, wenige Stunden vor der Bescherung. In den nächsten drei Tagen würde sich kein Mensch hierher verirren. Da konnte ich rufen und lärmen, so viel ich wollte.

Ich überlegte: Die Tür hatte eine Sicherheitsmechanik. Nach 20 Minuten müsste sie sich automatisch öffnen. Ich schaute auf die Uhr, probierte die Klinke, schaute wieder auf die Uhr. Doch auch nach 20 Minuten bewegte sich die Tür keinen Millimeter. Ich bin kein panischer Typ. Aber langsam wurde mir mulmig. Ich kannte die Konstruktionspläne dieses Metallhäuschens genau. Es hatte keine Schwachstellen. Deutsche Wertarbeit, gebaut für die Ewigkeit.

Es gab höchstens eine Möglichkeit, diesem engen Gefängnis zu entkommen: unter dem Dach hindurch. Denn zwischen Wand und Decke gab es einen Spalt, den ich mit sehr viel Gewalt vielleicht würde aufbiegen können. Ich zog mich mit beiden Händen zum Dach empor. Eine Flüssigkeit lief meine Unterarme hinab. Blut. Mein Blut. Ich hatte meine Finger um eine Stahlkante gekrallt, die nicht versäubert gewesen war. Das Blut strömte die weiße Wand hinab. Mir wurde erst schwindelig, dann schlecht.

Langsam bekam ich es mit der Angst zu tun. Die Enge, die Einsamkeit, das Blut überall. Meine Gedanken rotierten. Ich durfte jetzt nicht durchdrehen. Niemand kannte diese Kiste besser als ich. Sie würde nicht zu meinem Sarg werden, das war mir klar. Ich inspizierte noch einmal die Kante zwischen Blechwand und Boden. Womöglich gab es eine Chance, die Wand anzuheben. Mit einem Brett als Hebel stemmte ich mit aller Kraft das Häuschen empor. Meine Hände brannten. Mein Rückgrat brach fast durch. Zentimeter um Zentimeter pumpte ich das Häuschen empor. Ich weiß bis heute nicht, wie ich es geschafft habe, mich ins Freie zu winden, ohne dass mich das Gewicht der Stahlkonstruktion erdrückte. »Wir werden einen hundertprozentigen Sicherheitsmechanismus entwickeln müssen«, war mein erster Gedanke, »und einen Notausgang.«

Mit einer Mischung aus Erleichterung und Beklemmung verließ ich die Halle. Ich sah aus, als hätte mich ein Laster angefahren. Es war kurz vor 14 Uhr, und es gab noch eine Menge zu tun. Ich raste zum Flughafen, um meine Tochter abzuholen. Sie würde sich über meinen Anblick nicht wundern. Sie war von ihrem Vater einiges gewohnt.

Die City-Toilette war eine Novität: die erste öffentliche Toilette für alle, die für Rollstuhlfahrer gleichermaßen geeignet war. Sie wurde weltweit patentiert und bildete die Grundlage für unseren Erfolg. Während behindertengerechte Toiletten viel Raum einnehmen, der in engen Innenstädten meist nicht vorhanden ist, haben wir das Platzproblem mit einer patentierten Technik gelöst: Die Toilettenschüssel kann von außen mit dem Europaschlüssel, den jeder Rollstuhlfahrer besitzt, um 72 Grad nach links oder rechts geschwenkt werden. Trotzdem ist die Wall-City-Toilette mit einer Breite von rund zwei Metern die kleinste behindertengerechte City-Toilette der Welt. Wir setzten mit der Erfindung auch ein Zeichen gegen die Diskriminierung Behinderter. Dafür verlieh uns die Europäische Kommission im Jahr 2001 den »Breaking Barrier Award«.

KAPITEL 6

»Der Herr der ›Klobalisierung‹« – Hochtechnologie spült Wall II nach oben

Kitanai, kusai, kurai und kowei – Die Toiletten-Anlage Sülz-wiesen und andere öffentliche Ärgernisse – Westberliner Herren: Wienhold, Diepgen, Momper – Ein Schwabe in der Hauptstadt der DDR – Russland und die Welt: Wall-Toiletten erobern den Osten

»Herr Wall, Sie haben Ihre Aufgabe.«
Der frühere Regierende Bürgermeister
von Berlin WALTER MOMPER

Wir Menschen pflegen ja Substanzen, die wir hinterlassen, entweder zu ironisieren oder zu ignorieren. Das klappt leider nicht immer. Jeder kennt diese extrem unangenehme Situation, in einer fremden Stadt plötzlich ein dringendes Bedürfnis zu verspüren. Heftiger Blasendruck bei gleichzeitigem Nicht-Vorhandensein einer Toilette ist wohl das größte Problem der Menschheit in Friedenszeiten.

Im 19. Jahrhundert pflegten die Menschen in Deutschland ihr Geschäft oftmals öffentlich zu verrichten. Zwar

167

wurden überall »Notdurftparagraphen« erlassen, aber Gesetze lösten das Problem nicht, sondern verschoben die Hinterlassenschaften nur in dunklere Ecken. Abgesehen von ästhetischen Problemen brachte das öffentliche Urinieren und Defäkieren große hygienische Probleme mit sich. Je mehr Menschen auf engem Raum wohnten, desto größer war das Risiko, dass Krankheitserreger ins Trinkwasser gelangten. Zwar wurden vor über hundert Jahren die ersten Kanalisationen gebaut. Aber eine private Toilette blieb lange ein Luxus.

Die öffentliche Bedürfnisanstalt gab es schon im alten Rom. Dort war die Gemeinschaftstoilette populär. Im Kolosseum gab es Latrinen mit 25 Sitzen, die im Halbrund angeordnet waren.

Seitdem ist die Entwicklung nicht besonders weit fortgeschritten. Mit den grauen Dixi-Klos, die heute bei jeder Großveranstaltung in langen Reihen aufgestellt werden, konnten es die Römer allemal aufnehmen. In Japan wird die öffentliche Toilette mit vier »Ks« beschrieben: kitanai (schmutzig), kusai (stinkend), kurai (düster) und kowei (anstrengend).

Man muss schon ein extravaganter Charakter sein wie der US-Schriftsteller Henry Miller, um zum Beispiel die öffentliche französische Toilette exotisch zu finden. »Wie oft habe ich so in dieser lächelnden, anmutigen Welt gestanden, während die Sonne mich beschien und die Vögel mich liebestoll umzwitscherten und eine Frau mich von oben aus einem offenen Fenster betrachtete. Wie soll ein Franzose wissen, dass eines der ersten Dinge, die einem amerikanischen Besucher auffallen, das ihn bis in die Eingeweide erregt und erwärmt, dieses allgegenwärtige Pissoir ist?«

Vielleicht lag es an dieser französischen Toilettenkultur, dass unser geschätzter Rivale Decaux sein öffentliches Toilettenhaus für das Maximum an Innovation hielt. Decaux machte viele Jahre den Fehler, sein Produkt für das weltbeste zu halten. Das war unser Glück. Der Franzose ahnte ja nicht, dass die Firma Wall einen sehr viel schlaueren Prototypen entwickelt hatte.

Den besonderen Zorn der Menschen zieht auf sich, wer aus dem natürlichen Drängen auch noch Kapital schlägt. Der römische Kaiser Vespasian erhob eine Steuer auf öffentliche Bedürfnisanstalten. Sein Sohn, der ihn dafür kritisierte, bekam die ersten Einnahmen unter die Nase gehalten und dazu den Kommentar: »Geld stinkt nicht.« Damals mag auch eine andere ewige Weisheit entstanden sein: »aus Scheiße Gold machen«. Das ist durchaus möglich. Ein Rokoko-Toiletten-Service mit 40 Teilen erzielte einst auf der Deutschen Antiquitäten-Messe in München einen Rekordpreis von 3,5 Millionen Mark. In Ostberlin wiederum wurde ein WC-Pächter zu zweieinhalb Jahren Freiheitsstrafe verurteilt, weil er in zwei Bahnhofstoiletten zehn Mitarbeiter beschäftigt und 560 000 Mark Steuern hinterzogen hatte. Das öffentliche Bedürfnis hatte ihm ein Haus mit Pool und Solarium beschert.

Der öffentlichen Ärgernisse sind viele. Aber Streit um Toiletten übertreffen fast alle anderen Themen, sogar in Lüneburg. Für die »Toiletten-Anlage Sülzwiesen« hatte der Stadtrat eine Summe von 450 000 Mark veranschlagt, was heftige Proteste auslöste. Der Gegenvorschlag, man könne doch ein paar günstige Container aufstellen, erzeugte allerdings ebenso viel Ablehnung. In Japan ist das Toiletten-Tabu durchbrochen worden. Der 10. November wurde zum nationalen Toilettentag erklärt. Im ganzen Land herrscht ein Wetteifern, wer die schönste, sauberste und originellste Bedürfnisanstalt präsentiert.

Es gilt die ewige Regel: Das öffentliche Bedürfnis hat zu allen Zeiten in allen Kulturen Ärger erzeugt, es war teuer und eine wirklich befriedigende Lösung gab es nicht.

Diese Regel gilt auch für Berlin. Im Jahr 1830 dichteten die Männer der Hauptstadt einen Spottvers auf den gestrengen Polizeipräsidenten, der öffentlichem Urinieren besonders eifrig nachstellte: »Ach, lieber Vater Hinkeldey, mach uns für unsere Pinkelei, doch bitte einen Winkel frei.«

Ernst Litfaß, mein großes Vorbild, wollte schon 1854 öffentliche Toiletten in seinen Anschlagsäulen unterbringen. Aber der Versuch scheiterte. Erst 25 Jahre später wurden die ersten Bedürfnisanstalten errichtet. Manche davon machten allerdings den Eindruck, in den folgenden hundert Jahren nur höchst selten renoviert worden zu sein. Zwar wurden seither durchaus kunstvolle öffentliche Toiletten errichtet. Manche sahen wie chinesische Tempel aus, andere wie römische Prachtbauten. Aber die Sauberkeit ließ fast immer zu wünschen übrig.

In besseren Gegenden sträubten sich die Bewohner gegen die Errichtung öffentlicher Bedürfnisanlagen. Die Angst vor Geruchsbelästigung war groß – zu Recht. So wurden Pissoirs oftmals versteckt, was das Problem mit sich brachte, dass sie für Ortsunkundige nicht zu finden waren oder jenen ein Refugium boten, die anderes wollten als nur eine Toilette zu benutzen. Die Menschen wurden mit ihrem Harndrang jedenfalls oft alleingelassen oder zu merkwürdigen Ersatzhandlungen getrieben: »Ein Architekt, der nie in ein Handwaschbecken gepinkelt hat, ist kein Architekt«, befand Egon Eiermann.

Als ich nach Berlin kam, gab die Stadt zwar jedes Jahr viele Millionen für öffentliche Toiletten aus; ihr Zustand war dennoch erbärmlich. Ich habe für einen Dokumentationsband 1992 alle 287 Berliner Toiletten fotografieren und katalogisieren lassen. Ein Buch des Grauens.

Im damaligen Bezirk Marzahn etwa gab es auf 31,5 Quadratkilometern Fläche und für 167 371 Einwohner nur eine öffentliche Toilette. Immerhin funktionierte sie – angeblich, denn gefunden haben wir sie nicht. In Treptow existierten neun Toiletten, aber nur eine war in Betrieb. Manche Toiletten, wie die an der Gedächtniskirche oder auf dem Tegeler Schlossplatz, wurden mehr als tausendmal am Tag aufgesucht. Graffiti an den Wänden waren noch die geringste Verschmutzung. Eintreten wollten wir oftmals nicht, denn was wir drinnen sahen, ließ uns vor Ekel erschauern. Saubergemacht hatte hier jedenfalls schon lange niemand mehr, desinfiziert schon gar nicht. Die Toiletten boten ein Bild der Verwahrlosung.

Dieses Problem teilten nahezu alle Städte der Welt. Für die Firma Wall kam dieses öffentliche Ärgernis allerdings einer Einladung an unseren Tüftlerehrgeiz gleich. Wir wollten Abhilfe schaffen.

Es sollte allerdings lange Jahre dauern, bis ich die Berliner Behörden überzeugt hatte, sich von ihrem alten Konzept zu verabschieden. Was die Menschen drängt, kümmert diejenigen oft am wenigsten, die für das Wohl der Bürger wirken sollen.

Es ist schon verrückt. Die öffentlichen Bedürfnisanstalten Berlins waren in einem erbärmlichen Zustand, wir hatten eine saubere Lösung, aber es schien unmöglich, Angebot und Nachfrage zusammenzubringen. Die Politik war wieder einmal in eine Starre verfallen. Damals, Ende der achtziger Jahre, habe ich viel gelernt darüber, wie Politik funktioniert. Vor allem auch darüber, wann Dinge plötzlich schnell gehen. Oder wie aus heiterem Himmel gewaltiger Druck aufgebaut wird.

Besonders lehrreich war der Besuch eines Herrn Wienhold, eines ehemaligen Polizisten, der für den damaligen Regierenden Bürgermeister Eberhard Diepgen die tägliche Machtsicherung betrieb. Wir hatten bis dahin keine Probleme mit der CDU, im Gegenteil. Bisweilen hatte man sogar versucht, uns zu helfen. Doch plötzlich war die Rückzahlung fällig.

Eines Tages im letzten Wahlkampf Westberlins teilte dieser Herr Wienhold mit, dass Herr Diepgen zum Weihnachtsfest 1988 sein Konterfei von allen tausend Wartehallen leuchten sehen wollte.

Das war natürlich ein ziemlich großer Wunsch, zumal wir uns politisch immer neutral verhalten. Wir verhandelten schließlich über eine neutralere Grußbotschaft zum neuen Jahr, damit es nicht ganz so platt nach Wahlkampf aussah. Den Herausforderer Walter Momper kannten wir gar nicht, der hatte sich nie sehr intensiv um uns gekümmert.

Diepgen kam dann mit einem Plakatentwurf, der uns fast aus den Schuhen hob. »Ihn braucht Berlin«, stand darauf, was ich für ausgesprochen plump hielt. Das war kein Gruß, sondern Wahlkampagne pur. Den Entwurf lehnten wir folglich ab.

Da ging es aber los. Plötzlich wurde Druck gemacht von diesem Herrn Wienhold. Er habe schließlich Einfluss auf die BVG, merkte Wienhold an. Und wir hätten doch einen Vertrag da. Und ob wir den gefährden wollten? Es war mir regelrecht peinlich, wie sich dieser Mensch aufführte. Aber wir blieben stur. Sonst wären diese Politiker hinterher mit jedem Mist gekommen. Am Ende gab es jedenfalls ein nettes Diepgen-Bild mit einem freundlichen Gruß. Und wir hatten das Gesicht gewahrt.

Aber, verflixt, was passierte dann? Dieser unbekannte Momper gewann völlig überraschend die Wahl, so ein Pech. Ausnahmsweise machten wir Gratisreklame für den Regierenden von der CDU – und der SPD-Rivale gewann.

Und dann fiel auch noch die Mauer. Ich dachte: Das darf doch nicht wahr sein. So viel Pech. Ostberlin bekommen wir nie. Zumal aus Hamburg sofort ein Decaux-Lobbyist anrückte, ein früherer Senator, Volker Lange von der SPD. Der machte unverhohlen Werbung für die Franzosen und versprach wieder die tollsten Sachen, direkt beim Generalkombinatsdirektor der Ostberliner Verkehrsbetriebe, Herrn Grätsch.

Wenn Herr Grätsch nicht so ein anständiger Mann gewesen wäre, dann hätten wir keine Chance gehabt. Obwohl Grätsch wusste, dass er als SED-Mitglied wohl bald geliefert sein würde und sein Leben fortan mit einer schmalen Rente würde bestreiten müssen, sorgte er für einen fairen Wettbewerb.

Und auch der rot-grüne Senat hat sich hochanständig verhalten. »Herr Wall, Sie haben Ihre Aufgabe«, hatte Walter Momper zu mir gesagt. Kein Wort über das Diepgen-Plakat. Die standen einfach mal über der Politik und haben akzeptiert, dass einer seinen Job gut macht, dass er Steuern zahlt, Arbeitsplätze schafft, wie er es versprochen hat, sich um die Stadt kümmert, seine Wartehallen kostenlos aufbaut und pflegt. So einem konnten sie Ostberlin guten Gewissens anvertrauen. Und sie haben es auch getan. Immer, wenn ich Walter Momper heute sehe, dann sage ich: »Herr Momper, das vergesse ich Ihnen nicht, mein Leben lang nicht.« Und dann grinst er.

Natürlich wollte Momper mehr Pacht von uns, aber das war okay. Andere hätten noch mal neu verhandelt, aber Daniel und ich haben uns angeschaut und genickt. Wenn einer anständig zu uns ist, dann feilschen wir nicht lange. Dieses Geschäftsverhalten motiviert ja auch, und wir haben immer darauf geachtet, dass wir alle Abmachungen einhalten, am besten noch übererfüllen. Dieses ständige Aufs-Kreuz-Legen der Kleinkarierten ödet mich an. Das kostet nur Zeit und Nerven. Ein Sport der Mittelmäßigen.

Den Mauerfall erlebte ich live. Ich wohnte zu dieser Zeit schon fünf Jahre in Berlin, im Hotel. Berlin ist anfangs unheimlich, man kennt niemanden, es ist unübersichtlich. Aber die Zeit war schön und spannend. Ich hatte immer ein bisschen Angst vor Ostberlin. Wenn ich mal

drüben war oder mit meinem Porsche über die Transit-
autobahn gen Westdeutschland raste, hatte ich große
Angst, angehalten und verhaftet zu werden. Bei jedem
Volkspolizisten, den ich sah, blieb mir fast das Herz stehen. Es gab so viele Geschichten – später ist mir klar geworden, dass immer auch viel Propaganda dabei war. Aber
damals war meine Angst real. Ich hatte den Traum, irgendwann einmal in Ostberlin eine Wartehalle aufzustellen, und war kurz davor, dem Staatschef Erich Honecker
einen Brief zu schreiben.

Ich hätte nie geglaubt, dass die Mauer so schnell fällt. In
diesen Stunden im Herbst 1989 spürte man sofort: Hier
und jetzt passiert Weltgeschichte. Ich fuhr mit Daniel nach
Hause, als im Radio die Meldung kam, dass sich ganz viele Leute an der Mauer versammelten. Wir sind natürlich
sofort hingefahren, an die Bernauer Straße.

Und da standen sie alle schon oben und tanzten. Das
sah recht gefährlich aus. Und von unten haben alle hoch-
gestarrt und wollten auch nach oben. Ich bin natürlich
auch da rauf, weil manche auf der anderen Seite wieder
runtergesprungen sind. Die hatten aber Angst vor den Vo-
pos und wollten wieder rauf.

Das Tolle war: Jeder hat jedem geholfen. Willste runter?
Okay, helf ick dir! Willste hoch? Kein Problem, zieh ick dir
hoch, wa? Es war eine einmalige Stimmung des Miteinanders, wie man sie nicht verordnen oder herbeiwerben
kann. Ich bin bis morgens um vier Uhr geblieben. Es war
phänomenal.

Am nächsten Morgen verschlief ich natürlich und kam
zu spät nach Spandau, wo der Berliner Parlamentspräsi-

dent Jürgen Wohlrabe gerade zu Besuch war. »Entschuldigung, Herr Präsident«, sagte ich, »aber gestern war ja so viel los.« Aber er hatte kein Verständnis. Da drehte ich dann erst recht auf und sagte: »Also ich habe bis morgens um vier auf der Mauer herumgetanzt. Das war doch eine historische Nacht gestern.« Aber der Präsident guckte nur böse.

Die Wende war ein Geschenk für uns, auch für die Firma. Die Entwicklungsingenieure aus dem Osten waren großartige Kreative. Die konnten sich in ihrem Generalkombinat gar nicht richtig entwickeln. Es machte Spaß mit anzusehen, wie sich unsere neuen Kollegen austobten. Ich bin sehr dankbar für diese menschliche, kreative und damit auch wirtschaftliche Bereicherung.

Um die Städte in Ostdeutschland wurde mit dem ganzen Instrumentarium schmutziger Tricks gekämpft. Da haben wir nicht mitgemacht. Die Dresdner Verkehrsbetriebe zum Beispiel arbeiteten eng mit den Berlinern zusammen. Wie so oft waren die Fachleute dort auf unserer Seite. Aber die Politik hat es übertrieben. Da ist dann der Franzose zum Zug gekommen. Die Leipziger haben die Quittung bekommen. Sie haben den schlechtesten Vertrag in ganz Deutschland gemacht. In Düsseldorf wird ein Vielfaches davon gezahlt.

Die Wendezeit war ein Fest für Raubritter, und die Politik hat ruhig zugesehen. Da wurden zu viele Firmen zu schnell plattgemacht, nur weil sie aus dem Osten waren. Helmut Kohl hatte wohl eine Ost-Phobie, der wollte alles loswerden, was von drüben war.

Drei Ost-Unternehmen hätte ich gern gekauft: Die Friedrichshagener Maschinenfabrik bei Köpenick, da wollten wir ein Produktionswerk errichten. Dann die Outfit und die PAP, die Litfaßsäulenfirmen in Potsdam und Ostberlin. Wir haben dreimal das höchste Gebot an die Treuhand abgegeben und dreimal den Zuschlag nicht bekommen. Warum haben wir nie erfahren. Das ganze Verfahren war sehr undurchsichtig. Es ging hauptsächlich um Connections. Unternehmerisches Engagement war kein Kriterium, das zählte.

Die deutsche Einheit bescherte uns noch einmal einen gewaltigen Schub. Berlin war als Standort über Nacht in eine andere Liga aufgestiegen. Der Weg nach Osteuropa stand plötzlich offen.

Besonders spannend waren die Vertragsabschlüsse mit Moskau und St. Petersburg. Ein früherer DDR-Diplomat hatte in unserem Auftrag die Leiter der dortigen Verkehrsbetriebe nach Berlin geholt, unmittelbar nach der Wende. Die waren beeindruckt. Am 18. Januar 1992 unterzeichneten wir einen 20-Jahres-Vertrag mit den Verkehrsbetrieben der russischen Hauptstadt, und einen Monat später in St. Petersburg einen 15-Jahres-Vertrag. Im Sommer gründeten wir die heutige Wall-GUS Aktiengesellschaft und beschäftigen dort heute 35 Mitarbeiter. Wir waren dort, als die anderen noch gar nicht an Russland dachten. Es waren spannende Zeiten. Seither haben wir in den beiden russischen Metropolen mehr als 1100 Wartehallen, Stadtinformationsanlagen und Plakatsäulen der Serie »Helios« aufgestellt.

Das Berliner Toilettenproblem bekam durch die Einheit noch mal besonderen Druck. 1991 bereits stellten wir einen unserer Prototypen in Friedrichshain auf, im Ostteil

177

Berlins. Zum ersten Mal war unsere Erfindung mit ihrer weltweit einzigartigen Funktionsweise in Berlin im Einsatz. Für diesen Moment hatten wir immerhin etwa fünf Millionen Mark Entwicklungskosten ausgegeben.

Damals in Friedrichshain haben wir allerdings auch gelernt, auf welche Feinheiten ein Aufsteller öffentlicher Toiletten achten muss. Unser Prototyp stand noch nicht einmal, da meldeten sich schon Homosexuellen-Verbände, die bemäkelten, dass die neuen Toiletten zu eng seien für erotische Vergnügungen. Die Drohung, die alten Toilettenanlagen zu besetzen, um deren Abriss zu verhindern, ließ uns allerdings kalt. Jeder Sitzstreik hat mal ein Ende.

Der Franzose hatte zwar bereits eine vollautomatische City-Toilette, allerdings mit einem Problem: Sie war nicht behindertengerecht. Und was soll eine moderne Großstadt mit öffentlichen Toiletten, die für manche Menschen überhaupt nicht benutzbar sind? Decaux hatte lediglich gesagt: Das geht nicht anders, wir liefern das Optimum. Er hatte nicht mit uns gerechnet. Wir haben tatsächlich geschafft, was weltweit vorher niemandem gelungen ist: Wir haben die erste City-Toilette für alle erfunden, auch mit dem Rollstuhl bequem befahr- und benutzbar bei kleinstem Platzbedarf.

Es geht eben doch. Wir konnten es besser, wieder mal. Daniel hat ganz entscheidend mitgewirkt, er leitete damals die Entwicklungsabteilung. Der Clou war, dass sich die Schüssel in der Achse dreht. Das haben wir sofort zum Patent angemeldet. Das war ein Vergnügen! Allein der Gedanke an die langen Gesichter in Paris war jede Mühe wert.

Die Situation des frisch vereinten Berlins ist heute gar nicht mehr vorstellbar. Die Stadt gab jedes Jahr für die Toilettenreinigung 30 Millionen DM aus. Angenehm war die Abort-Situation dennoch nicht. Außerdem kann man es Mitarbeitern kaum zumuten, Örtlichkeiten zu reinigen, die eigentlich gar nicht mehr zu reinigen sind. Auch das Klofrau-Konzept erwies sich nicht überall als sinnvoll. Zudem wollten die Weltstädter zumindest einige Toiletten haben, die 24 Stunden am Tag geöffnet waren.

Heute hat Berlin deutschlandweit, aber auch international eine erstklassige Versorgung mit öffentlichen Bedürfnisanstalten zu bieten. Das ist auch unser Verdienst. Denn wir hatten eine tolle Lösung parat. Ein Knopfdruck, die Schüssel schwenkt in die gewünschte Richtung, kaum eine Minute dauert die Vollreinigung, und alles zum Preis von 50 Cent. Das ist zwar ein Zuschussgeschäft, aber mehr kann man den Leuten nicht abnehmen.

Eine besondere Herausforderung war das »Café Achteck«, eine Berliner Spezialität.

Überall in der Stadt standen diese eisernen Tempelchen, insgesamt 30, von denen viele schon über hundert Jahre alt waren. Von innen waren die meisten vergammelt, aber städtebaulich waren die Häuschen eine Sensation. Ich habe viel Geld ausgegeben, um zwei Dutzend der achteckigen Toiletten zu sanieren, natürlich im historischen Russisch-Grün.

Im Juni 1993 war es dann endlich so weit. Der Hauptausschuss des Abgeordnetenhauses ließ sich von Decaux wieder einmal nicht beeindrucken. Wir bekamen den Auftrag, 278 Wall-City-Toiletten zu installieren. Damit kam das Unternehmen einen weiteren entscheidenden Schritt nach vorn. Noch im November des gleichen Jahres legten wir in Velten den Grundstein für ein neues Produktionswerk. Mit City-Toiletten war Wall II größer, schöner und erfolgreicher geworden.

Doch mein Körper zollte den Anstrengungen der letzten Jahre Tribut. Ich hielt mich immer für kerngesund. Dass bei einer Routineuntersuchung vor über zehn Jahren bei mir ein Herzproblem diagnostiziert worden war, hatte ich einfach verdrängt. Doch plötzlich machte sich meine Pumpe sehr unschön bemerkbar. Schon kleinste körperliche Belastungen strengten mich an. Um einen weiteren Untersuchungstermin kam ich nicht herum.

Das Ergebnis war niederschmetternd. »Sofortige Operation«, befahl der Arzt. Eine Herzklappe funktionierte nicht ordentlich. Die Lage war nicht nur ernst, sondern lebensbedrohlich. Ich verspürte kalte, nackte Angst. Sobald ich wusste, dass irgendetwas nicht in Ordnung war, fühlte sich mein ganzer Körper wie ein Wrack an. Ich erinnerte mich an all die guten Ratschläge, die ich konsequent ignoriert hatte. Seit jeher hatte ich mich wie Siegfried gefühlt, unverletzlich. Und jetzt wurde ich plötzlich im Hubschrauber auf den Operationstisch gebracht.

Die Gedanken drehten sich: Das Leben ist jetzt vorbei, dachte ich. Da beschloss ich, umgehend die Arbeit einzustellen, mehr auf mich zu achten. Ab sofort werde ich ein guter, vorsichtiger Mensch sein, schwor ich mir. Ich wollte noch mal ganz von vorn anfangen.

Zu spät. Die Chirurgen sägten mir den gesamten Brustkorb auf. Nach der OP schlich ich wie ein 120-Jähriger über den Flur. 50 Schritte am Stück kamen mir wie ein Marathon vor. Ich erkannte mich nicht wieder. Daniel und Roland von zur Mühlen schauten mich an, als sähen sie mich zum letzten Mal. Die Lage war ernst.

Nach 14 Tagen wurde ich in die Kur entlassen, nach Baden-Baden. Dort verbrachte ich sieben Wochen. Mit jedem Tag kehrten meine Kräfte zurück, langsam, aber kontinuierlich. Ich kann mich noch an den Moment erinnern, in dem ich den ersten Spaziergang schaffte und endlich wieder ein Bier trank. Ich fühlte mich wie neugeboren. Die Achtung vor dem Leben wächst immens nach einem solch einschneidenden Eingriff. Seither läuft mein Herz wieder prima. Aber ich muss jeden Tag aufpassen. Ich gebe zu, dass Schonung meinem Naturell nicht entspricht.

KAPITEL 7

»First we take Berlin, then we take Manhattan« – Wall erobert die Welt

Claudia – Peinliche Pannen und Hans im Glück – Schwieger-
vater Markus Wolf – Kantine, Orden, sozialistischer Musterbetrieb – Von Amsterdam nach Boston – Ein Schwabe in der
großen Welt – Bundesverdienstkreuz

> *»Aus einem mittelständischen Betrieb*
> *ist ein Berliner Weltunternehmen entstanden.«*
>
> Joachim Piefke, ehem. BVG-Verkehrsdirektor

Claudia Gröning hatte sich bei uns beworben wie viele andere Menschen auch. Sie kam aus der Hotelbranche und sollte sich als Assistentin der Geschäftsführung um Öffentlichkeitsarbeit, Kommunikation und Marketing kümmern.

Claudia unterstützte mich bei meiner Arbeit als Unternehmer in Berlin. Sie begleitete mich auf vielen Auslandsreisen und war bei Mitarbeitern und Geschäftsfreunden beliebt. In New York war sie an meiner Seite und stand mir mit ihren Englischkenntnissen bei Verhandlungen in der City-Hall bei.

Wie ich erst später erfuhr, war Claudia eine geborene Schimpf. Ihre Mutter Andrea Schimpf war in zweiter Ehe mit Markus Wolf verheiratet, dem früheren Chef der DDR-Auslandsspionage. Der legendäre Agentenführer war also ihr Stiefvater. Darüber sprach sie allerdings nicht gern. Das Urteil der meisten Menschen stand schon fest, bevor sie überhaupt etwas sagen konnte. Ich habe Markus Wolf als klugen, interessanten Menschen kennengelernt.

War es Zufall, dass Claudia exakt in dem Moment in mein Leben trat, als das Unternehmen zu seinem größten Abenteuer ansetzte? Ich glaube nicht. Es war eine glückliche Fügung des Schicksals, ein Schlüsselmoment, mal wieder, vor allem für mich persönlich. Die Eroberung Amerikas und die Eroberung einer Frau gingen Hand in Hand. Es war eine großartige Zeit.

Wieder mal war es eine Kleinigkeit, die eine Lawine auslöste. Eine klitzekleine Meldung bewirkte, dass ich New York erobern wollte und zugleich eine Frau. Oder sie mich. Oder wir uns. Es war jedenfalls wunderschön. New York war immer mein Traum. »First we take Berlin, then we take Manhattan.«

Es begann damit, dass ich im *Spiegel* von einem Amerikaner las, der im Rollstuhl sitzend vor einer City-Toilette in Manhattan protestierte, weil er mit seinem Fahrzeug nicht in die Kabine kam. Er fand diese Toilette diskriminierend. Zufällig war es ein Modell unseres französischen Kontrahenten. In Paris sagte man, es sei einfach nicht besser zu machen.

Ich bin sofort in die USA geflogen. Denn ich hatte sie ja, die Toilette für alle. Und die wollte ich in der Hauptstadt der Welt präsentieren. An meiner Seite reiste unsere neue Assistentin Claudia. Sie sprach englisch und sollte mit ihrem Charme die Amerikaner erobern. Den ersten Kuss haben wir uns bereits auf der Champs-Élysées gegeben. In Paris, im Reich von Decaux, mussten wir übernachten, weil die Concorde erst am nächsten Morgen nach New York flog. In Manhattan verliebten wir uns dann richtig. Und gleichzeitig mussten wir eine City-Toilette aufstellen.

Wir begaben uns in die Höhle des Löwen. Öffentliche Toiletten sind in New York eine komplexe Herausforderung, denn simple Pissoirs dürfen es nicht sein, das widerspräche der Gleichberechtigung. Diese Funktion erfüllt außerdem bereits jede Mauerecke der Stadt. Sind die Toiletten zu klein, können Rollstuhlfahrer sie nicht benutzen, sind sie zu groß, nutzen Obdachlose sie als Wohnsitz. Sind sie nicht abschließbar, werden unsittliche oder räuberische Übergriffe wahrscheinlicher, sind sie abschließbar, werden sie zum Aufenthaltsort für Drogensüchtige und Liebespaare. Hinzu kommt: Jede funktionierende öffentliche Einrichtung, die nicht unmittelbar unter polizeilicher Aufsicht steht, ist kaum gegen Vandalismus gefeit. Das ideale New Yorker Klo müsste bombensicher sein und auf einem hell erleuchteten Platz stehen, umringt von Polizisten.

Eine Menge Probleme, die nicht alle so leicht zu lösen waren wie das Aufstellen unseres Musterstücks. Ich musste nur einem wildfremden Baggerfahrer 200 Dollar in die Hand drücken, damit das Ding auch richtig stand. Denn der bestellte Bagger war nicht gekommen. Wir hatten die allererste Toilette, die Wall in Spandau produziert hatte, direkt nach New York verschifft, in grün. Wir hatten nichts getestet, nichts probiert.

Der Triumph war aber schon vor dem Start perfekt. Denn Decaux hatte sein Häuschen vor der City Hall, dem Sitz des New Yorker Bürgermeisters, abbauen müssen. Und wir setzten unser wunderschönes Häuschen direkt auf das Fundament. Wir hatten modernste Technologie verwendet und nur beste Materialien: Edelstahl und dunkelgrünen italienischen Granit. Benutzer wurden mit sanfter Musik berieselt. 250 000 Mark hatte das gute Stück gekostet. Dafür kamen wir nach und nach allen Problemen bei, welche die Konkurrenz abgeschreckt hatten: Die Tür öffnet sich nur bei Einwurf einer 25-Cent-Münze. Nach 15 Minuten entriegelt sie sich automatisch wieder. Behinderte, die kostenlos einen Schlüssel anfordern können, haben mehr Zeit. Die gesamte Kabine reinigt sich selbsttätig in 50 Sekunden, und Graffiti lässt sich leicht von den Innen- und Außenwänden abwaschen. Störungen werden über elektronische Sensoren an eine Zentrale gemeldet.

Am Tag der Eröffnung warteten zehn TV-Teams. Ich war höllisch nervös. Mit Claudia hatte ich am Tag vorher noch mal die Ansprache geübt. Mein Englisch hat ja doch einen sehr markanten schwäbischen Akzent, dafür verfüge ich über keinen allzu großen Wortschatz. Aber das hat den New Yorkern nichts ausgemacht. Sie mögen es, wenn jemand versucht, ihre Sprache zu sprechen.

Es waren bewegende Momente, auch wenn sich die Toilettentür beim ersten Versuch nicht öffnete, als ich die

Münze einwarf. Das war eine Peinlichkeit sondergleichen. Ich versuchte einen anderen Quarter, aber die verdammte Tür bewegte sich immer noch keinen Millimeter. Made in Germany. Die Amis lachten zwar, aber ich hätte fast den Mann aufgefressen, der den Mechanismus falsch eingestellt hatte.

Plötzlich öffnete sich unser Schätzchen dann doch. Es war einer der aufregendsten Momente meines Unternehmerlebens. Vielleicht war auch alles nur so aufregend, weil Claudia dabei war. New York 1994 war der größte Triumph in meinem Leben.

Hinterher kam die Stellvertreterin von Rudolph Giuliani und sagte zu mir: »Mister Wall, Sie sind jetzt im Geschäft. Sie sind in New York im Geschäft.« Ich fühlte mich wie in einem Märchen. Hans im Glück. Danach haben Claudia und ich erst einmal 14 Tage Urlaub auf Hawaii gemacht – die schönsten Ferien, die ich je erleben durfte.

Claudia ist eine schöne Frau, intelligent, großzügig, mit Spaß an schönen Dingen. Sie war eine First Lady, die im Unternehmen und außerhalb beliebt war. Sie konnte mit Betriebsratsvorsitzenden reden, mit einfachen Arbeitern, mit höchsten Würdenträgern, sie traf immer den richtigen Ton. Sie war viel diplomatischer als ich, der am liebsten anordnete und damit manchmal Leute verletzte. Claudia kommunizierte netter und dennoch effektiver.

Ich weiß bis heute nicht so genau, was Claudia an mir gefunden hat: meine Offenheit vielleicht oder meine Begeisterungsfähigkeit. Komisch, ich weiß es nicht genau. Ja, und bevor wir darüber hätten reden können, war es auch schon wieder vorbei.

Zuerst wusste ich überhaupt nicht, dass Claudia die Stieftochter des legendären Spionagechefs der DDR war. Und sie hatte auch alles getan, um es zu verbergen. Es gab natürlich Leute im Unternehmen, die es problematisch fanden, dass der brave Schwabe Hans Wall ausgerechnet eine Frau aus dem Clan des DDR-Wolfs heiratete. Aber ich hatte überhaupt kein Problem damit. Ich fand es eher spannend.

Am 30. August 1997 haben wir geheiratet. Die Vermählung fand in den Hackeschen Höfen statt, im kleinen Familienkreis. Markus Wolf hielt eine bewegende Rede, er war auch Trauzeuge. Dann fuhren wir im blumenbeladenen Mercedes zu uns nach Hause in den Grunewald, natürlich nicht, ohne noch ein paar Fotos in der schönsten Wartehalle Berlins zu machen, direkt am Lustgarten. Im Garten mussten wir erst mal einen Baumstamm zersägen. So will es das Ritual. Ich weiß noch, wie Mischa Wolf mir die Säge aus der Hand nahm und sagte: »Lass mich mal.« Dann sägte er, als habe er sein Leben in den Wäldern Sibiriens verbracht.

Markus Wolf war eine faszinierende Persönlichkeit, mit der man offen über alles reden konnte. Er hatte als junger Berichterstatter die Nürnberger Prozesse miterlebt, er stammte aus einer ehrwürdigen Intellektuellenfamilie.

Sein Vater, der große Schriftsteller Friedrich Wolf, war der erste DDR-Botschafter in Polen nach dem Zweiten Weltkrieg. Er war Arzt, Schriftsteller und Kommunist. Während der Weimarer Republik wurden seine Stücke viel gespielt. »Kunst ist Waffe!« war seine Maxime. Mit dem Machtantritt Hitlers musste er Deutschland verlassen. Nicht nur, weil er ein revolutionäres Theater forderte und praktizierte, sondern auch, weil er Jude war. Nach dem Zweiten Weltkrieg kehrte Wolf aus dem Exil in der Sowjetunion zurück. Ich kümmere mich bis heute als Vorstandsvorsitzender um die Friedrich-Wolf-Gesellschaft. Sie pflegt das Erbe des Dichters, der sich immer für Frieden, Gerechtigkeit und Menschenwürde engagiert hat.

Den Umgang von uns Besserwessis mit der DDR finde ich nicht immer gelungen. Viele Westdeutsche haben sich nach der Wende eine moralische Lufthoheit zugemessen, die uns nicht anstand. Wir Westler wären auch nicht allesamt Widerstandskämpfer gewesen und hätten uns der Stasi tapfer widersetzt, wenn die Verhältnisse nach dem Zweiten Weltkrieg andersherum gewesen wären. Die Idee, dass es den kleinen und einfachen Leuten besser gehen sollte im Arbeiter- und Bauernstaat, die stammte ja aus einer tiefen Überzeugung von Menschen, die den Krieg miterlebt hatten, die im KZ saßen, die ein neues, besseres, gerechteres Leben wollten nach dem Naziterror. Dieses Ideal darf man nicht von Anfang an verdammen – seine Ausprägung später dafür umso mehr.

Markus Wolf war ein überzeugter Sozialist, zugleich aber selbstironisch und reflektiert. Es hat Spaß gemacht, mit ihm zu streiten. Leider ist er viel zu früh gestorben.

Die Wolfs haben immer an der Kante gelebt, das Provozieren lag allen im Blut. Die Kunst von Friedrich Wolf, die Filme von Konrad Wolf, das Buch *Die Troika* von Markus Wolf, das waren zum Teil sehr kritische Werke, die zum Nachdenken anregten und sich skeptisch mit den Herrschenden in der DDR auseinandersetzten. Es war ja nicht so, dass Markus Wolf einen Mann wie Erich Mielke intellektuell für satisfaktionsfähig hielt. Drei Jahre vor der Wende wollte er sich schon pensionieren lassen. Aber Mielke hat es nicht erlaubt.

Markus Wolf war hoch respektiert bei Geheimdienstlern in Frankreich, Israel und den USA. Die Konkurrenten haben seine Leistungen und Fähigkeiten anerkannt. Er war ja nicht mehr oder weniger böse als alle anderen Geheimdienstchefs auch. Im Westen hätten wir Leute vom Schlage eines Markus Wolf wirklich sehr gut gebrauchen können.

Er war ein außergewöhnlich starker Mann mit der Fähigkeit zu Humor und Selbstironie, alles andere als verbissen. Als wir einmal in Velten waren, in unserem Produktionswerk, sagte er zu mir: »Hans, du bist sozialistischer als die ganze DDR.« Er hatte einfach nur unsere Kantine gesehen und dort gegessen. Dann hat er die Räumlichkeiten begutachtet und die Menschen angeschaut. »Ein sozialistischer Musterbetrieb«, hatte er immer wieder gesagt und gegrinst. Aber er meinte es tatsächlich ernst. Es hat ihm gefallen, wie wir unsere Mitarbeiter behandeln. Später verlieh er mir einen Orden aus seinem riesigen Fundus. Wir hatten bei allen Unterschieden viel Spaß miteinander. Ich vermisse ihn. Markus Wolf hat mein Leben bereichert.

Interessant fand ich seine Bedenken gegenüber großen Unternehmen. »Die Konzerne werden Deutschland kontrollieren«, hatte er nach der Wende gesagt. Das Treiben globaler Unternehmen war für ihn immer unmenschlich. »Lieber Mischa«, hatte ich dann immer entgegnet, »ich bin zwar nur Mittelständler, aber wenn es dem Land und den Leuten gutgehen soll, dann muss es auch den großen Firmen gutgehen. Das war in der DDR nicht anders. Auch die Kombinate mussten laufen, besonders gern mit Aufträgen aus dem Westen und Devisen als Bezahlung.« Er fand trotzdem, dass es besser sei, wenn der Staat die großen Unternehmen betreibt. Ich sah das völlig anders. Und dann kamen unsere Frauen und meinten, wir sollten aufhören, sonst würden wir uns noch die Köpfe einschlagen. Dabei hatten wir uns nur sportlich unterhalten.

Mischa hatte ein paar Windungen mehr im Hirn als normale Menschen, aber er war auch ein Genießertyp. Gut essen, gut trinken, tolle Stimmung, da war er immer dabei. Was den Wodka anbelangte, war er mir allerdings haushoch überlegen. Da hatte er die russische Schule genossen.

Gemeinsam regten wir uns immer über die Unredlichkeit mancher Westdeutscher auf. Als die Mauer noch stand, haben viele Bonner Politiker den Honecker und die anderen hofiert, haben freundliche Briefe geschrieben, Einladungen ausgesprochen und Milliardenkredite eingefädelt. Kaum fiel die Mauer, waren die gleichen Leute allesamt Verbrecher. Viele DDR-Bürger hätten nach der Wende eine Chance verdient: Unternehmer, Wissenschaftler, Kreative. Da war sehr viel Potenzial. Aber wir haben nur unser Geld ausgeschüttet und alles, was nach DDR aussah, zu verschenken versucht. Und manch einer hat einfach nur den Triumph des Siegers genossen. Damit haben wir sehr viel dessen verhindert, was nach 1989 möglich gewesen wäre.

Ich habe mich mit Markus Wolf durchaus kritisch über die DDR unterhalten, auch über den Schießbefehl an der Mauer. Natürlich war diese Praxis unmenschlich, aber Wolf hat gesagt: Die Leute wussten, dass geschossen wird. Die wussten, dass sie ihr Leben aufs Spiel setzen. Wer dennoch versucht hat zu fliehen, dem war klar, welches Risiko er eingeht. Ich will die Mauer auf gar keinen Fall rechtfertigen oder erklären. Aber manche Menschen stellen sich nach der Wende einfach naiver an, als sie sind. Das hilft der Debatte nicht.

Wir müssen uns offen und ehrlich unsere Geschichte erzählen, ohne die ständigen Klischees von Gut und Böse. In diesen getrennten Deutschlands sind so viele Wunden geschlagen worden, dass eine wirkliche Einheit wohl noch zwei Generationen dauert. Wunden müssen verheilen und vernarben. Das braucht Zeit. Wir sollten uns diese Zeit auch nehmen. Es gibt noch so viel zu verarbeiten. Und fast alle Geschichten sind komplexer und anspruchsvoller als die, welche uns die PDS auftischt.

Markus Wolf starb 2006, ausgerechnet am 9. November, dem 17. Jahrestag des Mauerfalls. Er ist friedlich eingeschlafen, mitten in der Nacht. Sein Herz hat einfach aufgehört zu schlagen. Zur Beisetzung am 25. November 2006 hielt der Botschafter der Russischen Konföderation, Wladimir Kotenew, eine sehr schöne Ansprache:

»Liebe Freunde,
es fällt mir schwer, die richtigen Worte zu finden, um den Hinterbliebenen Trost zu spenden und den großartigen Menschen genug zu würdigen, von dem wir heute Ab-

schied nehmen müssen. Deutschland hat einen seiner bedeutenden Söhne und Russland einen seiner besten Freunde in Deutschland verloren. Und das ist bitter.

Sohn eines bekannten Antifaschisten, hat auch er sein Leben dem Kampf gegen Nazismus und Kriegsgefahr gewidmet. Für Generationen war Markus Wolf ein Begriff. Viele bewunderten seine Intelligenz und Wärme, Effizienz und Weitsicht. Nicht wenige beneideten ihn. Manche versuchten, aus ihm eine dunkle Figur zu machen. Für mich war er vor allem der Inbegriff eines Mannes, bei dem Wort und Tat nie auseinander gingen. Der auch in seinen schwersten Stunden den Glauben an seine Ideale nicht verlor. Und für den Freundschaft und Treue niemals leere Begriffe waren. Für viele Menschen in meinem Land war Mischa Wolf ein wahrer Kenner Russlands. Er hat nicht nur stets mit seinen exzellenten Russischkenntnissen verblüfft, die jedem Muttersprachler zur Ehre gereichen würden. Er, der sich selbst gerne als Kind des Arbat bezeichnete, kannte das Gassengewirr dieses altehrwürdigen Moskauer Viertels, wo er groß geworden war, genauso in- und auswendig wie die Geheimnisse der russischen Küche, über die er ein brillantes Buch schrieb.

Sein kritischer Geist stellte viele unbequeme Fragen. Aber in Bezug auf Russland hat er nie den Rahmen der freundschaftlichen, sympathisierenden Kritik gesprengt. Deswegen erinnern sich heute so viele Menschen in meinem Land an ihn. Einer von ihnen, Jewgeni Primakow, erzählt: ›Anfang 1996 saßen wir mit Mischa spätabends in meinem Büro, damals des Direktors des russischen Aufklärungsdienstes, bei einem guten Essen und einem Glas

Wodka. Da klingelte das Telefon und Präsident Jelzin bestand aufs Neue darauf, dass ich ins Auswärtige Amt als Minister wechseln musste. Ich wurde wieder unschlüssig. Aber Mischa meinte: Du musst das machen. Denn du hast nicht nur die notwendige Erfahrung, sondern bist auch auf entscheidende Weise informiert.‹

Er lebte im Schlaf ab. Es gibt einen Volksglauben in Russland. Und Markus Wolf als Landeskenner würde das bestätigen: Nur die, die reinen Herzens sind, verabschieden sich so aus dem Leben. Freunde sterben nie. Und Markus Wolf wird auch immer in unserem Herzen weiterleben. Trotzdem werden wir ihn alle sehr vermissen.«

Obgleich Claudia nur seine Stieftochter war, hatten die beiden durchaus Ähnlichkeiten: den Charme, die Intelligenz, die positive Einstellung zum Leben.

Claudia gab mir die Kraft und die Sicherheit, das Abenteuer USA zu wagen. Unser Erfolg in New York hatte mich angestachelt. Ich wollte Wall auf dem größten Werbemarkt der Welt etablieren. Ich wollte mich mit den ganz Großen des Gewerbes messen und in amerikanischen Städten landen. Daniel hatte ich ausersehen, diesen schwierigen Job zu übernehmen.

Ich war immer sehr kritisch als Vater, manchmal bestimmt zu kritisch und zu wenig liebevoll. Daniel hatte es nie leicht, und es spricht für ihn, dass er mich so unbeschadet überstanden hat. Was wäre gewesen, wenn er zerbrochen wäre oder einfach abgehauen? Dann gäbe es die Firma nicht. Manchmal lebt man mit hohem Risiko und merkt es erst hinterher.

Daniel ist mein ganz großer Stolz, auch wenn ich das hin und wieder zu sehr verberge. Es ist toll, wie mein Sohn sich hochgearbeitet hat. Er kann anpacken, er kann denken, er kann entscheiden. Mit 17 hat er seine Lehre im Unternehmen gemacht, er hat Berlin von der ersten Stunde an mit aufgebaut, er hat die Entwicklung unserer revolutionären City-Toilette geleitet. Ich habe Daniel sehr viel zu verdanken. Er hat das neue Werk in Velten aufgebaut, er hat die Firma groß gemacht, er hat vieles von dem in Ordnung gebracht, was ich im Lauf eines Unternehmerlebens angestellt habe.

Ich habe ihn nie geschont, sondern oftmals terrorisiert mit meinen Ideen und Vorstellungen. Er hätte einige gute Gründe gehabt, mich abgrundtief zu hassen. Ich war häufig sehr grimmig. Mit der Entscheidung, ihn in die USA zu schicken, habe ich ihn unmenschlich unter Druck gesetzt. Denn Daniel war strikt dagegen. Er hielt es für Quatsch, als Zwerg auf den riesigen amerikanischen Markt zu gehen, den wir gar nicht kannten. Aber ich habe ihn regelrecht gezwungen. Ich habe ihn provoziert, gedrängt und beschimpft, bis er endlich nachgab.

Natürlich war auch Roland von zur Mühlen gegen das Abenteuer Amerika. Die beiden hatten ja auch Recht. Als schwäbischer Mittelständler im Mutterland der Werbung Geld mit Werbung verdienen zu wollen, schien betriebswirtschaftlich nicht sehr vernünftig. Aber genau das war die Botschaft, die ich in die Welt bringen wollte: Wall geht nach Amerika. Die trauen sich das. Die schaffen das.

Und so war es auch. Wir haben bewiesen, dass die Qualität unserer Produkte absolut konkurrenzfähig ist. Wir konnten im Konzert der großen Wölfe mitheulen. Nichts anderes wollte ich mir und dem Rest der Welt beweisen. Natürlich war das Engagement in den USA kostspielig. Aber es hat sich dennoch gelohnt. Außerdem sind Claudia und ich uns auf der USA-Reise im Dienste der Firma nähergekommen. Allein das war unbezahlbar.

Das Geld, das wir in den USA gelassen haben, hätten wir in Europa sehr viel sinnvoller investieren können. Da hat Daniel Recht gehabt. Aber Hans Wall wollte nun mal im größten Werbemarkt der Welt vertreten sein. Das war mein Ehrgeiz. Und Daniel hat immerhin sein Englisch perfektioniert.

Ich bin mir sicher, dass er mich bis heute manchmal höchst seltsam findet und bisweilen vielleicht auch für durchgeknallt hält. Aber er steht zu mir. Er ist loyal. Er hat Charakter. Daniel ist ein unglaublich feiner Kerl, der einen großartigen Weg hingelegt hat. Ich liebe ihn.

In Boston haben wir dann tatsächlich gezeigt, was wir können: eine komplette Stadtmöblierung über 20 Jahre, alles aus einer Hand, aus einem Guss, perfekt integriert ins Stadtbild, eher europäisch dezent als amerikanisch aggressiv – das war unser Auftritt in Boston.

Unser Top-Designer Josef Paul Kleihues war in den USA ein bekannter Mann. Er hatte das Museum for Contemporary Art in Chicago erbaut. Kleihues entwarf für die Ostküstenmetropole die Serie »Streetline«. Basis der Stadtmöbellinie ist eine stromlinienförmige geometrische Figur, das sogenannte sphärische Dreieck – eine Konfiguration, in der alle Elemente untereinander und mit ihrer Umwelt harmonieren.

Wir gewannen mit »Streetline« nicht nur die Ausschreibung, sondern auch den Good Design Award des Chicago Athenaeum. Die Stadtmöbel tragen dazu bei, dass die Stadt ihrem Ruf als weltoffene, bürgernahe Metropole auch im öffentlichen Raum gerecht wird. Zusätzlich arbeiteten wir für Boston ein detailliertes Dienstleistungspaket aus. Wir investierten zunächst 30 Millionen Dollar und erwarteten für den Vertragszeitraum Werbeerlöse in Höhe von 200 Millionen Dollar.

Die ganz Großen im Werbebusiness staunten nur und sagten: »Hoppla, wer ist denn dieser Frechdachs aus Germany, mit eigenem Produktionswerk und eigener Entwicklungsabteilung?« Wir setzten uns gegen den amerikanischen Mitbewerber Clear Channel Communications (Umsatz sieben Milliarden Euro) und Decaux (eine Milliarde Euro) durch.

Ich erinnere mich noch, wie der Bürgermeister sagte, dass Walls Produkte an das alte Boston erinnerten. Diese Wertschätzung hat mir viel bedeutet. Endlich kapierte mal ein Politiker, was wir da eigentlich machten. Das war der höchste Orden, die höchste Auszeichnung, die ich als Unternehmer bekommen habe. Ökonomisch waren die USA kein großer Erfolg, das stimmt. Aber für mein Herz war es eine extrem wichtige Zeit. Da sind Daniel und ich eben doch sehr verschieden.

Boston war hart für Daniel. Er hat gemeckert, seine Frau hat gemeckert. Und sie hatten Recht. Schon nach einer Woche kam die erste Mail, dass es keine Baugenehmigung für unsere City-Toilette gab. Später mussten wir sogar vor Gericht eine Toilette aufbauen, als eine Art Beweisaufnahme. Deren Argument: Nach den Vorschriften in den USA darf eine behindertengerechte Toilette nur von einer Seite anfahrbar sein. Unsere war aber von beiden Seiten anzufahren. Wer sich je über deutsche Gerichte aufgeregt hat, muss nur einmal in den USA prozessieren. Wir haben Einspruch um Einspruch erhoben. Dann ging es um die Fristen.

Und dann haben sich alle das Patent angeguckt und plötzlich festgestellt, dass es ja viel besser ist, wenn man die Toilette von beiden Seiten anfahren kann. Die Uhr tickte erbarmungslos. Alles stand auf der Kippe. Wir hatten schon 30 Millionen investiert. In Deutschland hätten wir maximal die Hälfte gebraucht. Alles dauerte ewig, dafür kamen keine Einnahmen. Es war eine extrem schwere Zeit für uns, vor allem für Daniel. Immerhin: Mit der Eröffnung unserer Niederlassung in Boston 2001 war auch der amerikanische Kontinent besetzt.

Unsere Expansion über die deutschen Grenzen hinweg hatte 1988 in den Niederlanden begonnen, in Arnheim. In Amsterdam gründeten wir unser erstes Tochterunternehmen. Sogar unser Slogan »Für Städte. Für Menschen« wurde in den Niederlanden übernommen: »Voor Steden, voor Mensen« heißt es dort. Es folgten Russland und die Türkei, Ungarn, Slowenien, Rumänien und Bulgarien.

In der Türkei etwa haben wir innerhalb von drei Jahren 800 Wartehallen, 330 Stadtinformationsanlagen, 50 Plakatsäulen und drei Toiletten aufgebaut. Wir beschäftigten in Istanbul 40 Mitarbeiter und wurden dank unseres Konzepts in kurzer Zeit zur erfolgreichsten Außenwerbungsfirma.

Wall Slowenia, gegründet im März 2001, gewann mit der eigens von Architekt Jurij Kobe entworfenen Stadtmöbellinie die internationale Ausschreibung für Ljubljana.

20 000 Stadtmöbel aus unserer Hand prägen fast 60 Städte in sieben Ländern auf drei Kontinenten. Allein in Deutschland kümmern wir uns um vier Flughäfen, 40 Einkaufszentren und den größten Bahnhof Deutschlands in Leipzig. Jede Sekunde werden unsere Plakate gesehen, jede Minute wird eine Zeitung an einem unserer Kioskgeschäfte gekauft, zehnmal stündlich unsere City-Toilette Unter den Linden in Berlin benutzt, von insgesamt über 20 000 Menschen im Jahr.

1998 haben wir die Wall GmbH in eine Aktiengesellschaft umgewandelt. Das war ein gewaltiger Schritt. Das Aktienrecht erlegt Unternehmen deutlich strengere Regeln auf. Hart sind nicht nur die Bilanzierungsregeln, sondern auch die Offenlegung der Ergebnisse. Aber ich betrachtete die neue Gesellschaftsform als Trainingslager für mich und meine Mitarbeiter. Ich wollte mich, das ganze Unternehmen unter Druck setzen und schauen, wozu wir in der Lage waren. Ich wollte Glasnost, größtmögliche Transparenz und Klarheit, für uns selbst, unsere Kunden, mögliche Interessenten. Wenn wir im Konzert der Großen mitspielen wollten, dann mussten wir auch die Regeln professioneller Führung beherrschen. An der Börse war gut jenes Kapital einzusammeln, das wir für unsere Investitionen brauchten. Außerdem sorgt eine AG bei Bürgermeistern und anderen Würdenträgern für deutlich mehr Respekt.

Trotz aller Erfolge sind wir international immer ein kleines Unternehmen geblieben. Zugleich waren wir aber auch individueller als die große Konkurrenz, die viel von der Stange verkauft hat. Wachstum war dennoch immer eine unserer wichtigsten Unternehmensstrategien. Wer groß genug ist, den kann man nicht so leicht schlucken.

Das Wachstum wurde uns jedoch gerade auf unserem Heimatmarkt unendlich schwergemacht. Die Deutsche Städte-Reklame verteidigte ihr Quasimonopol mit Mitteln, die nicht immer fair waren. Überall dort, wo ein gesunder Wettbewerb herrschte, waren wir vorn mit dabei, weil unsere Produkte einfach gut sind. Dieser Wettbewerb kam nur sehr mühsam nach Deutschland. Wenn man aber im eigenen Land nicht Champion werden kann, fehlen die Muskeln, um im Ausland mitzuspielen.

So führte das Monopol der Deutschen Städte-Reklame am Ende dazu, den französischen Konkurrenten immer stärker zu machen. Es ist doch aberwitzig: Über 7000 Kilometer von Deutschland entfernt setzt Wall sich gegen Milliardenkonzerne durch, aber in einer deutschen Provinzstadt verhindert der Klüngel jede Modernisierung. Kein Wunder, dass öffentliche Toiletten in vielen deutschen Städten noch so aussehen wie im Mittelalter.

Unternehmer und Politiker, die sich nicht dem Wettbewerb stellen, haben in unserem System eigentlich nichts verloren. Der Wettbewerb von Ideen, von Produkten und Dienstleistungen ist einer der wichtigsten Motoren für Demokratie und ökonomischen Fortschritt. Dazu gehört auch, dass bisweilen mal ein schwächerer Anbieter scheitert. Dafür kommen kreative neue Akteure auf den Markt. Erst wenn wir diesen Mechanismus akzeptieren, können wir entschlossen und gemeinsam in die Zukunft gehen.

Wie geschäftsschädigend Monopole sein können, haben wir in der Schweiz und in Österreich erlebt. In beiden Ländern sind die Machtstrukturen derartig stabil, dass ein Anbieter von außen keine Chance hat. Ausgerechnet die vermeintlich so wirtschaftsliberalen Schweizer haben sich fürchterlich angestellt. Und die Österreicher waren keinen Deut besser. Immerhin hat die EU ab Ende der neunziger Jahre etwas mehr Wettbewerb durchgesetzt. Aber es reicht noch lange nicht.

Zum Glück machte es mir großen Spaß, mich für meine Stadt zu engagieren, mein Berlin. Hier gab es ja jeden Tag etwas zu tun. Ich rettete die Aufführung einer Kinderoper des Komponisten Hans Krása, der das Stück im Konzentrationslager geschrieben hatte. Ich spendete, damit die Berliner Brunnen im Sommer wieder sprudelten, ich sponserte ein Seifenkistenrennen. Immer wenn es um die Belange von Bürgern ging, versuchte ich zu helfen. Ein besonderes Anliegen war mir das Gedenken an Ernst Theodor Amandus Litfaß. Seine Ruhestätte auf dem Dorotheenstädtischen Friedhof richten wir jedes Jahr her, entmoosen die Granitplatte und pflanzen frische Blumen.

Ich hielt mein Engagement für Berlin immer für eine Selbstverständlichkeit. Diese Stadt hatte mir so viel gegeben. Also gab ich zurück, was ich konnte. Es hat mich sehr gefreut, dass meine bescheidene Hilfe nicht ganz unbemerkt blieb. Im Sommer 2000 bekam ich durch den Berliner Wirtschaftsstaatssekretär Volker Liepelt das Bundesverdienstkreuz verliehen. Diese Auszeichnung hat mich sehr, sehr stolz gemacht.

KAPITEL 8

Ein Familienunternehmen
behauptet sich

Deutsche Klassiker statt königliches Porzellan – Skandal um
Michel Friedman – Der Feind im eigenen Unternehmen –
Weihnachtsleuchten für den Ku'damm, sprudelnde Brunnen
für die Stadt – Übernahmeschlachten – Wenn der Sohn das
Steuer übernimmt – Auf der Suche nach neuen Herausforde-
rungen – In Schinkels Fußstapfen: Pläne für die Bauakademie

*»Hans Wall gehört zu den Wegbereitern einer
neuen Unternehmensphilosophie.
Vieles, was er tut, bringt nicht nur der Wall AG
etwas, sondern auch Berlin.«*

KLAUS WOWEREIT

So sehr ich meine Heimatstadt Berlin schätze, so sehr
geht mir auch die Schwerfälligkeit des städtischen Verwal-
tungsapparats auf die Nerven. Wenn wir unser Unternehmen so führen würden, dann könnten wir den Laden sehr
bald schließen. Besonders ärgerlich fand ich die Posse, die
sich zur Millenniumswende rund um den Reichstag ab-
spielte.

Es ist niemandem vorzuwerfen, dass er den Besucher-
andrang unterschätzt hat, der schon bald nach der Eröffnung der Reichstagskuppel einsetzte. Ursprünglich rech-
nete man mit 20 000 Besuchern im Jahr, aber es kamen
zwei Millionen. Die Menschen warteten vorbildlich in
langen Schlangen, zum Teil bis zu fünf Stunden. Man
muss schon ein Harnverhaltungskünstler sein, wenn man
eine solche Wartezeit ohne Blasendruck durchstehen will.
Anstatt aber in der Nähe schnell und unbürokratisch einige Toiletten aufzustellen, wurden immer nur Briefe
geschrieben, zwischen Baustadträten und Politikern und
anderen wichtigen Würdenträgern. Die Wall AG hatte angeboten, die Klos kostenlos zu errichten. Doch es fiel keine Entscheidung. Alle Beteiligten beriefen sich auf ihre
Nichtzuständigkeit. Während die Aktenordner mit der
Behördenkorrespondenz unaufhörlich wuchsen, waren
die Wartenden lange Zeit gezwungen, sich im nahen Tiergarten zu erleichtern.

Es dauerte fünf Jahre, bis endlich Abhilfe geschaffen
wurde. Eine ähnlich traurige Endlosgeschichte wiederholte sich bei der Berliner Museumsinsel. Solche Bege-
benheiten wären zum Lachen, wären sie nicht so typisch
für eine weitverbreitete Scheißegal-Mentalität bei den
Funktionären. Es sind ja weniger die Politiker, die so
träge reagieren, sondern ihre Apparate. Aus Angst, einen
Fehler zu machen, wird gar nichts unternommen.

Wirklich beeindruckend war Gerhard Schröder. Er hatte mich und Daniel nach seinem Wahlsieg 2002 ins Kanz-
leramt eingeladen. Wir erwarteten eine ganze Horde von
Wirtschaftsvertretern, aber es war eine Privataudienz in

seinem Büro. Schröder war unglaublich gut informiert, er kannte sogar unsere Prospekte. Er war erstaunt, dass wir den Bürgermeistern anboten, unsere Wartehallen kostenlos aufzustellen und zu pflegen. Schröder war ein Mann der Wirtschaft, er verstand etwas von Ökonomie und war neugierig.

Ich hatte Schröder ein Jahr zuvor auf einer Reise nach Ljubljana kennengelernt, als ich Vertreter in der Wirtschaftsdelegation war. Wir hätten gern einen Vertrag in Slowenien gemacht, aber Decaux hatte das politische Feld bereits eingehend für sich vorbereitet. Doch Schröder ließ sich nicht beeindrucken. Er stellte mich allen wichtigen Politikern vor und ermutigte mich in ihrem Beisein, doch noch eine Bewerbung einzureichen. Und tatsächlich: Wir haben die Ausschreibung später gewonnen.

Ein anderer wichtiger Politiker war der Oberbürgermeister von Ettlingen, Dr. Erwin Vetter, der spätere Umweltminister des Landes Baden-Württemberg. Er hat uns unglaublich geholfen, einen Kredit für unser erstes Grundstück zu bekommen. Ohne seine Hilfe gäbe es die Wall AG heute nicht.

Mich regt die Haltung mancher Politiker, besser gar nichts als einen Fehler zu machen, schon deswegen auf, weil ich völlig gegensätzlich funktioniere. Ich mag Bewegung, Veränderung, Neues. Gewohnt hellsichtig stellte das *Manager Magazin* fest, dass mich das Tagesgeschäft »bisweilen zu langweilen scheint. Immer wieder sorgt Wall mit eigenwilligen Aktionen für Schlagzeilen.« Stimmt genau. Mich nervt jede Art von Stillstand, ich brauche permanente Bewegung, ob im Unternehmen oder außerhalb.

Was sich nicht von allein bewegt, muss eben bewegt werden. Mal streite ich mich mit dem merkwürdigen Herrn Ohoven, weil er den Bundesverband mittelständischer Unternehmer wie eine Geisel gefangen hält. Dann bewegt mich ein Fall wie der von Thiemo Klein, einem jungen Mann, der von einem Betrunkenen ohne jeden Grund vor die U-Bahn geschubst worden war und beide Beine verloren hatte. Ihm habe ich sofort eine Ausbildungsstelle bei der Wall AG verschafft.

Mir ist auch vor Aktionen nicht bange, die in der Öffentlichkeit vielleicht kritisiert werden könnten. So habe ich den TV-Moderator Michel Friedman in den Aufsichtsrat berufen, obgleich er wegen einer zweifellos peinlichen Enthüllung gesellschaftlich diskreditiert war. Damit habe ich mir jede Menge bitterböser und höchst geschmackloser Briefe eingefangen. Aber ich schätze Friedman als Mensch und Querkopf und finde, dass er trotz seines Fehltritts die Chance zur Rehabilitation verdient hat. Er hat sich für seine Prostituiertengeschichte entschuldigt, er ist mit Rausschmissen und ausführlicher öffentlicher Darstellung genug bestraft worden. Deswegen muss eine solche Sache auch mal erledigt sein.

Fehler gehören zum Leben, niemand weiß das besser als ich. Als Perfektionist sind mir Schnitzer besonders unangenehm, vor allem die gänzlich unerwarteten. Beim Bürgermeister von Kapstadt zum Beispiel leistete ich mir eine besondere Peinlichkeit. Nachdem wir über die Möglichkeiten einer Zusammenarbeit gesprochen hatten, überreichte ich dem Stadtoberhaupt zum Abschied ein weißblaues Päckchen. Darin sollte ein wunderschönes

Brandenburger Tor aus Porzellan stecken, von KPM, als Symbol für die Freiheit aller Menschen. Gespannt packte der Bürgermeister das Geschenk aus. Leider fand er kein edles Porzellan vor, sondern eine CD mit deutschen Klassikern. Wie peinlich. Jemand hatte die Päckchen verwechselt. Ich bin ja selten sprachlos. Aber in diesem Moment war ich einfach nur stumm, vor Schreck und vor Scham. Doch der Südafrikaner lachte herzlich. Und ich war erleichtert. Natürlich haben wir das Porzellan nachgereicht.

In jenem Sommer 2002 machte die Wall AG ihren nächsten großen Schritt. Spandau war zu klein geworden für unser stetig expandierendes Unternehmen. Ich erfüllte mir den Wunsch, mitten ins Herz der Stadt zu ziehen. An der Friedrichstraße, in unmittelbarer Nähe zu all den großen und wichtigen Werbeagenturen, hatte das Architektenbüro Kollhoff ein prächtiges Bürohaus errichtet. Das Erdgeschoss bezog die Sprachenschule Wall Street, wo meine Mitarbeiter für ihre Auslandseinsätze fit gemacht werden sollten. Und zwei Etagen vermietete uns Hans-Olaf Henkel, der Altmeister der Unternehmensführung. Der Regierende Bürgermeister Klaus Wowereit kam zur Eröffnung. Wir genossen den Ausblick von der Dachterrasse über das erblühende Berlin.

Die Geschichte der Wall AG mag manchen Menschen wie eine niemals endende Erfolgsgeschichte erscheinen. Doch wir erleben immer wieder auch schmerzhafte Rückschläge – an denen unser französischer Freund manchmal nicht ganz schuldlos ist. 2001 zum Beispiel hatte Decaux klammheimlich 11,5 Prozent an der Wall AG gekauft. Wie war das möglich? Die Berliner Landesbank war infolge des Bankenskandals in Nöte geraten und verscherbelte ihr Tafelsilber. Decaux erwarb die Wall-Anteile, die der Bank gehörten. Zwei Jahre später besorgte sich Decaux weitere 20 Prozent, die unser britischer Partner Clear Channel International bis zu diesem Zeitpunkt hielt. Nun besaßen die Franzosen ein Drittel jenes Unternehmens, das sie jahrelang so erbittert bekämpft hatten. Klar, dass die Familie aus Paris den Plan hegte, im Lauf der Zeit die Mehrheit und damit die Macht zu übernehmen. Aber uns kriegen sie nicht. Wall bleibt Wall.

Ich frage mich oft, ob unser oftmals knallhartes Wettrennen den beiden Unternehmen eher genützt oder geschadet hat. Haben wir Kapital vernichtet, weil wir oftmals für den gleichen Auftrag jeweils eine eigene Bewerbung abgegeben haben? Oder haben wir unsere Unternehmensgewinne gesteigert, weil uns die Rivalität immer wieder zu Höchstleistungen angespornt hat? Schwer zu sagen. Aber eines steht fest: Die Anwesenheit des anderen hat jeden von uns wach gehalten. Wie Löwenmütter schliefen wir immer mit einem geöffneten Auge. Wir respektierten uns, aber wir trauten uns auch nicht über den Weg.

Ende 2003 zum Beispiel pitchten wir für New York – gemeinsam. Wir als Mittelständler hatten wieder mal das Problem, genügend Kapital aufzubringen, Decaux dagegen brauchte eine vernünftige City-Toilette. Endlich pflegten wir eine faire und vernünftige Partnerschaft, auch wenn unser Kampf um New York nicht von Erfolg gekrönt war. Wir haben uns seither immer wieder voneinander angezogen gefühlt und waren dann doch wieder abgestoßen. Unsere Kulturen unterscheiden sich eben fundamental. Die Wall-Vision lautet: Wir sind ein Familienunternehmen, das dauerhaft nach Verbesserungen strebt. Die Marschrichtung von Decaux ist sehr viel brachialer auf Umsatz, Gewinn und Marktanteile ausgerichtet. Das ist ein massiver Unterschied: Wir wollen besser werden, die anderen reicher. Solche Vorgaben von oben erzeugen ganz unterschiedliche Firmenkulturen. Deswegen werden wir wohl immer nur für Projekte, aber nie dauerhaft zusammenkommen.

Viele Menschen meinen, ich sei ein mutiger Typ, weil ich immer so furchtlos auf Menschen zugehe und meine Ziele verfolge oder bei Bankern ganz frech um mehr Kredit bitte. Was wie Heldenmut aussieht, ist jedoch ziemlich genau das Gegenteil. Ich bin ein ängstlicher Mensch. Meine offensive Art ist eher eine Verteidigungsmethode, mit der ich verhindern will, dass andere auf mich zukommen. Roland von zur Mühlen erzählt besonders gern von unserer Afrika-Safari, wenn er meine tatsächliche Hasenfüßigkeit illustrieren will. Mit Daniel waren wir im Mala Mala Camp in der Gegend vom Krüger-Nationalpark. Wir saßen auf dem Jeep und hielten Ausschau. Kaum tauchte ein Elefant auf oder ein Löwe, war ich der Erste, der unter den Bänken verschwunden war. Ich würde es nicht direkt ängstlich nennen, eher vorsichtig. Die anderen haben sich jedenfalls schlapp gelacht.

Zum 20. Geburtstag der Wall AG waren wir stärker denn je. Das hatten wir auch dieser Stadt zu verdanken, und den verrückten, verstockten und sympathischen Bewohnern der Hauptstadt. Als Geschenk an die Berliner hatte ich mir etwas ganz Besonderes ausgedacht. Obwohl wir im Sommer feierten, unterschrieb ich mit dem Charlottenburger Baustadtrat Klaus-Dieter Gröhler den Vertrag über die Weihnachtsbeleuchtung am Ku'damm. 300 000 Euro spendieren wir seither jedes Jahr, damit Berlins berühmteste Straße in der Adventszeit heller strahlt als die Fifth Avenue in New York.

Die Feierlaune war trotz aller Erfolge getrübt. Denn wenige Tage zuvor war mein Freund Josef Paul Kleihues verstorben, der wunderbare Architekt, mit dem wir so viele schöne und kluge Produkte entwickelt hatten. Einer unserer größten Erfolge war der »Breaking Barriers Award«, mit dem 2001 unsere behindertengerechte City-Toilette »Streetline« ausgezeichnet worden war. Die Europäische Kommission vergibt den Preis nicht nur für außergewöhnliches Design, sondern auch für soziale Unternehmensverantwortung. In der Jury sitzen die besten Designfachleute des Kontinents, und wir hatten uns europaweit gegen Unternehmen wie Siemens, IBM, Fiat und die Deutsche Bahn durchgesetzt. Diese Auszeichnung haben wir der Arbeit von Professor Kleihues zu verdanken.

Kleihues war ein echter Freund. Er war nicht nur ein toller Architekt, sondern auch ein exzellenter Designer, obendrein ein sehr angenehmer und respektvoller Gesprächspartner. Sehr bescheiden, aber auch sehr klug. Ich vermisse ihn sehr.

Natürlich gibt es immer wieder Versuche der Großen, uns zu schlucken. Wir seien zu klein, heißt das stetig wiederholte und dennoch falsche Mantra der sogenannten Experten. Ich kann mich noch gut an die Zeiten erinnern, als die Daimler-Benz AG zum Global Player aufsteigen

wollte und überall in der Welt Automobilkonzerne zusammenkaufte. Nur Größe kann überleben, hieß es damals allenthalben. Kleine, feine Unternehmen wie Porsche
dagegen hätten keinerlei Chancen auf dem Weltmarkt.

So entstand DaimlerChrysler und damit eines der
größten Kapitalvernichtungsprogramme in der jüngeren
deutschen Wirtschaftsgeschichte. Porsche hingegen, die
angeblich nicht überlebensfähige Autoschmiede, steigerte
ihren Unternehmenswert um ein Vielfaches und vergrö-
ßerte ihren Einfluss bei VW beharrlich. Das Geschwätz
sogenannter Experten kann mir gestohlen bleiben. Wall
bleibt ein Familienunternehmen. Wir gehen unseren Weg.
Und der führt immer nur in eine Richtung: Wir wollen die
Innovativsten und qualitativ Hochwertigsten sein und uns
niemals auf Erreichtem ausruhen. Wir haben zehn Ordner
voll mit Patent-, Gebrauchsmuster- und Geschmacksmus-
terschriften.

Dynamik ist das Geheimnis jeder funktionierenden
Wirtschaft und Gesellschaft. Stillstand und Verfilzungen
dagegen führen nie zu wirtschaftlichem Erfolg, wie das
Beispiel der Deutschen Städte-Medien (DSM), vormals
Deutsche Städte-Reklame, in Frankfurt zeigte. Obgleich es
wirklich schwierig ist, ein solches Unternehmen in den
Abgrund zu steuern, war es den Frankfurter Funktionären
virtuos gelungen. Weil die Eigenkapitaldecke bedenklich
dünn geworden war, standen 2003 insgesamt 100 000 Pla-
kat- und 10 000 weitere Werbeflächen in 28 deutschen
Städten zum Verkauf, die meisten davon in München,
Frankfurt und Essen. Für uns wäre eine Fusion mit der
DSM ein gewaltiger Schritt nach vorn gewesen. Wir hätten

ohne Ende investieren müssen, um den altbackenen Laden zu modernisieren. Die DSM war vielleicht 50 Millionen Euro wert, aber wir haben 100 geboten. Als die Mitbewerber aus Amerika 130 Millionen auf den Tisch legten, haben wir noch einmal 100 draufgelegt: 200 Millionen für eine Investitionsruine, das war wirklich eine stolze Offerte.

Doch dann kam dieser Plakatierer Ströer aus Köln, dem es wirtschaftlich nicht gutging, und überbot uns. Mit Verlaub, aber dieser Deal ging nicht ganz mit rechten Dingen zu. Da haben Beratungsfirmen mitgekungelt, in denen ehemalige Politiker ihr Unwesen trieben, da waren dollarschwere Investoren im Spiel, da mussten Kreditlinien mit aller Kraft gedehnt werden.

Ich kann durchaus verlieren. Den Umgang mit Niederlagen lernt man in unserem Geschäft ganz automatisch. Es ist aber nicht die Niederlage, die mich ärgert, sondern ungleiche Startbedingungen. Wenn ein Mittelständler, der um jeden Cent Kredit ringen muss, zum Beispiel gegen einen Mitbewerber antritt, der durch seine Kontakte zu Politik und Wirtschaft, deren Ziele ganz andere sind, das Geld in nahezu beliebiger Menge hinterhergeworfen bekommt, dann sind die Chancen eben unfair verteilt.

Was zählt Tradition, was bedeutet die Qualität von Arbeitsplätzen, was ist eine seriöse Unternehmensführung wert, wenn sie nicht belohnt, sondern bestraft wird? Was hat eine Stadt davon, wenn sie am Anfang ein paar Millionen mehr ergattert, aber dafür der öffentliche Raum verkommt, Menschen ihre ordentliche Arbeit verlieren? Wenn überall nach Kräften getrickst und getäuscht wird, auf Kosten der einfachen Bürger? Wo kommen wir hin, wenn das schnelle Geld regiert und nicht die nachhaltige Investition?

Im Kampf um die DSM bekam also Ströer den Zuschlag. Die an der DSM beteiligten 28 Stadtverwaltungen strichen einen hübschen Gewinn ein. Ich bin mir allerdings nicht sicher, ob dieser Deal wirklich im Sinne der Bürger war. Ein halbwegs aussichtsreiches Unternehmen war verschwunden, statt Steuereinnahmen wurden Verluste abgeschrieben. Kaum ein Jahr später rutschte Ströer in die roten Zahlen und wies ein Millionendefizit aus.

Was mich aufregt, ist der Umstand, dass ein von Politikern mitkontrolliertes Kreditinstitut wie die Kölner Sparkasse einen Kredit für den Kauf der DSM einräumte, eine Summe, die ich als Mittelständler wohl nie gewährt bekommen hätte. Wie die Finanzkrise des Jahres 2008 wieder einmal bestätigt hat, gilt immer und überall das Gesetz der großen Zahl. Je gewaltiger eine Investition ist, desto eher sind Politik und Finanzmarkt bereit, etwaige Schieflagen auszubügeln. Wer dagegen vorsichtig und verantwortungsvoll agiert, muss immer damit rechnen, im Fall einer Unpässlichkeit sein Unternehmen zu verlieren.

Fairer Wettbewerb bedeutet eben auch, dass die Voraussetzungen für alle Marktteilnehmer halbwegs gleich sind. Mit unbegrenzten Kreditlinien und einem mächtigen Unterstützerkreis kann jeder Trottel haushalten. Ein Resultat solcher Verflechtungen ist meist der Abbau von Arbeitsplätzen. Kaum hatte Ströer die DSM übernommen, wurde bekannt, dass von 900 DSM-Mitarbeitern über ein Drittel entlassen oder umgesetzt werden würde.

Während wir mit Decaux eine nahezu sportliche Rivalität pflegten, spielte Ströer von Anfang an gern mal härter. Mal bekamen wir eine Klage ins Haus, dass wir uns nicht länger als die »Nummer eins der Stadtmöblierung« bezeichnen durften, mal wurde uns untersagt, mit dem Prädikat »weltweit tätig« zu werben. Doch Manager, die vor allem mit fremdem Geld um sich werfen, und ihre geschniegelten Juristen haben mich noch nie beeindruckt. Wer einen Finanzinvestor im Haus hat, ist in seinen unternehmerischen Entscheidungen ebenso wenig frei wie derjenige, den Schulden drücken. Ströer hatte damals beide Probleme auf einmal.

Mitarbeiter, die den Sprung von Ströer zu Wall geschafft haben, sind sehr erfreut über unsere soziale Art des Umgangs. Ich bin froh, dass wir bei Wall eine ganz klare Qualitätsstrategie fahren, auf allen Ebenen.

Zum Glück hat sich die Stimmung in Deutschland zuletzt auch wieder gedreht. Manager, die Unternehmen nur auspressen, ohne in die Zukunft zu investieren, sind zu Recht in Verruf geraten. Wobei uns solche Mitbewerber nur recht sein können. Sie investieren nicht in ihre Städte. Und bei der nächsten Ausschreibung kommen die Guten zum Zug. Einen einzigen Vorteil immerhin hatte die Rivalität zu Ströer. Wir haben uns eine heiße Schlacht darum geliefert, wer mehr Brunnen in Berlin sponsert. Viele der fast 300 öffentlichen Brunnen waren jahrelang wegen Geldmangels stillgelegt worden. Wall hat sich zuerst dafür engagiert, später hat Ströer nachgezogen.

Dass diese Kölner Konkurrenten allerdings mitunter den Schwanz einziehen, wenn es um große Deals geht,

mehrt ihr Ansehen nicht unbedingt. Was haben wir gelacht, als sich Ströer ganz leise aus dem Bieterwettkampf
für die Außenwerbetochter der Berliner Verkehrsbetriebe,
VVR Berek, zurückgezogen hat. Unsere Vermutung: Offenbar war die Kreditlinie erschöpft. Nur Decaux und
Wall waren noch im Rennen, vielleicht dem härtesten, das
wir uns je geliefert haben. Experten schätzten den Preis für
die Litfaßsäulen, Plakatflächen und Buswartehallen der
Berliner Verkehrsbetriebe auf 30, maximal 50 Millionen
Euro. Aber wieder einmal ging es weniger um realen Wert
als vielmehr um einen strategisch bedeutsamen Kauf.
Wieder ging es um Berlin.

An den grausamen Tag, als über den Verkauf der VVR
entschieden wurde, erinnere ich mich, als sei es gestern
gewesen. Ich saß mit meinen engsten Mitarbeitern auf einer kunstledernen roten Couch in unserem Stammlokal,
dem »Malete« an der Ecke Chausseestraße/Hannoversche
Straße, gleich gegenüber von unserem Firmensitz. Wir
waren nicht ganz sicher, dass wir den Zuschlag bekommen
würden, aber doch einigermaßen zuversichtlich. Konnte
ein solches Geschäft tatsächlich an Wall vorbeigehen?
Schließlich hatten wir in den 22 Jahren unserer Berliner
Existenz einen guten Job gemacht, wir hatten Arbeitsplätze geschaffen, wir zahlten Steuern, und ich spendete, wo
ich konnte.

Aus zweierlei Gründen war ich dennoch skeptisch.
Zum einen mühte ich mich, niemals völlige Zuversicht zu
empfinden. Denn wer sich zu sicher fühlt, wird selbstge-
recht und nachlässig. So beginnen Abstiege. Und Decaux
war ein mit allen Wassern gewaschener Rivale. Zum ande-

ren war mir klar, dass der Berliner Finanzsenator Thilo Sarrazin ein unberechenbarer Querkopf war, von preußischer Prinzipientreue zwar, aber eben deswegen auch kein Lokalpatriot. Er hielt sich buchstabengenau an Gesetze und war bemüht, jeden Anschein von mangelnder Fairness im Vergabeverfahren zu zerstreuen. Paradox, aber wahr: Um dem geringsten Verdacht auf Verfilzung zu entgehen, würde einer wie Sarrazin dem Berliner Lokalmatadoren demonstrativ den Zuschlag verweigern.

Unser Standort bedeutete also keinen Vorteil. Decaux hatte bis zur letzten Minute versucht, uns im Unklaren zu lassen. Fairer Wettbewerb ist zwar anstrengend, nützt am Ende aber allen Beteiligten am meisten. Im Malete gingen wir alle Argumente und deren Varianten noch einmal durch. Wie in den Monaten zuvor wälzten wir das Für und Wider. Die Sekunden vergingen wie in Zeitlupe.

Da klingelte plötzlich das Telefon. Andreas Sturmowski war in der Leitung, der Vorstandsvorsitzende der BVG. Er war sichtlich bewegt, konnte mir aber nichts anderes mitteilen, als dass Wall die Ausschreibung verloren hatte. Der Franzose sollte die VVR bekommen. »Tut mir wirklich leid, Herr Wall«, sagte Sturmowski noch. Ich schwieg. Ich war fassungslos, wie versteinert. Wut, Trauer und Verständnislosigkeit wechselten sich ab. Es tat weh, überall.

Sie hatten es tatsächlich getan. Ausgerechnet ein Wirtschaftssenator von der Linkspartei, die sich so viel auf ihre soziale Gesinnung einbildet, ausgerechnet ein Finanzsenator von der SPD, die sich angeblich so sehr um Arbeitnehmerbelange kümmert, hatten sich gegen mein Unternehmen entschieden. Beim Geld sind sie eben doch alle gleich.

Decaux hatte 103 Millionen Euro geboten, über 30 Millionen mehr als wir. Der Preis war durch nichts gerechtfertigt außer dem Bestreben, uns auszustechen. Der Franzose wusste genau, wo er uns am empfindlichsten treffen konnte, nämlich auf unserem eigenen Spielfeld: Berlin.

Ich war traurig, wütend, vor allem aber fühlte ich mich ungerecht behandelt. Ich halte es nach wie vor für einen Skandal, dass die Stadt mit ihren eigenen Unternehmen derart rücksichtslos umgeht. In einer ersten Aufwallung überlegte ich ernsthaft, unsere Produktion, das gesamte Unternehmen nach Hamburg zu verlegen. Ich war fertig mit Berlin.

Nach ein paar Tagen siegte dann doch die Vernunft. Wollte ich meinen Mitarbeitern einen Umzug zumuten? Wollte ich nach Hamburg gehen, ohne sicher sein zu können, die Ausschreibung dort zu gewinnen? Wollte ich, der Kämpfer, wie eine beleidigte Leberwurst dastehen? Zumal Wirtschaftssenator Wolf und der Regierende Bürgermeister sich plötzlich rührend um mich kümmerten. Ich kann ja verstehen, dass jede Million zählt, wenn der Haushalt der Stadt am Boden liegt. Außerdem erreichten mich Hunderte Anrufe und Briefe von Bürgern, die mich inständig baten, doch bitte in der Hauptstadt zu bleiben.

Es bleibt dennoch dabei: Dieses Votum hat mir einen tiefen Stich versetzt. Ich kann mir kaum vorstellen, dass Werbeflächen in Paris jemals an Wall verkauft werden würden.

Natürlich lockte das schnelle Geld. Aber andererseits wurde Wall geschwächt. Die VVR besaß für Decaux ein hohes strategisches Erpressungspotenzial. Kaum war die

Entscheidung gefallen, tönte unser französischer Freund auch schon, er wolle Wall nun alsbald ganz übernehmen. Für die Berliner Politik stellte sich sehr rasch die Frage, ob man sich langfristig nicht verrechnet hatte und ein gutes Unternehmen ruinierte, um ein weniger gutes zu bekommen.

Der gescheiterte VVR-Deal hatte mir zugesetzt. Wie gern hätte ich meinen Posten als Vorstandsvorsitzender mit diesem Erfolg gekrönt. Andererseits fiel es mir so Ende 2006 umso leichter, mich aus dem operativen Geschäft zurückzuziehen. Daniel kümmert sich seither fast allein um die Fortentwicklung des Geschäfts. Er ist ein Technikfreak, und das ist auch gut so. Ob wir die ersten Internetzugänge in die Stadt stellten, ob wir Buswartehallen mit Solarzellen ausrüsteten, ob unser Toilettenwartungsdienst über Computerverbindungen blitzschnell zum nächsten Einsatzort dirigiert werden kann – immer steckt der Tüftler Daniel dahinter. Für die kommenden Jahre hat er sich ein paar ganz neue und einzigartige Serviceleistungen ausgedacht, die unsere geschätzten Konkurrenten mal wieder alt aussehen lassen werden. Aber darüber darf ich leider nicht reden.

Am 1. Januar 2007 war es schließlich so weit. Ich übergab die Führung der Wall AG an Daniel und zog mich auf den Posten des Aufsichtsratsvorsitzenden zurück. Arglistige Zeitgenossen verbreiteten, ich würde mich nach wie vor in die Geschicke des Unternehmens einmischen. Das stimmte. Es war eben nicht ganz leicht, vom einen auf den anderen Tag all das an den Nagel zu hängen, was im letzten Vierteljahrhundert mein Leben gewesen war. Natürlich bildete ich mir ein, dass ich meinem Sohn noch helfen, ihn vor Fehlern bewahren und ihm mit meiner Erfahrung zur Seite stehen müsste. Es spricht für Daniel, dass er meine Anwesenheit stoisch ertrug.

Unsere Rollen sind heute klar verteilt: Er hält mich für den verrückten Alten, und er wird für mich ewig der Grünschnabel bleiben. Angesichts der vielen Probleme, die andere Familien bei der Übergabe an die nächste Generation erleben, haben wir den Wechsel vergleichsweise harmonisch hinbekommen. Nur selten wird es wirklich mal laut zwischen uns. Wir sind ein gutes Team.

Quasi als erste Amtshandlung hatte Daniel noch einmal versucht, mit der Familie Decaux zu kooperieren. Sein Plan war richtig. Eine strategische Zusammenarbeit mit Decaux war vernünftig. Wall und Decaux, das ist eine Geschichte von Rivalität, von Beharrlichkeit, von gepflegter Abneigung, aber eben auch von stiller Bewunderung auf beiden Seiten. Decaux verkaufte uns tatsächlich die VVR, um die wir uns ein Jahr zuvor noch so erbittert gebalgt hatten, und das Düsseldorfer Unternehmen Zacharias. Im Gegenzug traten wir unsere Töchter in den Niederlanden und in Russland ab – ein teurer Spaß, wobei bis heute noch nicht ganz klar ist, für wen. Mit unserem französischen Freund versuchten wir eine Kooperation, denn gemeinsam verfügten wir über ein attraktives und internationales Angebot an Werbeflächen. Durch eine gemeinsame Vermarktungsgesellschaft hätten wir unsere Ressourcen noch weiter bündeln können, zum beiderseitigen Nutzen. Doch Decaux wollte mit uns nicht auf Augenhöhe zusammenarbeiten, sondern die Mehrheit haben. Das konnten wir nicht zulassen: Wir wollten gleichberechtigter Partner sein und nicht pausenlos wie ein Übernahmekandidat behandelt werden. Darüber zerbrach unsere Zusammenarbeit nach nur einem Jahr.

Ich hielt mich aus den Geschäften weitgehend heraus. Es war Daniels Sache. Von Ruhestand wollte ich allerdings nichts wissen. Ausruhen kann ich mich, wenn ich tot bin. Meine unternehmerische Ungeduld brach auch als Pensionär immer durch. Als ich erfuhr, dass die Königliche Porzellan-Manufaktur (KPM) zum Verkauf stand, bewarb ich mich sofort. Dieses wunderbare Unternehmen mit seinen preußischen Wurzeln war über Jahre hinweg durch Defizite geschlittert. Ich war überzeugt, dass diese weltweit berühmte Marke wieder in die Gewinnzone zu steuern sei. Auf jeden Fall wollte ich verhindern, dass das Unternehmen zerschlagen würde. Zum Glück hatte sich eine Reihe anderer seriöser Investoren gefunden, so dass wir uns wieder aus dem Bieterverfahren zurückziehen konnten.

Ich bin sicher, dass Daniel sehr erleichtert war. Mir gelang es dennoch, meinen Sohn immer mal wieder zu schocken. Im Jahr 2003 zum Beispiel, als die Senderfamilie um Sat.1 zum Verkauf stand. Ich sagte zu Daniel: »Lass uns die Wall AG verkaufen und mit dem Geld bei Sat.1 einsteigen.« Mein Sohn hielt diesen Vorschlag für einen Scherz. Aber ich meinte es völlig ernst. Und die Geschichte hat mir Recht gegeben: Der Investor Haim Saban hat etwa eine halbe Milliarde Euro für die Senderfamilie ausgegeben und drei Jahre später mehr als das Sechsfache eingestrichen.

In solchen Momenten, wenn große, erfolgreiche Deals an mir vorbeigehen, komme ich mir wie ein Versager vor. Es geht ja nicht um den Profit, sondern um Erfolg. Ich will nicht großspurig klingen, aber Geld habe ich in ausreichendem Maße. Vermögen aber bedeutet für mich keinen Selbstzweck, sondern immer nur ein Mittel. Nur mal angenommen, ich hätte diesen Sat.1-Deal hinbekommen, dann hätte ich noch am gleichen Tag, da das Geld auf dem Konto eingegangen wäre, einen Brief an die Bundeskanzlerin geschrieben mit folgendem Text. »Verehrte Frau Dr. Merkel, ich bin bereit, eine halbe Milliarde Euro für den Wiederaufbau des Berliner Stadtschlosses zu spenden.« Es hätte mir große Freude bereitet, das Gebäude nach historischem Vorbild, gleichwohl aber mit modernstem Innenleben neu zu errichten.

Als ich meinem geschätzten Mitbewerber Jean-François Decaux erzählte, was ich mit einer Milliarde anstellen würde, sagte er nur: »Mon dieu!« Seine Familie gehört zu den reichsten Europas, weil sie immer Geld gehortet hat. Man kann sein Vermögen sammeln, in Liechtenstein anlegen, Immobilien kaufen. Ich aber gebe es aus, mit Vergnügen, aber nur für Projekte, die mir Spaß machen und unser Gemeinwesen voranbringen.

Geld bekommt erst dann einen gesellschaftlichen Wert, wenn es Sinn stiftet. Als wir 2002 in Südafrika waren, haben wir auch Soweto besucht, ein armes, aber gleichwohl lebensfrohes Township. Wir waren auch bei einer Familie, einer alleinstehenden Frau mit ihren vier Kindern, die uns von ihrem täglichen Überlebenskampf berichtete. Wir haben gegessen und getrunken und gelacht und getanzt. Es ist eine Sünde der reichen Gesellschaften, dass wir dieses Potenzial, das dort schlummert, nicht viel mehr fördern.

Für mich war es völlig selbstverständlich, einer der Töchter ihre komplette Ausbildung zu bezahlen. Jeden Monat bekommt sie ihr Schulgeld, und ich erhalte regelmäßige Erfolgsberichte. Ich hoffe sehr, dass dieses Mädchen ihre Familie unterstützt, aber auch ihren Geschwistern und Bekannten als Vorbild dient. Wenn jeder in Deutschland, der es sich leisten kann, nur ein Kind in den armen Ländern förderte, wäre diese Welt in ein, zwei Generationen eine bessere.

Das Schicksal war insofern gnädig mit mir, als mir die beiden Todsünden Gier und Geiz völlig fremd sind. Ich genieße das Leben in vollen Zügen, keine Frage. Aber ich will nicht mit einem Sack Geld begraben werden, sondern eine feine Reihe von kleinen Messingschildchen hinterlassen, die mich als großzügigen Spender ausweisen. Zweifellos: Das Sammeln dieser Messingschilder ist auch eine Form der Eitelkeit, aber immerhin eine, die den Menschen zugutekommt.

Und ein weiterer Aspekt ist mir ebenso wichtig: Mäzenatentum bedeutet für mich immer, dass ich etwas dazulerne. Ich bekomme einen Einblick in andere Leben, andere Welten, andere Kulturen. Ich gebe also nicht nur, sondern bekomme viel zurück. Es ist ein unglaublicher Schatz, den ich da im Lauf meines Lebens angehäuft habe. Nur eben in meinem Kopf, in meinem Herzen, und nicht auf dem Bankkonto.

Reicht meine Barschaft auch nicht für das ganze Stadtschloss, so kümmere ich mich jetzt um den Aufbau der historischen Bauakademie am Werderschen Markt, neben dem Schlossplatz. Der berühmte preußische Architekt und Baudirektor Karl Friedrich Schinkel baute das Gebäude 1832 bis 1836 für die »Allgemeine Bau-Unterrichtsanstalt für alle königlichen Provinzen«, Preußens zentrale Ausbildungsstätte für Architekten und Bauingenieure, an der er selbst studiert hatte. Die an englischen Industriebauten orientierte Akademie auf dem Gelände des alten Packhofes wurde sein letztes großes Werk. Die Bauweise eines hinter schlichten roten Klinkern verborgenen Stahlskeletts war damals revolutionär, die Kastenform des Gebäudes hochmodern; sie wurde zum Vorbild für die besonders in Berlin beliebten Stockwerksfabriken. Schinkel selbst bezog im zweiten Stock eine Dienstwohnung. Bei einem Bombenangriff im Februar 1945 brannte die Bauakademie vollständig aus und wurde 1962 von der DDR-Regierung abgerissen.

Wie einst unter Friedrich dem Großen sollen hier in Zukunft wieder die besten Architekten des Landes den besten Nachwuchs ausbilden. Denn, seltsam aber wahr, es gibt in ganz Deutschland zwar viele verstreute Bildungsangebote für Baumeister, aber keine Eliteschmiede. Eben diese möchte ich in Berlin wieder gründen. Ich stelle es mir erhebend vor, Schinkels ehemalige Wohnung als Repräsentationsräume benutzen zu dürfen, auch für die beiden Vereine, denen ich vorstehe: dem Denkmal an Berlin e.V. und der Friedrich-Wolf-Gesellschaft.

Der Vorsitz der Friedrich-Wolf-Gesellschaft stammt aus den Zeiten, als Markus Wolf noch lebte. Er hatte mich darum gebeten. Den Gefallen habe ich ihm gern getan. Wenn

Markus Wolf allerdings noch erfahren hätte, was zwischen mir und seiner Stieftochter Claudia vorgefallen ist, dann hätte er mich vermutlich ausgeschimpft. Zu Recht.

Claudia hat sich Anfang 2008 von mir getrennt, weil ich Fehler gemacht habe. Ich habe ihr Vertrauen aufs Spiel gesetzt. Es spricht für ihren Stil, dass sie unsere privaten Zwistigkeiten nicht öffentlich gemacht hat. Sie und unsere Tochter sind eines Tages still und leise gegangen. Claudia gehört nicht zu den Frauen, die spielen oder tricksen. Sie war einfach enttäuscht von mir. Ich bin ein unberechenbarer Charakter, sprunghaft, kurz entschlossen, so dass ich mich manchmal über mich selbst wundere. Was im Geschäftsleben vielleicht von Vorteil ist, bedeutet im Privaten eine große Herausforderung für meine Mitmenschen.

Geduld gehört nicht gerade zu meinen größten Tugenden, weil es so lange dauert, bis sie belohnt wird. Aber manchmal ist es eben doch ratsam, einfach zu warten. Bisweilen geschehen Wunder dann von ganz allein. So war es in Münster. Die Stadt in Westfalen hatte sich 80 Jahre lang von der Deutschen Städte-Medien betreuen lassen. Doch am 24. September 2008 geschah das Unerwartete. Der Rat der Stadt entschied sich, die DSM zu verlassen und zu Wall zu wechseln. Ein historischer Tag. Denn erstmals hatte eine große Stadt die eherne Partnerschaft mit der DSM aufgekündigt. Wir konnten unser Glück kaum fassen. So hatte der Verkauf der DSM an unseren Rivalen Ströer doch ein Gutes gehabt. Die Städte fühlten sich ihrer früheren gemeinsamen Firma nicht mehr verpflichtet. Der Markt bricht auf, jahrzehntelang zementierte Verhältnisse geraten in Bewegung.

Wir hatten Münster eine umfassende Modernisierung aller Bushäuschen angeboten, inklusive eines elektronischen Info-Terminals, und darüber hinaus eine Reihe nagelneuer City-Toiletten. Mit einem intelligenten, maßgeschneiderten Konzept waren wir Ströer und Decaux einmal mehr voraus. Wenn sich die Münsteraner von uns gut betreut fühlen, wird sich die Wall'sche Qualität unter den Bürgermeistern herumsprechen.

Daniel und ich haben noch viel vor in den nächsten Jahren. Das Beispiel Münster gibt uns dafür einen unheimlichen Schub. Der Kampf geht weiter. Ich freue mich darauf. Endlich kommen die Dinge wieder in Bewegung. Unruhe, das ist mein liebster Zustand. Ich brauche immer Neues, Verrücktes, Ungewöhnliches. Stillstand macht mich nervös. Es heißt immer, mit dem Alter käme der Mensch zur Ruhe. Völliger Unsinn. Wenn ich zur Ruhe kommen sollte, dann weiß ich, dass irgendetwas in mir in größter Unordnung ist. Es ist wie eine Sucht, aber ich muss jeden Tag beweisen, dass unser Wall-Motto stimmt: Wir können das besser.

Das Wall-Programm – Wie wir in Deutschland noch besser werden

Funktionäre und Bremser – Schwadronierer gegen Anpacker – »Wir in Berlin« – Mut, Verantwortung und Engagement – Besser machen – Herzensangelegenheiten und Erfolgsgeheimnisse

> *»Visionäre Ideen haben viele. Die Visionen mit*
> *Mut und Weitblick umzusetzen gelingt nur*
> *den wirklich Guten. Hans Wall ist einer von ihnen.«*
>
> DR. ERIC SCHWEITZER, Alba AG

Wenn ich eine Buswartehalle sehe, die nicht tipptopp in Ordnung ist, dann werde ich fuchsteufelswild. Der Mitarbeiter, der für diesen Bezirk zuständig ist, kann sich auf ein gehöriges Donnerwetter gefasst machen. Bin ich pedantisch, ein Spießer? Mag sein. Aber ich finde nun mal, dass die Menschen ein Recht auf eine gepflegte Umgebung haben. Regelrecht aggressiv werde ich, wenn ich unseren Berliner Prachtboulevard Unter den Linden entlangschlendere. Dort stehen die teuersten Zeitungskioske der Welt, dort flanieren jedes Jahr Millionen von Menschen.

Aber es gelingt uns nicht, die Rasenflächen einigermaßen instand zu halten. Statt leuchtendem Grün ist dort Sahara. Es fehlen die Ziergitter. Jeder Quadratmeter ist ein Ausweis von Lieblosigkeit und Gleichgültigkeit.

Wie wollen wir die Bürger zu Ordnung, Selbstverantwortung und ästhetischem Bewusstsein bringen, wenn die Verantwortlichen in Politik und Verwaltung jeden Tag aufs Neue die organisierte Verantwortungslosigkeit vorleben? Der Umgang mit dem öffentlichen Raum sagt viel aus über eine Kultur. Gibt es einen gesellschaftlichen Konsens, die gemeinschaftliche Fläche zu pflegen? Oder zieht sich jeder auf seine privaten Quadratmeter zurück und betrachtet Gemeinschaftsflächen vor allem als Müllkippe? Was sagt dieser Umgang aus über generelle Einstellungen und Verhaltensweisen? Eine Stadtverwaltung, die beispielsweise ihre Probleme mit Hundekot und Graffiti nicht in den Griff bekommt – wie reagiert diese Behörde bei anspruchsvolleren Problemen?

Ich meine, in Deutschland eine fortgeschrittene Misstrauenskultur entdeckt zu haben. Daraus resultieren wiederum Vorwurfsreflexe: Jeder kann sehr genau begründen, warum jemand anderes die Schuld trägt. Am Ende steht eine aufgeregte kollektive Apathie. Alle meckern, keiner packt an.

Dieses Missverhältnis zwischen Hysterie und tatsächlichem Handeln klafft nirgendwo in Deutschland so weit auseinander wie in Berlin. Seit Ewigkeiten wird beispielsweise eine anhaltende Trägheit der wirtschaftlichen Dynamik kritisiert. Seit dem Mauerfall vor 20 Jahren gibt es dafür eigentlich keine sinnvolle Erklärung mehr. Dennoch zieht sich diese Trägheit wie ein Fluch durch die Hauptstadt. Auf jeder Stehparty erzählt man sich, dass ja Siemens nicht mehr in Berlin sei. In der Tat traurig, aber auch schon 60 Jahre Vergangenheit.

Wenn schon Nostalgie, dann lieber die Geschichte des brillanten Erfinders Werner Siemens, der 1947 zusammen mit dem Mechaniker Johann Georg Halske die Telegraphenbau-Anstalt begründete. Komischerweise haben in Berlin die Geschichten von Abriss und Scheitern mehr Konjunktur als Storys von Aufbruch und Neuanfang. Es ist nicht schick, Erfolg zu haben. Man macht sich verdächtig. Stillstand dagegen ist gesellschaftlich akzeptiert. Die Berliner haben sich daran gewöhnt, dass meistens nicht viel passiert, weder in der Wirtschaft noch auf dem Grünstreifen Unter den Linden.

Und ich frage mich manchmal auch schon, ob ich verrückt bin, weil ich finde, dass Berlin ganz exzellente Zukunftsaussichten hätte. Dafür brauchen wir allerdings einen kollektiven Aufbruchsgeist in dieser Stadt, das allgemein akzeptierte Vorhaben, in den Bereichen Bildung, Forschung, Neugründung von Unternehmen und Arbeitsplatzzuwachs die Nummer eins in Deutschland zu werden.

Viele Menschen fühlen sich in Politik und Gesellschaft nicht mehr ausreichend repräsentiert, von unseren Parteien schon gar nicht. Ich gehöre dazu. Es wundert mich nicht, wenn in Bayern und Baden-Württemberg freie Wählergemeinschaften enorme Erfolge bei den Wahlen verbuchen. Diese Menschen versuchen wenigstens noch, etwas zu verändern. Andere wiederum haben die Nase ganz voll. Nach dem Zweiten Weltkrieg haben noch nie so viele Menschen ihre Heimat Deutschland verlassen wie im Jahr 2008. Viele fühlen sich eingeengt, einfach unwohl in einem überregulierten Land. Aber wir lassen diese überwiegend Leistungsbereiten einfach ziehen, anstatt uns zu überlegen, was die Ursachen sein könnten.

Ich glaube, wir haben uns in den Wirtschaftswunderjahren daran gewöhnt, dass der Wohlstand automatisch immer mehr wird. Das Bewusstsein fehlt, dass wir uns unseren Luxus jeden Tag aufs Neue erarbeiten müssen. Wir haben großartige Möglichkeiten in diesem Land, aber wir machen zu wenig daraus. Das wachsende Gefühl von Unwohlsein erfasst immer breitere Schichten der Gesellschaft. Eigentlich sollten Parteien als organisierte Volksvertretung diese Stimmungen aufnehmen. Aber die Parteien befinden sich ebenso wie die Verwaltungen im Würgegriff der Funktionäre.

Wer mit neuen Ideen kommt, schafft Unordnung und steigert zugleich das Risiko von Fehlern. Unordnung und Fehler aber verabscheuen Funktionäre. Wer jedoch keine Fehler machen will, der riskiert auch nichts. Wer nichts riskiert, wird sich nie verändern. Wer sich aber nicht verändert, der wird vom Fortschritt überrannt.

Seit Jahren träume ich davon, eine Bürgerbewegung zu begründen, die sich von dieser verbreiteten Bremsermentalität nicht länger gefangennehmen lassen will. Menschen, die etwas können, die etwas wollen, denen das soziale, kulturelle, wirtschaftliche Miteinander nicht egal ist, verantwortungsvolle und leistungsbereite Bürger eben, die keine Lust haben, sich pausenlos dafür entschuldigen zu müssen, dass sie erfolgsorientiert denken und leben. Wobei Erfolg nicht zwangsläufig immenses Einkommen bedeutet, sondern genauso gut persönliche Entwicklung oder Dienst an der Gemeinschaft.

Die Bewegung, von der ich träume, ist eine Mischung aus Partei und Bürgerbündnis, sehr modern, sehr effektiv, mit kleinem Apparat, von unten gewachsen, nicht von oben diktiert. Es macht ja keinen Sinn, sich immer und ewig über die Politik aufzuregen. Nicht der Schwadronierer verändert die Welt, sondern der Anpacker. Und davon gibt es an den entscheidenden Stellen zu wenige, weil die Lebenslogik des Berufspolitikers konkretes Handeln nur selten belohnt.

Während meiner Zeit als Vorstandsvorsitzender habe ich viel gelernt über den Politikerberuf. Es ist naiv anzunehmen, dass ein Volksvertreter das Volk vertritt, eine Stadt oder ein Land. Das ist bestenfalls ein Nebenaspekt. Ein Politiker folgt, wie alle anderen Menschen auch, zuerst einmal seinem Selbsterhaltungstrieb. Er vertritt sich selbst und seine Interessen. Das heißt: Er will wiedergewählt werden. Denn sein Status, sein Einkommen, sein ganzes Leben hängt von Amt und Mandat ab. Daraus ergibt sich eine natürliche Risikoscheu. Denn jede Veränderung, jede politische Entscheidung birgt die Gefahr, Popularität einzubüßen. Zumal es bisweilen eine ganze Zeit dauert, bis richtige Entscheidungen ihre Wirkung entfalten. Nicht-Entscheiden ist also vielfach die sicherere Option.

Ein ähnliches Phänomen herrscht in der Verwaltung. Die meisten Mitarbeiter befinden sich auf Lebenszeit in ihren Arbeitsverhältnissen, werden nicht besonders üppig bezahlt, sind aber praktisch unkündbar. Es ist durchaus nachvollziehbar, dass diese Menschen keine Risiken eingehen und jeden Fehler vermeiden, um ihre Beförderungsautomatik nicht zu gefährden. Es liegt also in der Logik der Verwaltung, im Zweifelsfall lieber nicht zu entscheiden beziehungsweise eine Entscheidung zu delegieren.

Auf jeder Ebene sichern sich die Entscheidungsträger mehrfach in alle Richtungen ab. Die Konsequenzen für Bürger oder Unternehmen sind zweitrangig. Dieses Sicherheitsdenken ist durchaus verständlich. Aber es bremst. Viele Menschen hängen immer noch dem Mythos des Politikers als selbstlosem Kämpfer für eine bessere Gesellschaft an. Das ist Unsinn. Ein Politiker oder Senatsmitarbeiter ist genauso wenig selbstlos wie jeder andere Mensch auch.

Für mich ergibt sich daraus eine klare Konsequenz. Menschen, die ihr Auskommen gesichert haben oder aber ihr Einkommen aus einer Arbeit außerhalb der Politik beziehen, entscheiden unabhängiger und zielorientierter. Im Präsidentschaftswahlkampf 1992 haben fast 20 Prozent der Amerikaner aus genau diesem Grund für den Milliardär Ross Perot gestimmt. Er galt als frei genug, die beste und nicht die opportunste Entscheidung zu treffen.

Ähnlich war es schon im alten Athen. Von den reichen Bürgern wurde erwartet, dass sie ein paar Jahre in der Politik arbeiteten, zum Wohle aller. Leider ist unser politisches System in Deutschland nicht sehr durchlässig. Quereinsteiger sind selten und haben es schwer. Wer nicht schon über die Jugendorganisationen der Parteien den Einstieg in den Klüngel der Volksvertreter geschafft hat, wird niemals mehr vollständig akzeptiert. Die Konsequenz lautet: Die Lebenserfahrungen von Unternehmern, Künstlern, Arbeitern, Sportlern, Medizinern oder Freiberuflern werden konsequent aus der Politik herausgehalten. Politik ist lebensfern und wird immer lebensferner.

Die wahren Eliten in unserem Land sind doch die Lehrer in den Schulen und Hochschulen, die sich um unsere Kinder, also um unsere Zukunft kümmern. Und die Krankenschwestern, Ärzte und Polizisten. Wären wir nicht noch stolzer auf unser Land, das wirtschaftlich zu den stärksten der Welt gehört, wenn wir sagen könnten, dass wir als Exportweltmeister die besten und modernsten Schulen haben, die am besten bezahlten Lehrer und die am besten ausgerüstete Polizei der Welt? Wie ist es möglich, dass die Polizeiposten, welche die britische Botschaft Tag und Nacht bewachen, sich in alten, zugigen Telefonzellen unterstellen müssen, weil die Mittel für einen menschenwürdigen Unterstand angeblich fehlen? Die Wall AG etwa hat ein Postenhaus entwickelt, das den funktionalen Erfordernissen der Polizei voll entspricht. Ich bin überzeugt, dass wir in die wahren Eliten unseres Landes viel mehr investieren müssen, denn es zahlt sich aus.

Weil der Weg über die etablierten Parteien verbaut ist, träume ich von einem breiten Bündnis engagierter Bürger. »Wir in Berlin«, abgekürzt »WiB«, ist ein guter Name, »Wir können das besser!« der passende Slogan. Diese Bürgerpartei ist nicht nur auf Berlin bezogen, sondern kann sich auch in anderen Städten etablieren: »Wir in Hamburg« (WiH), »Wir in München« (WiM) und letztendlich »Wir in Deutschland« (WiD).

Ich bin nicht so vermessen, ein politisches Programm entwerfen zu wollen. Aber die nachfolgenden Punkte sind mir wichtig, weil sie unternehmerischen Erfolg und gesellschaftliches Miteinander erst ermöglichen.

1. Jeder von uns kann mehr für sich und andere leisten

Viele kennen diese Schlüsselmomente, manchmal kürzer als eine Sekunde und doch entscheidend für ein Leben. Plötzlich ist da eine Idee, eine Ahnung, was alles möglich ist, die Lust, etwas auszuprobieren. Ich bin davon überzeugt, dass die meisten Menschen den Drang verspüren, ihr Leben eigenverantwortlich zu gestalten, und jede Menge Ideen haben, wie das möglich wäre.

Eine moderne Gesellschaft muss diesen Drang des Einzelnen zum Wohle aller nutzen. Wer eine Idee hat, braucht auch den Mut, sie umzusetzen. Wer sich sicher fühlt und akzeptiert, der wagt eher einen Neuanfang, eine Kehrtwende oder einfach ein Experiment. Oft fallen diese Entscheidungen instinktiv, ohne großes Nachdenken. Die Gefühle entscheiden: Mut, Zuversicht, Neugier, Risikobereitschaft, zu einem guten Teil auch Verrücktheit. Manchmal realisiert man erst Jahre später, wie wichtig diese eine Sekunde war, wie magisch ein einziger Moment ohne Angst sein kann.

Der Schlüsselmoment meines Lebens ereilte mich in einem Karlsruher Bushäuschen. Ich wollte nach Hause, zu meiner Frau. Ich ärgerte mich, dass ich kein Auto hatte. Stattdessen ewiges Warten in einer zugigen Bude. Aus Langeweile musterte ich meinen Unterstand, prüfte Schweißnähte, begutachtete Materialstärken, befühlte die Lackierung. Eine ziemlich unspektakuläre Konstruktion aus Stahl, fand ich, mit einer Werbefläche oben am Dachrand: »Wenn's ums Geld geht – Sparkasse«.

Als junger Schlosser und Familienvater kam ich über die Runden, mehr aber auch nicht. Ich war ständig auf der Suche nach Verdienstmöglichkeiten. Mangel macht ja durchaus kreativ. So stand ich in diesem Bushäuschen und grübelte vor mich hin: ein bisschen Stahl, ein bisschen Glas, kein großer Aufwand. So was konstruierte ich jeden Tag. Ganz plötzlich durchfuhr mich dieser Gedanke, so klar und umwerfend, als hätte ich eine Gerade auf die Kinnspitze bekommen. Es waren Worte von großem Selbstbewusstsein, vielleicht der schönste Satz, den ich überhaupt jemals gedacht hatte: »Das kannst du besser!« Nicht als Frage formuliert, als Gedankenspiel, sondern als Feststellung, die keinen Widerspruch duldete: »Hans, das kannst du besser!«

Dieser Gedanke trug überhaupt keine Spur von Arroganz, sondern war in erster Linie sportlich gemeint. »Höher, schneller, weiter« lautet das olympische Motto. Bessermachen ist keine Großmäuligkeit, sondern legitimer Anspruch, der in allen Bereichen des menschlichen Lebens für Fortschritt sorgt, ob in der Kunst, in der Politik, in Wirtschaft, Wissenschaft oder Sport. Ich, der kleine Schlosser Hans Wall, war überzeugt davon, dass ich eine bessere Buswartehalle würde konstruieren können, praktischer, ästhetischer, vielleicht sogar preiswerter. Alle würden profitieren: die Wartenden, die Stadt, die Werbekunden und ich, der Konstrukteur.

Hätte ich an diesem Abend in dem luftigen Büdchen Angst gehabt, hätte es die Wall AG nie gegeben. Aber ich hatte keine Angst. Vielmehr folgte ich einem inneren Antrieb, der in jedem Menschen schlummert. Die Freude am Wettbewerb ist in unseren Genen angelegt, die Zivilisation hat uns Regeln beschert, und es ist an uns, eine Atmosphäre zu schaffen, diesen Drang zum Bessermachen zu fördern.

Wir in Deutschland stellen uns das Glück oft als Zustand vor, in dem irgendwann alles perfekt funktioniert. Das ist Quatsch. Nichts ist perfekt, alles ist vorläufig, wir leben in einem ewigen Zwischenstadium. Nicht der perfekte Stillstand bedeutet Glück, sondern das Erschaffen von Neuem. Man kann alles besser machen, sogar den Nagel, den wir in die Wand schlagen. Unsere Autos sind verbesserungswürdig, unsere Häuser, Straßen, Schulen, unser Umgang miteinander und eben auch öffentliche Toiletten und Buswartehallen. Das können wir besser, jeder von uns, jeden Tag, jeder im Rahmen seiner Möglichkeiten.

Karl Popper, einer der bedeutendsten deutschen Philosophen des 20. Jahrhunderts, hat dieser Haltung das intellektuelle Fundament geliefert: Er hat keine ewige Wahrheit akzeptiert. Nichts gilt dauerhaft, sondern nur bis zu seiner Widerlegung oder Verbesserung. Die einzige Wahrheit, auf die wir uns verlassen können, sagt Popper, sei die, dass wir fehlbar sind.

Wir müssen alles immer wieder infrage stellen, überprüfen, auf Schwachstellen hin absuchen. Wir müssen verwerfen, ersetzen und verbessern. Nur deswegen sind wir auf dieser Welt, das ist unsere Aufgabe: besser machen. Und niemals damit aufhören. Wer aufhört, besser zu werden, der hört auf, gut zu sein. Ein abgedroschener Manager-Spruch zwar, aber deswegen muss er ja nicht falsch sein.

Wir in Deutschland können vieles besser. Wir müssen es nur wollen. Wir alle müssen ein Bekenntnis zum Bessermachen-Wollen ablegen: Schüler und Lehrer, Unternehmer und Mitarbeiter, Politiker und Bürger, Arbeitslose und Gewerkschafter, Rentner und Millionäre. Wir alle können fast alles besser: Wir können besser miteinander umgehen, besser lernen, besser wirtschaften, besser arbeiten, besser entscheiden, besser helfen.

Wenn ich in all diesen Jahren etwas Wertvolles angehäuft habe, dann ist es ein Erfahrungsschatz. Ohne jede Überheblichkeit behaupte ich: Mir macht so schnell keiner was vor. Ich habe bestimmt nicht alles perfekt gemacht. Aber der Erfolg der Wall AG zeigt, dass ich am Ende mehr richtig als falsch gemacht habe. Einige Male standen wir vor dem Abgrund. Aber wir haben den Laden immer wieder auf Kurs gebracht. Und mit jeder Krise sind wir besser geworden. Wir haben gelernt: Sei nie zufrieden, stelle alles infrage, kontrolliere, probiere, denn eines gilt immer: »Das kannst du besser.«

2. Jeder von uns ist ein Patriot

Millionen von schwarz-rot-goldenen Fahnen signalisieren in Zeiten großer Fußballturniere, dass wir in Deutschland einen großen Bedarf an Patriotismus haben. Wir wollen nicht allein sein, sondern dazugehören zu einem modernen großen Ganzen. Wir erheben uns nicht über andere, aber wir sind stolz darauf, was dieses Land nach dem Zweiten Weltkrieg geschaffen hat. Ich selbst bin ein Resultat dieses modernen Nachkriegsdeutschlands. Patriotismus bedeutet für mich vor allem, jene Errungenschaften zu erhalten und auszubauen, die mir meinen Weg ermöglicht haben.

Die Parole »Bessermachen« klingt gut und einfach. Aber für viele Menschen ist diese Aufgabe unmöglich. Denn sie leben unter Bedingungen, die menschenunwürdig sind, undemokratisch und unfrei. Um etwas besser zu machen, braucht man auch die Chance dazu. Ich hatte nicht nur eine, ich hatte viele Chancen. Dieses Land hat sie mir gegeben. Unser wichtigstes Kapital ist, dass wir in einem Chancen-Land leben. Wir brauchen einen Chancen-Patriotismus, der jeden Bürger beseelt.

Wie jeder andere Mensch bin auch ich ein Egoist. Ich erfreue mich an meinem schicken Auto, einem prächtigen Haus, an schönen Bildern und einem Motorboot. Einen Punkt werde ich dennoch nicht vergessen: Wem habe ich meinen Erfolg zu verdanken? Wer sorgte dafür, dass der Schlosser Hans Wall in einem Karlsruher Bushäuschen sitzen, sich Gedanken machen und diese Pläne in ein erfolgreiches Unternehmen verwandeln konnte? Viele waren an unserer Erfolgsstory beteiligt, klar, aber zuallererst habe ich den Aufstieg meinem Vaterland zu verdanken. Das klingt pathetisch, aber im Alter steht mir das Recht auf Pathos zu. Deutschland hat nicht nur das Fundament bereitgestellt, auf dem ich mein Unternehmen aufbauen konnte, sondern auch zuvor den Weg bereitet.

Ich weiß nicht, ob ich in den USA, in Südafrika, Großbritannien oder Italien eine solche Erfolgsgeschichte hätte hinlegen können. Ich glaube nicht. Mein Weg ist ein deutscher Weg, mit einer starken schwäbischen Komponente. Ich empfinde Dankbarkeit, wenngleich ich nicht genau weiß, wem gegenüber ich diese Dankbarkeit äußern soll. Der Politik? Eher nicht. Der Bürokratie? Schon gar nicht. Meinen Wettbewerbern? Bei allem Respekt: Nein.

Tatsache ist: Mein Dank richtet sich an eine abstrakte Adresse, an unser Gemeinwesen, an uns alle, an das, was wir Staat und Gesellschaft nennen. Bei allen Problemen, die wir in unserem Land haben, steht doch eines fest: Bildung, Freiheit und Sicherheit sind bei uns nach wie vor in einem hohen Maße vorhanden. Wir profitieren dabei heute von dem, was Generationen vor uns aufgebaut haben. Es gab die Gründerzeit, es gab die fürchterlichen Irrtümer und Verbrechen der beiden Weltkriege, es gab den Wiederaufbau, das Wirtschaftswunder, die deutsche Einheit. Diese und viele Ereignisse mehr fügen sich zu einem speziellen deutschen Mikroklima, das mich immer getragen und oftmals beflügelt hat.

Meine Definition von Patriotismus geht über die nationalstaatliche Dimension hinaus. Auch Schüler und Studenten oder die Bewohner eines Stadtteils können durchaus patriotische Gefühle entwickeln, aus denen sich dann ein Verhalten entwickelt. Ist es zu viel verlangt, wenn Schüler zum Beispiel stolz sind auf ihre Bildungsanstalt? Ich glaube, dass den jungen Menschen heute zu wenig erklärt wird, was es heißt, eine Schule besuchen zu dürfen. Ich bin ein großer Freund von Schuluniformen und Gedenktagen. Jede Schule sollte eine Hall of Fame haben, in der die Fotos und Biografien von Ehemaligen hängen, die Erfolg haben oder hatten, sei es als Wissenschaftler, Sportler oder Unternehmer.

Die amerikanischen Universitäten machen es vor: Sie ehren ihre Absolventen, sie ziehen Traditionslinien von früheren Zeiten bis heute. Viele Jugendliche wissen heute gar nicht, wer früher einmal in den Räumen büffelte, in denen sie heute sitzen. Wir müssen unsere Vorbilder pflegen, die Ansporn bieten. So wird Identifikation geschaffen und Stolz.

Ich könnte mir gut vorstellen, dass Schüler und Studenten durchaus pfleglicher mit ihrer Lehranstalt umgingen, wenn sie mehr Respekt vor deren historischer Leistung hätten. Genauso verhält es sich mit vielen Stadtteilen in Berlin und anderswo. Eine kleine Gedenktafel, die auf einen früheren Bewohner hinweist, verleiht einem ganz normalen Mietshaus plötzlich eine gesellschaftliche Bedeutung. Wenn die Bewohner stolz sind auf ihren Kiez, dann gehen sie rücksichtsvoller damit um. Geschichte hat nur dann einen Sinn, wenn wir, die Nachgeborenen, daraus lernen.

In meinen problematischen Jahren als junger Erwachsener haben mich Vorbilder immer enorm angespornt. Wenn mir ein Lehrer oder ein Meister Erfolgsgeschichten von früher erzählte, wurde ich auf wunderbare Weise motiviert. Hinzu kam, dass ich viele Chancen hatte, Versäumtes nachzuholen. Die zahlreichen Einstiegsmöglichkeiten, die das deutsche Ausbildungssystem bereithielt – und immer noch bereithält –, haben mich davor bewahrt, abzugleiten.

Als Schulversager wäre ich in vielen Ländern der Welt früh abgeschrieben gewesen. Doch in Deutschland habe ich immer wieder die Gelegenheit bekommen, einzusteigen. Ich hatte Lehrmeister, die sich Zeit für mich genommen haben, ich hatte Abendschulen, die mir Fortbildung in dem Moment ermöglichten, als ich, der Spätentwickler, endlich bereit war. Ich habe neue Chancen bekommen, obgleich ich mich als Jugendlicher immer wieder bockbeinig gezeigt habe.

Patriotismus bedeutet, dieses Erbe verantwortungsvoll zu behandeln und in die Zukunft zu überführen. Keine Frage, es gibt immer ein paar Unverbesserliche, die nicht die geringste Lust haben, eine Gesellschaft und deren Regeln zu akzeptieren. Aber es gibt wesentlich mehr Menschen, die bereit sind, eine Chance zu ergreifen, wenn sie sich ihnen bietet.

Manche brauchen eben ein paar Anläufe mehr, so wie ich. Aber es ist allemal sozialer und auch billiger, diese Chancen in allen Altersstufen und Lebensphasen, in allen Schichten und Regionen anzubieten, als eine schleichende Verelendung und Verblödung hinzunehmen. Die deutsche Chancenkultur in allen Lebensbereichen muss gepflegt und ausgebaut werden. Deutschland ist zu schön, als Kulturland, als Unternehmerland, als

Sozialland, als Erfolgsland, als Freiheitsland, als dass wir es vernachlässigen sollten.

Es ist unser aller patriotische Pflicht, Deutschland besser zu machen, jeder nach seinen Fähigkeiten und Möglichkeiten. Mit ein paar wenigen Erfolgsgeschichten ist uns allen nicht geholfen. Es muss unser Ziel sein, dass jeder Mensch in Deutschland seine persönliche Erfolgsgeschichte lebt, ganz egal ob als Unternehmer, Maler, als Krankenwagenfahrer, Behördenleiter oder sogar als Politiker. Dazu gehört ein gesamtgesellschaftlicher Konsens, dass wir es besser machen wollen, heute, morgen, immer. Wir geben uns mit dem Erreichten nicht zufrieden, wir wollen mehr.

Wenn meine Lebensgeschichte einen Sinn hat, dann den, dass sie junge Menschen ermutigt, ebenfalls ihren Weg zu gehen, auf ihre Ideen zu vertrauen und auf die innere Stimme zu hören, die da flüstert: Los jetzt! Versuche es! Du schaffst es! Wo, wenn nicht in Deutschland, können Menschen mit Kreativität und Ausdauer ihre Träume verwirklichen? Was ich geschafft habe, können viele andere auch erreichen. Das ist gelebter Patriotismus.

3. Jeder hat ein Recht auf Freiheit und Sicherheit

Unter Geisteswissenschaftlern war es lange Zeit modern, Freiheit und Sicherheit als Gegensatzpaar zu verwenden. Auf der einen Seite wurde das Bild des Unternehmers gezeichnet, der von Finanzamt und Politik daran gehindert wurde, noch mehr Umsatz und Gewinn zu machen. Demgegenüber stand der träge Angestellte, der damit beschäftigt war, unendlich viele Grundrechte einzufordern, vor allem Unkündbarkeit, permanente Lohnzuwächse und allerlei andere Absicherung gegen jegliches Lebensrisiko.

Aus dem Gegensatz von Freiheit und Sicherheit speiste sich der ewige Grundkonflikt: Unternehmer wie Mitarbeiter warfen sich wechselseitig Gier und Verantwortungslosigkeit vor. Den einen galt der Staat als Fessel, den anderen als letzte Verlässlichkeit. Hier galt Armut und Arbeitslosigkeit als selbstverschuldet, dort als trauriges Schicksal. Diese Stereotypen mögen für Wahlkämpfe und Tarifauseinandersetzungen geeignet sein.

Um ein Leitbild für die Zukunft zu entwerfen, ist es sehr viel hilfreicher, Freiheit und Sicherheit als zwei Seiten einer Medaille zu betrachten. Eine moderne Gesellschaft muss jedem Bürger zum Beispiel die Gewissheit bieten, sich seinen Fähigkeiten und Neigungen entsprechend entwickeln zu können. Gewissermaßen als Gegenleistung muss der Staat aber auch sicher sein, dass diese Bürger ihre erworbenen Fähigkeiten im Dienst der Gemeinschaft einsetzen. Konkret bedeutet das: kein Einkommen ohne Besteuerung, keine unternehmerische Freiheit ohne soziale Verantwortung, keine Ausbildung ohne die Abmachung, das Gelernte im Gemeinwesen einzubringen.

Diese Abmachung zwischen dem Menschen und seiner Gemeinschaft ist in vielerlei Gesetzen und Regeln festzulegen versucht worden. Merkwürdigerweise aber führen mehr Regelungen häufig zu immer mehr Missbräuchen und Missverständnissen. Als Unternehmer habe ich die Erfahrung gemacht, dass es sehr viel einfacher ist, dieses Werteraster einfach vorzuleben. Ich habe von meinen Mitarbeitern immer viel verlangt. Wenn Überstunden anstanden, dann habe ich es für selbstverständlich erachtet, dass jeder wusste, was zu tun ist. Im Gegenzug habe ich aber auch immer darauf geachtet, dass die Menschen, die für Wall arbeiteten, sich auf ihr Unternehmen verlassen konnten.

Menschenwürdige Arbeitsplätze, faire Bezahlung, Hilfe in Notlagen, eine fundierte Ausbildung – dies alles ist immer selbstverständlich gewesen und hätte gar keiner Gesetze bedurft. Ich bin sicher, dass die meisten Unternehmen des deutschen Mittelstandes so oder so ähnlich funktionieren, schon aus rein ökonomischen Erwägungen. Mitarbeiter, die hinter ihrer Firma stehen, arbeiten besser und sind sogar zu Einbußen bereit, wenn es dem Unternehmen möglicherweise einmal schlechter geht. Gleichzeitig muss klar sein, dass in guten Zeiten alle Beteiligten profitieren.

Diese Regeln der Fairness haben überall zu gelten. Im Preis für ein Schnitzel muss der faire Lohn des Schlachters enthalten sein. Einem Schüler muss klar sein, dass jede Unterrichtsstunde das Geld und die Mühe anderer Menschen kostet. Und ein Unternehmer muss wissen, wem er seinen Wohlstand zu verdanken hat. In den allermeisten Menschen ist dieser Fairnessgedanke angelegt. Man muss dieses Denken nur fördern und bestätigen.

Umgekehrt gilt aber auch: Niemand, der sich aufrichtig bemüht hat und dennoch gescheitert ist, darf ins Elend fallen. Wer mit viel Mühe und persönlichem Risiko eine Firma aufgebaut und vielleicht sogar unverschuldet eine Pleite hingelegt hat, darf ebenso wenig diskreditiert werden wie der Pubertierende, der sich für ein, zwei Jahre von seinen Pflichten verabschiedet hat, aber plötzlich wieder einsteigen will. Ich selbst weiß am besten, wie wichtig es ist, immer wieder eine Chance zum Mitmachen zu bekommen.

4. Wirtschaft ist für alle da

Eine deutsche Spezialität scheint mir die Skepsis gegenüber Unternehmern zu sein. Sie gelten als raffgierig, als Ausbeuter und Gesellschaftsfeinde. Das mag für einen sehr kleinen Teil zutreffen. Aber ich bin überzeugt davon, dass es bei Unternehmern nicht mehr schwarze Schafe gibt als in allen anderen Berufszweigen auch.

Dennoch stehen wir unter einem permanenten Rechtfertigungszwang. Jeder Fußballer, jeder Musiker oder Showstar darf viel Geld verdienen; nur unternehmerische Gewinne gelten oft als schmutzig, der Unternehmer selbst als Ganove. Unlängst habe ich eine internationale Untersuchung gelesen, wie Firmenchefs in Schulbüchern dargestellt werden. In den USA und in Großbritannien wurde mein Berufsstand halbwegs fair beschrieben, in französischen Schulbüchern schon skeptischer, geradezu vernichtend aber in deutschen Lehrbüchern. Unternehmer sind die, die Menschen verschlissen, Kriege angefacht und sich bereichert haben. Mit Verlaub, das ist nicht nur Unsinn, sondern gesellschaftlich verheerend.

Wir alle sind Unternehmer, jeder auf seine Art. Wenn Halbwüchsige tüfteln, um den günstigsten Handytarif zu ermitteln, dann beweisen sie wirtschaftliches Denken ebenso wie die Hausfrau, die mit ihrem Wochenbudget auskommen muss, oder der Rentner, der sich sein schmales Ruhestandsgeld einzuteilen hat. Wir alle sind Ökonomen; den Umgang mit Geld und Ressourcen lernen schon kleine Kinder in der Sandkiste.

Leider wird dieses ganz natürliche Wissen in der weiteren Ausbildung nicht weitergeführt und systematisiert. Kinder lernen alles Mögliche in der Schule. Und das ist auch richtig so. Nur ökonomische Zusammenhänge werden allenfalls zufällig vermittelt. Nicht erst die Bankenkrise hat gezeigt, dass es einen eklatanten Mangel an wirtschaftlichem Fachwissen gibt, auch in der Politik. Deutsche Kinder werden so ausgebildet, dass sie nur für den öffentlichen Dienst taugen. Wer Unternehmer werden will, muss sich seinen Weg mühsam erkämpfen. Geholfen wird ihm von unserer Gesellschaft dabei kaum.

Es ist schon erstaunlich, wie das Ansehen von mir und meinesgleichen in den letzten Jahren gelitten hat. Was sind die Ursachen für diesen Verfall in der öffentlichen Gunst? Natürlich haben es einige Manager übertrieben mit dem Wirtschaften in die eigene Tasche. Wenn meine Mitarbeiter jedes Jahr zwei oder drei Prozent mehr Lohn bekommen, der Chef sich aber 20 bis 30 Prozent Zuschlag gönnt, dann läuft etwas falsch. Problematisch erscheint mir auch der Umgang mit dem Risiko. Als Manager eines großen

Unternehmens ist es nahezu unmöglich, von heute auf morgen gekündigt zu werden und am nächsten Tag neu anfangen zu müssen. Da ist immer eine satte Abfindung im Spiel. Die Risiken, die für kleine Angestellte gelten, müssen die wenigsten Großverdiener auf sich nehmen. Kein Wunder, dass weite Teile der Bevölkerung ein Gefühl von ungleicher Chancen- und Risikoverteilung beschleicht.

Ich halte es für hilfreich, zwischen Unternehmern und Managern zu unterscheiden. Als Gründer und Chef habe ich eine ganz andere emotionale Bindung zu einer Firma, als wenn ich ein geheuerter Geschäftsführer mit einem Drei- oder Fünfjahresvertrag bin. Dem Gründer-Unternehmer ist der Fortbestand der Firma eine Herzensangelegenheit. Ich versuche, langfristig zu entscheiden, auch wenn dadurch kurzfristig die Bilanz etwas leidet. Ein Manager, womöglich noch mit vierteljährlicher Berichtspflicht, muss permanent gute Zahlen präsentieren. Und wie liefert man ständig bessere Zahlen ab? Indem man jede noch so kleine, noch so brutale Chance ergreift, das Ergebnis zu verbessern.

Er kann gar nicht anders. Denn erstens ist seine Bezahlung mit hoher Wahrscheinlichkeit an seine Ergebnisse gekoppelt. Und zweitens seine Zukunft. Denn hinter ihm lauert schon sein Rivale. Und wenn die Analysten internationaler Banken und Fonds finden, dass dieser Rivale mehr Profit verspricht, dann wird ganz schnell mal eine Schlüsselposition neu besetzt. Und wehe, ein Investor ist noch mit im Spiel. Dann geht es noch schneller. Je größer ein Unternehmen ist, desto dramatischer ist die individuelle Unfreiheit des Managers. Er ist Sklave der Zahlen. Mitarbeiter müssen egal sein, Standorte ebenso.

Im Prinzip funktioniert die Wall AG wie ein Großkonzern: Wir wollen und wir müssen Gewinn machen. Aber zugleich stehen wir auf einem ganz anderen Wertefundament, nicht weil wir Heilige sind, sondern vernünftige Menschen. Uns darf ein Produktionsstandort nicht gleichgültig sein. Unsere Mitarbeiter sind unser wichtigstes Kapital. Rumänien ist sicherlich eine Gegend mit großem Zukunftspotenzial. Aber unser Know-how gibt es dort sicher nicht, die Freude am Tüfteln, das Wissen aus fast 30 Jahren Stadtmöbelbau, die kollektive Intelligenz eines Unternehmens. So etwas wächst über lange Zeiträume und lässt sich nicht so ohne weiteres von Land A nach Land B transferieren.

Kreativität ist definiert als Abweichen von der Norm. Und ich glaube, dort liegt der entscheidende Unterschied zwischen Mittelständler und Konzern. Die Großen sind durchnormiert bis ins Letzte von den McKinseys dieser Welt. Experimente werden nicht belohnt, sondern eher sanktioniert. Jeder Arbeitsschritt muss vom Computer erfasst werden können.

Im Mittelstand dagegen sind wir undogmatisch, flexibel, schnell. Denn wir vertrauen auf uns und unsere Fähigkeiten. Wir haben andere Prioritäten, als noch mehr Geld noch gewinnbringender anzulegen. Die besten Ideen kommen unseren Mitarbeitern mal beim Essen in der Kantine, mal beim Plausch zwischen Tür und Angel. Die Wege zum Chef sind kurz; jeder ist gehalten, seine Vorschläge laut zu äußern.

Was ich ebenso wenig verstehe, ist die panische Angst der großen Konzerne und ihrer Anführer vor dem Finanzamt. Um ein paar Euro Steuern zu sparen, setzt mancher Großverdiener aus der Wirtschaft auf absurde, peinliche oder nicht funktionierende Methoden, um sein Geld zu verstecken. Die ganze Finanzmarktkrise hatte auch damit zu tun, dass immer schlauere Bürschchen immer raffiniertere Steuervermeidungsstrategien entwickelt haben. In Deutschland kassieren, in Irland niedrig versteuern, in Island zu hohem Zins anlegen. Man muss kein Nobelpreisträger sein, um zu ahnen, dass dieses System nicht ewig gutgehen konnte.

Kein Wunder, dass bei normalen Menschen das Misstrauen gegen diese Wirtschaftskerle inzwischen ins Unermessliche wächst. Genauso wenig Verständnis habe ich allerdings für Fahnder, die Wäschekörbe voller Akten immer erst dann aus der Villa tragen, wenn die Kamerateams ihre Positionen eingenommen haben. Für mich ist relativ klar, was da läuft: Die Ermittler gefallen sich in ihrer Rolle als Aufräumer, die Medien liefern Bühne und Scheinwerferlicht. Die Reaktion auf der Straße: Jeder Mann der Wirtschaft ist ein gieriger, skrupelloser Fiesling.

Diese Wahrnehmung belastet auch die Stütze der deutschen Ökonomie, den Mittelstand, unseren deutschen Werttreiber, der Arbeitsplätze schafft, ausbildet und sich um seine Leute kümmert.

Der Unternehmensberater Hermann Simons hat aufgelistet, was erfolgreiche Mittelständler ausmacht: Sie wollen die Nummer eins ihrer Branche sein, sind meist Marktführer mit hochqualitativen Produkten in einer

Nische, sie kombinieren Spezialisierung mit internationaler Ausrichtung, stellen Kundennähe über alles, sichern mit permanenter Innovation ihre Marktführerschaft, suchen den Wettbewerb, weil sie sich durch Produktqualität besser unterscheiden als durch Kostenvorteile, sind team- und leistungsorientiert, aber schonungslos gegenüber Faulenzern, produzieren vieles selbst – denn hohe Fertigungstiefe schützt das Know-how – und haben stabile Führungsstrukturen. Die Dienstzeiten der Spitzenleute betragen oft 20 Jahre und mehr.

Präziser kann man die Wall AG und ihr Erfolgsgeheimnis kaum beschreiben. Der Kern allen Wirtschaftens ist die langfristige Orientierung. Wenn ich meine eigene Produktionsstätte baue, wenn ich Kredite mit langer Laufzeit aufnehme, wenn ich viel Geld in die Entwicklung neuer Produkte investiere, dann orientiere ich mich an den nächsten Jahren oder Jahrzehnten. Ich will das Unternehmen erhalten, stabilisieren und ausbauen. Ich will die Arbeitsplätze unserer Mitarbeiter sichern und natürlich mein Auskommen. Und ich fühle mich zutiefst ungerecht behandelt, wenn ich mit einigen schwarzen Schafen, die es zweifellos gibt, in eine große Herde gesteckt werde.

Tatsache ist: Fast alles von dem, was wir in Deutschland erreicht haben, haben wir den Unternehmen zu verdanken. Erst unternehmerisches Handeln schafft Löhne und Steueraufkommen, das wiederum das Handeln des Staates ermöglicht. Das Geld, das wir alle jeden Tag einnehmen oder ausgeben, ist in erster Linie unternehmerisch erwirtschaftet. Lehrer, Beamte, Richter, Polizisten, sie alle beziehen Gehälter aus einer Staatskasse, die von mir, meinen

Mitarbeitern und unzähligen anderen Unternehmen ge-
füllt wurde.

Geht es der Wirtschaft gut, geht es auch dem Land und
seinen Menschen gut – dieser Satz stimmt immer noch,
vor allem die Umkehrung. Geht es der Wirtschaft schlecht,
geht es den Menschen garantiert nicht gut. Diese simplen
Zusammenhänge muss jedes Kind von klein auf lernen.

Den Trend der letzten Jahre, den Unternehmer zum
Feindbild einer ganzen Gesellschaft aufzubauen, halte ich
deswegen für verhängnisvoll. Ich will keinen unkritischen
Jubel für das, was wir tun, ich wünsche mir aber einen
fairen Umgang, schon aus ureigenstem Interesse. Wie wollen wir den Nachwuchs für die Führungsetagen finden,
wenn der Beruf systematisch diskreditiert wird? Wie wollen wir Unternehmer in der Politik etwas erreichen, wenn
sich die Haltung durchsetzt, dass wir ohnehin Halbkrimi-
nelle seien, die man nicht ernst nehmen muss?

Was wir brauchen, ist eine neue Unternehmerkultur,
die mit festen und verlässlichen Regeln einhergeht. Ich
empfehle das Leitbild vom ehrbaren Kaufmann. Die Persönlichkeit eines Unternehmers, seine Pflichten und Ziele
sind eines und für jedermann nachvollziehbar. Es gilt
der Handschlag. Gute Ware hat auch ihren Preis. Die Regeln des menschlichen Miteinanders gelten für den Unternehmer ebenso wie für seine Mitarbeiter. Deswegen sind
permanente Kontrolle und das ständige Aufstellen neuer
Benimmregeln auch nicht nötig. Wo ein ehrbarer Kaufmann agiert, da herrschen Respekt und Vertrauen.

Ehrlichkeit und Verlässlichkeit sind für mich die wichtigsten Grundsätze bei der Unternehmensführung. Wie

kann ich von Mitarbeitern Loyalität verlangen, wenn ich diesen Wert nicht selbst vorlebe? Wie kann ich Leistungsbereitschaft einfordern, wenn ich nicht zugleich meine Fürsorgepflichten wahrnehme und mich auch um diejenigen kümmere, die vielleicht gerade in einer Krise stecken?

In vielen Großunternehmen sind ganze Abteilungen damit beschäftigt, die Werte des Konzerns zu ermitteln und die Handlungsanweisungen zu formulieren. In endlosen Versammlungen treffen sich die Mitarbeiter, um ihre Werte zu beschreiben. Bei allem Respekt vor solchen Wertefindungskommissionen – ich glaube nicht, dass sie zu neuen Erkenntnissen führen.

Die Bedürfnisse und Anforderungen an gutes Wirtschaften sind seit Menschengedenken dieselben: Fairness, Verantwortung, Berechenbarkeit, der Mut, auch Unangenehmes anzusprechen, sowie ein Gefühl für das richtige Maß. Es ist ein Irrglaube anzunehmen, dass Mitarbeiter sich durch immer perfidere Kontrollsysteme motivieren lassen. Nicht Angst bringt Menschen zu Höchstleistungen, sondern Vertrauen und Freiheit. Ich verlasse mich ganz und gar auf meine Leute, ihre Fähigkeiten und ihren Willen.

Was muss zur Gründerzeit für ein inspirierendes Klima geherrscht haben, als Wissenschaftler Unternehmer wurden, als Tüftler Weltkonzerne gründeten, als es einen kollektiven Hunger nach Aufbruch und Fortschritt gab, als Unternehmer gefeiert und respektiert wurden. »Das kannst du besser« war der Schlachtruf des erblühenden Deutschlands. Der Optimismus jener Jahre hat unglaubliche Kräfte freigesetzt. »Unternehmen« war ein positiv besetztes Wort. Wer etwas unternimmt, der verlässt ausgetretene Wege, der hat Spaß am Neuen, am Ausprobieren, der ist einem Abenteuer nicht abgeneigt. Was kann es Schöneres geben für junge Leute, als ein Unternehmen zu gründen, frage ich mich immer. Stattdessen wollen Teenager lieber Supermodels werden oder gehen zum Popstars-Casting. Mit Millionen Models und Musikern werden wir den Standort Deutschland wahrscheinlich nicht in seiner jetzigen Form erhalten können.

5. Jeder Mensch verdient Vertrauen

Die Wall AG ist von Anfang an auf Vertrauen aufgebaut worden. Ich hätte überhaupt keine Zeit gehabt, mich um Controlling zu kümmern. In den ersten Jahren musste ich alles gleichzeitig machen – Verträge aushandeln, Fundamente gießen, Kunden gewinnen, Wartehallen entwerfen. Solche bewegten Phasen führen nur dann zum Erfolg, wenn ein Team vertrauensvoll zusammenwirkt. Vertrauen ist die wichtigste Ressource jedes unternehmerischen Schaffens: Vertrauen stabilisiert, Vertrauen beflügelt, Vertrauen gibt Kraft, Vertrauen, das geschenkt wird, erzeugt automatisch Selbstvertrauen beim Beschenkten. Vertrauen ist einer der wenigen Rohstoffe, der sich durch Gebrauch vermehrt.

Interessanterweise hat die Hirnforschung in den letzten Jahren bestätigt, was ein emotionaler Mensch wie ich zeit seines Lebens gespürt hat. Es gibt dieses Bauchgefühl, einen Instinkt, ein Gespür dafür, was richtig ist und was falsch. Ich habe mich oft auf dieses Gefühl verlassen, vor allem, wenn die Zahlenmenschen im Anmarsch waren.

Aus der modernen Hirnforschung wissen wir: Es ist nicht so, dass der Kopf entscheidet, und der Bauch flankierend ein bisschen herumfühlt. Im Gegenteil: Es ist der Bauch, der entscheidet. Das Hirn rationalisiert hinterher nur diese Entscheidung. Der Kopf sucht sich seine Argumente, um das Bauchgefühl zu erklären. Wir alle kennen dieses Phänomen vom Autokauf: Wenn wir ein bestimmtes Modell unbedingt haben wollen, dann werden wir alle Fakten so auslegen, dass die im Bauch längst gefällte Kaufentscheidung rational unterfüttert wird.

Wir alle sind durch und durch emotionale Wesen. Diese Erkenntnis ist allerdings kein Grund zum Jubeln. Denn die vorherrschende Emotion dieser Tage ist weder Freude noch Spannung, sondern Angst. Angst ist das Gegenteil von Vertrauen. Angst hat mit Alleinsein zu tun, mit Misstrauen, mit Demotivation.

Wie schaffen wir es nun, dass aus Angst Vertrauen wird, und aus Panik Motivation? Geht das mit den üblichen Tschaka-Methoden? Ich glaube nicht. Das Geheimnis heißt vielmehr Vertrauen, der Glaube an sich selbst und die Welt. Vertrauen in sich und andere bedeutet: Ich glaube daran, dass auch aus dieser verfahrenen Situation noch etwas werden kann! Das packen wir jetzt an, auch wenn's nicht leicht ist! Das haben wir doch immer geschafft.

Hoffnung, das ist der Schlachtruf, mit dem Barack Obama in den US-Wahlkampf gezogen ist. Am Anfang haben die Experten gelacht. Doch dann haben sie festgestellt, dass dieser junge Politiker den richtigen Ton traf. Denn der Kandidat hatte eine sehr moderne, eine zweigeteilte Variante der Hoffnung anzubieten: »Ich bitte Sie um Ihr Vertrauen, nicht nur in mich als künftigen Präsidenten, sondern vor allem bitte ich Sie um den Glauben an sich selbst.« Er bekräftigte die Menschen in ihrem Selbstwertgefühl. Welcher Politiker hat in Deutschland den Mut, die Kraft, das Menschenbild für solche Parolen?

Barack Obama macht einen ganz entscheidenden Punkt. Er sagt: Ich allein kann gar nichts ändern. Das müssen wir zusammen machen. Ich brauche euch. Ich vertraue euch, dass ihr mitzieht, und ihr vertraut mir, dass ich auf euch aufpasse. So entsteht das Gefühl von Geborgenheit, eine gewisse Sicherheit, nicht ins Bodenlose zu fallen. Da gibt es Familie, Freunde, eine Firma, eine Gesellschaft, die mich auffängt. Jeder gute Mittelständler vermittelt genau dieses Obama-Gefühl.

Aber wir haben es mit einem starken Feind zu tun: dem Misstrauen der Menschen. Warum aber misstrauen wir uns und anderen derart? Wir hier in Deutschland haben im Vergleich zum Rest der Welt, übrigens auch zu China, einige ganz entscheidende Vorteile. Wir haben Geld, wir haben Hochschulen, wir haben den Wiederaufbau nach dem Krieg hingekriegt, das Wirtschaftswunder, die Wende. »Hier geht doch alles den Bach runter« – höre ich immer wieder. Das hätten unsere Eltern und Großeltern mal sagen sollen. Dann säßen wir nicht hier.

Ich glaube, der Verlust dieser Aufbruchsmentalität von früher hat viel mit einer veränderten Frustrationstoleranz zu tun. Wir lassen uns zu schnell entmutigen. Wir sollten ein halbleeres Glas nicht als halbvoll betrachten, sondern ganz im Gegenteil akzeptieren, dass es halbleer ist. Aber zugleich sollten wir auch in unsere Kraft und Ideen vertrauen, es wieder füllen zu können.

6. Jeder Mensch braucht Selbstbewusstsein

Um die Bedürfnisse eines Landes und seiner Menschen zu verstehen, muss man kein großer Volkspsychologe sein. Oft genügt ein schneller Blick auf die Bestsellerlisten. Welches Lebenshilfe-Buch verkauft sich derzeit am besten? Seit Jahren ganz oben stehen Titel, die ein Mehr an Motivation versprechen: mehr Begeisterung, mehr Engagement, mehr Antrieb beim täglichen Handeln, vor allem im Beruf.

Diese Bücher und ihre Leser gehen oft von einem Missverständnis aus. Da wird vorgegaukelt, es gäbe einen verborgenen Knopf, den man nur finden und drücken muss, und schon läuft alles besser. So einfach ist es leider nicht. Motivation ist eine ebenso einfache wie hochkomplexe Angelegenheit. Die Voraussetzung jedoch ist eindeutig: Selbstbewusstsein.

Ein junger Mensch, der kein Selbstbewusstsein hat, ist mit noch so tollen Psychotricks nicht dauerhaft zu motivieren. Grundlage eines stabilen Selbstbewusstseins ist ein ausgeprägtes Selbstwertgefühl. Gelingt es uns nicht, unseren Kindern in einem sehr frühen Stadium das Gefühl zu vermitteln, dass sie mit ihrem Tun etwas bewirken können, wofür sie auch verantwortlich sind, dann sind diese Kinder nur noch mit sehr viel Mühe in die bürgerliche Gesellschaft zu manövrieren.

Wie wollen wir unsere Welt jeden Tag besser machen, wenn unserem Nachwuchs das Bewusstsein fehlt, die Dinge auch besser machen zu können? Selbst wir bei der Wall AG können bei unseren Lehrlingen nur sehr bedingt gutmachen, was Eltern und Lehrer zuvor angerichtet haben.

Wobei ich es billig finde, all unsere Probleme mit dem Bildungssystem bei den Lehrern abzuladen. Ich kann mir keinen undankbareren Job vorstellen als den eines Lehrers an einer Berliner Hauptschule. Wie würde sich jeder von uns verhalten, wenn er wüsste, dass er noch 30 Jahre im Beruf vor sich hat in einer Schule, deren Kinder keine Bildung wollen, die Lehrer verachten und sich von allen bürgerlichen Gepflogenheiten verabschiedet haben?

Es gibt keinen Wunderknopf, weder bei den Lehrern noch bei den Schülern, der beiden plötzlich Motivation injiziert. Im Gegenteil: Lehrer wie Schüler sind im Innersten fest überzeugt davon, dass sich ohnehin nichts ändert. Beide Seiten sind von einer, Verzeihung, Scheißegal-Mentalität durchdrungen. Sie glauben, dass alles, was sie anstellen, ohnehin vergeblich sei. Sie glauben nicht an gesellschaftlichen Aufstieg, sie glauben nicht an individuellen Fortschritt, sie sehen sich nicht als Gestalter von Zukunft, sondern bestenfalls als Zuschauer, an denen ein Film vorüberzieht, in den sie aber nicht eingreifen können.

Wie wollen wir dieses Land, seine Menschen und deren Miteinander besser machen, wenn viele Bürger insgeheim glauben, dass sie gar nichts besser machen können? Und wie können wir uns dauerhaft überhaupt leisten, einen Teil unserer Gesellschaft einfach abzukoppeln? Statistisch gesehen schlummern in jedem unwirtlichen Wohnblock genauso viele Talente wie in einem Villenvorort. Intelligenz und Begabungen hat der liebe Gott nicht nach dem Kontostand der Eltern vergeben, sondern nach einer fairen Zufallsverteilung.

Wir in Deutschland können es uns nicht leisten, unsere Talente derartig zu vernachlässigen. Unsere Zukunft liegt nicht nur in einer konsequenten Eliteförderung, sondern in einem klugen Engagement für sozial Schwache und gesellschaftlich Abgehängte. Diese Menschen müssen wir zum Mitmachen motivieren.

Wie aber soll das gehen? Wie holen wir Menschen zurück in die Gesellschaft, die sich seit Generationen ausgegrenzt fühlen? Ich bin kein Bildungs- oder Sozialpolitiker, sondern nur ein kleiner mittelständischer Unternehmer. Aber aus meiner Erfahrung vertraue ich auf ein Prinzip, das sich seit Menschengedenken bewährt hat: das Lernen am Vorbild. Wir alle eifern Idolen nach, entweder konkreten Figuren oder aber bestimmten Lebensentwürfen, die wir schick finden.

Welchem Vorbild eifern Jugendliche aus sozial schwachen Familien nach? Albert Einstein? Muhammad Ali? Bill Gates? Weit gefehlt. Gängiges Vorbild ist der Ghetto-Gangster. Und was kennzeichnet den Berufsstand des Ghetto-Gangsters? Ein dickes Auto, eine halbe Hundertschaft Frauen im Bikini, die ihn umschwirren, und Geld wie Heu, natürlich aus dem Drogenhandel. Ansonsten nimmt man sich, was man will, gern auch mit Gewalt. Und keiner widerspricht. Alle haben Angst. Denn es gilt allein das Gesetz der Faust. All unsere bürgerlichen Errungenschaften fehlen in diesem Lebensentwurf. Um Ghetto-Gangster zu werden braucht man keine Ausbildung, keine Anstrengung, kein Durchhaltevermögen, kein Mitgefühl, sondern einfach nur eine große Klappe und viel Brutalität.

Es ist uns bislang nicht gelungen, diesem Lebensentwurf ein ähnlich attraktives Modell entgegenzusetzen. Was fehlt, sind die beispielhaften Aufstiegsgeschichten, die aus dem Elend heraus nach oben führen. Stattdessen richten sich viele junge Leute im Elend ein. Sozialforscher sprechen vom Phänomen der gelernten Hilflosigkeit. Millionen von Menschen in diesem Land haben in ihren Familien, von ihren Freunden und in den Schulen gelernt, dass sie keine Chance haben und sich auch nicht weiter anstrengen oder kümmern müssen.

Wer aber überzeugt ist, dass er keinen Einfluss auf den Lauf der Welt hat, wer sich ohnmächtig fühlt und nutzlos, der wird sich zurückziehen, wird sich entweder in Depression oder in Aggression flüchten und ist für unsere Gesellschaft so gut wie verloren. Ich betrachte Deutschland immer ein wenig wie unsere Fußballnationalmannschaft. Jeder von uns hat doch dieses Bedürfnis, einmal Teil dieser Mannschaft zu sein, sich einmal das Nationaltrikot überstreifen und ins Berliner Olympiastadion einlaufen zu dürfen.

Was gibt es Großartigeres als einen Star, der seine Fähigkeiten in den Dienst einer gemeinsamen Sache stellt? All unsere jungen Menschen sollten solchen Wünschen nacheifern. Aber leider gibt es zu wenige Vorbilder dafür. Außer Boxen und Bushido gibt es keine Erfolgsgeschichten, an denen sich die Unterprivilegierten aufrichten können.

Hier sind unsere Eliten gefragt. Jede Universität, jedes Unternehmen, jeder Star hat meines Erachtens die Verpflichtung, in den sozialen Problemvierteln seine Geschichte zu erzählen. Vom Spaß, von der Befriedigung, natürlich auch von der Anstrengung, die der Erfolg mit sich bringt. Unsere Eliten sind zum praktischen sozialen Handeln verpflichtet.

Wie anders sollen Deutschlands vergessene Kinder an eine bessere Zukunft glauben, wenn es keine Vorbilder gibt, die es ihnen vormachen und davon berichten, dass es möglich ist, für jeden? Diese jungen Menschen lechzen doch nach Idolen. Also müssen wir alles daransetzen, dass diese Idole zu ihnen kommen, nicht künstlich via Handy, Computer oder Fernsehen, sondern echt und leibhaftig. Das wird eine Generation dauern oder zwei. Aber es ist, glaube ich, die einzige Chance zu verhindern, dass sich immer größere Gruppen verabschieden von dem, was wir Gesellschaft nennen.

Ein weiterer Schritt wäre es, den Kindern solcher Stadtviertel mehr Chancen zu geben, sich auch ökonomisch zu beweisen. An vielen Schulen wird bereits mit Schülerfirmen gearbeitet. Jugendliche entwickeln Ideen und Konzepte, die sich tatsächlich auf dem Markt bewähren müssen. Die Ökonomie in ihrer einfachsten Form hat ein paar entscheidende Vorteile: Jeder kapiert sie. Kaum kann ein Kind rechnen, hat es das Rüstzeug zum Unternehmer.

Das Prinzip, mehr einzunehmen als auszugeben, kennen viele von zu Hause. Den gnadenlosen Wettbewerb, dem Produkte und Dienstleistungen ausgesetzt sind, erfahren junge Leute jeden Tag. Wer ständig überlegen muss, für welches Konsumgut er seine knappen Ressourcen aufwendet, der hat eigentlich das Wesen der Wirtschaft, das Verhalten von Kunden auf Märkten und die Gesetze des Wettbewerbs kapiert.

Ich bin fest davon überzeugt, dass wir viel erreichen könnten, wenn die Grundlagen der Wirtschaft fester Bestandteil des Unterrichts gerade in sozial schwachen Gegenden würden. Man könnte jede Stunde mit der Schilderung einer Erfolgsgeschichte beginnen lassen: Wie hat Bill Gates seinen Aufstieg geschafft? Was ist das Geheimnis von Red Bull? Was steckt hinter dem Erlösmodell eines Klingelton-Anbieters? Warum ist die Spielkonsole Wii so erfolgreich, die Playstation 3 aber nicht? Ich bin mir sicher, dass wir in kurzer Zeit sehr viel Motivation und Ideen schaffen würden.

Wenn auch nur ein junger Mensch aus der Schicht der Aufgegebenen seinen Weg nach oben machen würde, dann hätten wir mehr erreicht als mit noch so vielen Sozialprojekten. Es wäre der Nachweis erbracht, dass in unserer Gesellschaft der Aufstieg nach wie vor möglich ist. Es wäre ein Vorbild geschaffen, das durch seinen eigenen Aufstieg vorlebt, dass Ideen nicht vom Geldbeutel der Eltern abhängen. Und es ließen sich nebenbei auch ein paar zentrale Werte transportieren: die soziale Verantwortung des Unternehmers, Freiheit und Mitbestimmung, demokratische Rechte und Pflichten.

Ich glaube fest daran, dass Kreativität ein Rohstoff ist, der in allen von uns schlummert. Es braucht nur Förderanlagen, diese Kreativität zu heben und in ein Geschäft umzusetzen. Wer das Gefühl hat, seine Ideen bekommen eine faire Chance, der hat weder ein Motivationsproblem noch eine Krise des Selbstbewusstseins. Wer sich akzeptiert und ernst genommen fühlt, der hält eine Durststrecke bereitwilliger durch.

7. Menschen müssen Verantwortung lernen

In den besten Zeiten der Berliner Bürokratie brauchten wir von 19 verschiedenen Stellen eine Genehmigung, um eine City-Toilette aufzustellen – mehr als für jedes Wohnhaus. Wenn ich mir vorstelle, dass ein junger Mensch eine Imbissbude eröffnen will oder ein kleines Geschäft, dann braucht er nicht nur Geduld, sondern einen eisernen Willen und letztendlich auch finanzielle Reserven, um sich gegen die Bürokratie zu behaupten.

Wenn es eine zentrale Stelle in Deutschland gibt, die Kapital und Motivation vernichtet, dann ist es die öffentliche Verwaltung. Die Erklärung dafür ist ganz einfach: Bürokraten haben ein sehr feines Gespür dafür entwickelt, Verantwortung von sich wegzuschieben. Je mehr weitere Stellen in einen Entscheidungsprozess eingebunden sind, desto einfacher lässt sich im Nachhinein verschleiern, wer denn nun für welchen Teil einer Entscheidung verantwortlich war. So ist auch die Frage nach schuldhaftem Verhalten nicht mehr zu klären. Da Verwaltungen fast nie für richtige und gute Entscheidungen belohnt werden, richtet sich ihr ganzes Streben danach, mögliche Schuld von sich zu weisen.

Genau hier liegt das Problem. Verantwortung wird als Belastung empfunden. Wir belohnen Menschen nicht, die Verantwortung übernehmen. Wer in verantwortliche Positionen drängt, gilt als machthungrig oder egomanisch. Die deutsche Lust an der Gleichmacherei diskreditiert jeden, der sich dazu bekennt, Verantwortung übernehmen zu wollen. Wohin wir blicken – überall regiert die organisierte Verantwortungslosigkeit. Nicht nur in Behörden, sondern auch in Parteien oder Regierungen. Dass wir ein Bildungsproblem haben, ist seit einigen Jahren bekannt. Aber wen kann man dafür verantwortlich machen? Niemanden. Alle wussten es schon immer.

Wer es zur Maxime seines Handelns macht, sich vor Verantwortung zu drücken, der hat nicht eine bestmögliche Entscheidung mit optimalem Resultat im Sinn, sondern will eher verschleiern, täuschen und verschieben. Alle Kraft des Handelns konzentriert sich also auf die Camouflage von Zuständigkeiten, auf das Abwiegeln. Welch eine Energieverschwendung.

Ich habe mehrfach selbst erfahren, wie sich mangelndes Verantwortungsbewusstsein auswirkt, zum Beispiel in Hannover. Die Zuständigen dort hatten sich gegen die Zusammenarbeit mit Wall entschieden. Das ist ihr gutes Recht. Zugleich aber wurden binnen kurzer Zeit über zwei Millionen Mark Verluste mit der Stadtwerbung angehäuft. Wir hätten einen satten Überschuss geliefert, vertraglich garantiert. Da hat also jemand eindeutig gegen die Interessen der Stadt entschieden. Die Presse berichtete groß, die Menschen waren mit Recht empört. Konsequenzen? Keine. Denn es ließ sich nicht ermitteln, wer für die Entscheidung seinerzeit verantwortlich war. Wenn ich in einem Unternehmen eine solche Misswirtschaft zulassen würde, wäre ich am nächsten Tag gefeuert. Zu Recht. Aber in deutschen Verwaltungen folgen keine Konsequenzen.

Das Verteilen klarer Zuständigkeiten ist eine Grundvoraussetzung dafür, dass es in Deutschland besser wird. Schon Kinder müssen lernen, dass all ihr Tun auch Folgen hat. Das muss keine Last sein. Denn nur, wer für etwas verantwortlich ist, kann auch den etwaigen Erfolg einheimsen. Und wer etwas falsch gemacht hat, bekommt die Chance, es besser zu machen.

Erst wenn wir einen neuen Umgang mit Verantwortung gelernt haben, werden politische und gesellschaftliche Entscheidungen besser werden. Erst dann verlagern sich Schwerpunkte. Legen wir mehr Wert auf das Ergebnis von Entscheidungen, werden sich auch die Handlungsmaximen verändern. Dazu gehört es auch, neue Belohnungsmodelle zu schaffen. Warum bezahlen wir Beamte nicht nach dem Tempo, in dem Verwaltungsentscheidungen getroffen werden? Warum bekommen diejenigen Lehrer keinen Bonus, die sich auch am Nachmittag um ihre Schüler kümmern? Verantwortung braucht Anerkennung, nicht nur ideell, sondern auch finanziell.

8. Jeder Mensch ist ein Ästhet

Kunst ist kein Luxus. Schönheit ist kein Selbstzweck. Jeder von uns fühlt sich wohler in einer gut gestalteten Umgebung. Das gilt für private Wohnungen, für Schulzimmer und ja, auch für Bushäuschen. Ästhetik hat viel mit Hingabe zu tun, mit Konzentration auf Kleinigkeiten.

Wir haben festgestellt, dass der Vandalismus deutlich abnimmt, wenn Stadtmöbel gut gestaltet sind. Es gibt offenbar einen angeborenen Respekt vor Schönem und Gepflegtem. Ich habe meine Liebe zu Kunst und Kultur erst spät entdeckt. Ich habe Freude an schönen Bildern, aber auch an dem Erlebnis, wenn ich einem Klavier nicht mehr nur schiefe Töne entlocke. Ich möchte den Begriff der Ästhetik allerdings nicht auf die sogenannte Hochkultur reduzieren. Ein artistischer Breakdance ist ebenso ästhetisch anzusehen wie eine Hochleistungsschwimmerin. Eine gut gestaltete Website macht mir ebenso viel Freude wie ein nett angerichtetes Essen oder ein moderner Stadtbus, der Technik, Bequemlichkeit, Ökologie und Design vereint.

Ästhetik bedeutet nicht die Arroganz mancher Kulturschaffender, sondern einen Alltagswert, der jedem Menschen jeden Tag begegnen sollte. Ästhetik heißt Sorgfalt, Mühe und Freude. Sie lehrt uns, immer offen für Neues zu bleiben. Wer neugierig auf das Leben und seine schönen Seiten ist, der will besser werden. Und genau darum geht es: Immer besser werden.

Anhang

Vita Hans Wall

17. März 1942
Hans Wall wird in Künzelsau/Baden-Württemberg als Sohn von Kurt Karl Albert Wall und Margarete Eugenie Haußmann geboren.
Die Familie zieht 1948 nach Aalen.
Wall hat vier Geschwister: Der älteste Bruder Horst wurde 1936 geboren, Ursel 1938 (verst. 1992), Helmut 1939 und Karin, die Jüngste, 1943.

1956
Volksschulabschluss in Aalen.

1956–1959
Schlosserlehre bei der Metallbaufirma Gebrüder Rieger in Aalen.

1959–1964
Schlosser bei der Firma Oppold in Oberkochen.

1965

Wall absolviert eine Ausbildung zum staatlich geprüften Maschinenbautechniker an der Technikerschule in Heidenheim.

Umzug nach Karlsruhe.

Erste Ehe mit Rosmarie, geb. Heininger.

Zusammen haben sie drei Kinder: Am 25. Januar 1966 wird Sohn Daniel in Karlsruhe geboren, am 24. Februar 1972 Tochter Anja und am 27. November 1980 Hans-Dieter.

1965–1970

Wall arbeitet als Projekttechniker für Trinkwasserversorgung bei den Lechner Pumpwerken in Karlsruhe.

1970

Wall steigt bei der Firma Hilbig & Riedel ein. Das Unternehmen heißt fortan Hilbig & Wall Orientierungsanlagen.

1973

Wall hat die Idee, Städten kostenlos Wartehäuschen, Bänke und andere Stadtmöbel anzubieten, einschließlich Wartung und Reinigung, finanziert durch die Vermarktung von Plakatflächen.

1975

Geburtsstunde der Wall AG: Hans Wall gründet sein eigenes Unternehmen: die Süddeutsche Verkehrswerbung R. Wall.

1984

Wall zieht nach Berlin, die Familie bleibt in Karlsruhe.

1997

Zweite Ehe mit Claudia, geb. Gröning.
Sie bringt ein Kind mit in die Ehe (Elisabeth), gemeinsam haben sie die Tochter Johanna.

1998

Wall wird mit dem Kienbaum-Preis für zukunftsorientierte Dienstleistungen ausgezeichnet.

2000

Wall wird das Bundesverdienstkreuz verliehen, insbesondere für sein ehrenamtliches Engagement in und für Berlin.

2004

Die Jüdische Gemeinde zeichnet den Unternehmer für sein Engagement gegen Fremdenfeindlichkeit mit dem Heinrich-Stahl-Preis aus.

2005

Hans Wall wird zum »Berliner des Jahres« gewählt.

GESCHICHTE DER WALL AG

1976
Hans Wall gründet in Ettlingen die Wall Verkehrswerbung GmbH, später Wall Verkehrsanlagen GmbH.
Er baut in Rastatt seinen ersten Fahrgastunterstand.
Eine Scheune in Malsch dient als erstes Fabrikgebäude der Firma Wall.

1976
Umzug nach Karlsruhe.

1979
Wall errichtet eine Produktionsstätte in Ettlingen. Bis 1984 stellt der Stadtmöblierer mehr als tausend Wartehallen im gesamten Bundesgebiet auf.

1984
Wall verlegt sein Unternehmen von Ettlingen nach Berlin, nachdem er mit einem eigens für Berlin entwickelten Wartehallendesign eine Ausschreibung der Berliner Verkehrsbetriebe gewonnen hat. Er führt in Deutsch-

lands größter Stadt das City-Light Posterformat (CLP) ein.

Daniel Wall steigt nach seinem Fachabitur in die Firma ein.

1987

Das Unternehmen weiht seine Zentrale und das Produktionswerk in Berlin-Spandau ein.

Wall ist Deutschlands erster Stadtmöblierer und Außenwerber mit eigenem Produktionswerk.

1988

Wall expandiert ins Ausland und gründet die Wall Nederlande in Amsterdam.

1990

Im April weiht Wall Unter den Linden die erste Wartehalle im ehemaligen Ostberlin ein.

1991

Das Unternehmen stellt die erste vielfach patentierte City-Toilette in Berlin-Friedrichshain auf.

1992

Die Wall Verkehrsanlagen GmbH eröffnet Niederlassungen in Moskau und St. Petersburg, gründet die Tochtergesellschaft Wall-GUS.

1993

Gründung der Tochtergesellschaft Wall-USA und Aufbau der ersten Wall-City-Toilette in New York.

1994

Wall nimmt das modernste Produktionswerk für Stadtmöblierungsprodukte in Velten bei Berlin in Betrieb.

1996

Der Stadtmöblierer gewinnt die internationale Ausschreibung in Istanbul.

1998

Präsenz in Ungarn – daraus entsteht bis 2001 die Tochtergesellschaft Wall Magyarorszag.
Wall schließt als erster deutscher Außenwerber einen Vertrag mit einer US-Großstadt ab: St. Louis im Bundesstaat Missouri wird mit Walls Stadtmöbeln ausgestattet.

1999

Gründung der Wall AG.
Wall errichtet in Berlin Unter den Linden Deutschlands erste interaktive Plakatsäule.

2000

Wall eröffnet am Potsdamer Platz in Berlin die ersten »Intelligenten Wartehallen« der Welt, ausgestattet mit Solardach und e-Info-Terminal.

2001

Die Wall AG gewinnt Boston – erste komplette Stadtmöblierung für eine Metropole der USA.

2002

Das Unternehmen zieht in seine neue Zentrale in der Friedrichstraße in Berlin-Mitte und vermarktet erstmals an den drei Berliner Flughäfen Premium-Plakatflächen.

2004

Die Wall AG feiert ihr 20-jähriges Jubiläum in Berlin. Das Unternehmen verfügt in der Hauptstadt über rund 10 000 Werbeflächen und 5000 Produkte.
Wall gewinnt Budapest und Freiburg.

2005

Im April führt Wall bluespot, ein digitales Kunden- und Stadtinformationsnetz, auf dem Berliner Kurfürstendamm ein.

2007

Hans Wall wechselt in den Aufsichtsrat. Sohn Daniel, seit 1984 im Unternehmen und seit 1999 Vorstand für Marketing und Vertrieb, wird Vorstandsvorsitzender.
Kauf des Berliner Außenwerbeunternehmens VVR Decaux GmbH und der Düsseldorfer Georg Zacharias GmbH. Damit wird die Wall AG zum Vollsortimenter und Komplettdienstleister.
Wall stellt seine Produktneuheit timescope auf, ein Hightech-Fernrohr, das den direkten Vergleich des Bildes vor Ort mit seinen historischen Ansichten ermöglicht.
Eine weitere Innovation ist der Dog Service, ein Entsorgungssystem für Hundekot.

2008

Zum 1. Januar 2008 erwirbt Wall 90 Prozent der Firmenanteile des türkischen Außenwerbers Era Outdoor.
Übernahme von 25,1 Prozent der Firmenanteile an der trans-marketing GmbH, einem Dienstleistungsunternehmen für innovative LKW-Werbung.

Engagement der Wall AG

1998

Mit 3400 Euro und einer Plakataktion unterstützt Wall die Errichtung eines Mahnortes am Standort des ehemaligen »Judenreferats« in Berlin, Kurfürstenstraße 115/116.

1999

Seit diesem Jahr sponsert Wall mehr als 80 Berliner Brunnen mit jährlich rund 400 000 Euro.

2001

Wall lässt das Grab von Ernst Th. A. Litfaß restaurieren (120 000 DM) und übernimmt seitdem die laufenden Kosten für Grabgebühr und -pflege (341,94 Euro p. a.).
Die Freizeiteinrichtung FIPP – Treffpunkt Mitte an der Gottfried-Röhl-Grundschule in Berlin-Wedding wird jährlich mit 2500 Euro unterstützt.

2002

Seit diesem Jahr übernimmt die Wall AG die Pflege des kompletten Rasenstreifens am Boulevard Unter den Linden (32 000 Euro p. a.) und die Unterhaltskosten für das Mahnmal zur Bücherverbrennung (4900 Euro p. a.).

2003

Thiemo Klein wird vor eine einfahrende U-Bahn geschubst und verliert beide Beine. Die Wall AG bietet dem jungen Mann an, im Unternehmen eine Ausbildung zum Industriekaufmann zu absolvieren, und finanziert den Kauf eines behindertengerechten PKWs mit 20 000 Euro (hinzu kommen jährlich rund 1000 Euro an Versicherungen).

Wall stellt 20 000 Euro für die Grundreinigung des denkmalgeschützten Engelbeckens in Berlin bereit.

Unterstützung der Einrichtung eines Gedenkortes für die Grunewald-Synagoge: Integration von Informationsplakaten in eine Buswartehalle (3300 Euro).

Seit 2003 übernimmt Wall die wöchentliche Reinigung des Nationaldenkmals im Kreuzberger Viktoriapark und seit 2004 des Polnischen Nationaldenkmals im Volkspark Friedrichshain (einmalig 25 000 Euro für Grundreinigung, laufende Kosten jährlich 10 000 Euro).

2004

Seit diesem Jahr sorgt Wall für die weihnachtliche Beleuchtung des Kurfürstendamms (350 000 Euro p. a.).

Wall übernimmt die Patenschaft für den Urvogel Archaeopteryx lithographica, den ältesten und berühmtesten Fossilienfund des Museums für Naturkunde (einmalig

66 000 Euro im Jahr 2004 und 153 000 Euro Freiflächen-
wert im Jahr 2007).

Dem Externen Pflegedienst, einer sozialen Einrichtung,
die es ermöglicht, kranke Kinder zu Hause zu pflegen,
wird mit 8000 Euro für ein neues Auto geholfen.

Wall unterstützt mit 58 625 Euro die Kältehilfe-Kampagne
»gefühlskalt«, die auf die Notsituation Obdachloser und
auf Hilfsprogramme aufmerksam macht.

Wall stellt den Staatlichen Museen für ihre Werbekam-
pagne zum Museumsinsel-Festival Berlin bundesweit insgesamt 7500 Freiflächen zur Verfügung (900 000 Euro)
und dem Jüdischen Museum für die Ausstellung »10 + 5 =
Gott« 10 000 Flächen (1 172 500 Euro).

Die Kindermission »Die Sternsinger« darf kostenlos werben (175 000 Euro), ebenso die Spendenaktion für den
Karajan-Konzertsaal (Mediawert rund 70 000 Euro).

2005

Die Wall AG ist Vertragspartner der Stiftung Kaiser-Wil-
helm-Gedächtnis-Kirche und unterstützt die Sanierungsar-
beiten an dem achteckigen Kirchenraum mit 750 000 Euro.

Sie übernimmt für die Konrad-Adenauer-Stiftung Berlin
die Herstellungskosten für die Konrad-Adenauer-Büste
(50 000 Euro) und die fortlaufende Pflege.

Wall ist Hauptsponsor des Festivals »Barock & Fire – Classic« in seinem Geburtsort Künzelsau (28 000 Euro).

Seit 2005 initiiert Wall, Mitglied im Unternehmerverbund
»Wissensfabrik e.V.«, ein Förderprojekt für Kinder der
Schulklassen 3 bis 5, die aufgrund mangelnder Deutsch-

kenntnisse ihre naturwissenschaftlichen Interessen und Fähigkeiten nicht ausschöpfen können. Das Unternehmen finanziert den Förderunterricht für rund 30 Kinder an der Jens-Nydhal-Grundschule in Berlin-Kreuzberg (18 000 Euro p. a.).

2006

Spreebirds, die Frauen-Handballmannschaft des SV BVG 49, erhält 250 000 Euro.
Wall unterstützt das Johannische Frauenkloster/Bildungsverein für Bautechnik (20 000 Euro), die Jüdischen Kulturtage (3200 Euro), die Restaurierung des Gaslaternenmuseums im Berliner Tiergarten (30 000 Euro), eine Ausstellung des Künstlerclubs »Die Möwe« (»Mythos Möwe – 60 Jahre Künstlerclub«, 10 000 Euro) sowie den Bundesverband der Töpfer für seine Dresdner Ausstellung »Deutsche Meisterkeramik« (20 000 Euro).

2007

Der Mahnort T4 von Ronnie Golz, der in der Tiergartenstraße an die Opfer der NS-Euthanasie erinnert, sowie der Mahnort Unter den Eichen am ehemaligen SS-Wirtschafts-Verwaltungshauptamt werden mit Plakataktionen gesponsert (1500 sowie 3600 Euro). Wall unterstützt Golz, der bislang fünf Gedenkorte errichtet hat, und sorgt für die regelmäßige Pflege (25 000 Euro p. a.).
Der 1. FFC Turbine Potsdam (Frauen-Fußballmannschaft) erhält 5000 Euro.

Mit Freiflächen unterstützt die Wall AG:

- Brandenburgische Sommerkonzerte (Mediawert: 38 500 Euro)
- Kammeroper Schloss Rheinsberg (19 200 Euro)
- Das studentische Projekt »Palastarchiv« der Humboldt-Universität (12 800 Euro)
- Komische Oper (128 000 Euro)
- Deutsch-Russische Festtage e.V. (129 800 Euro)
- Heinrich Zille Gesellschaft Berlin e.V. (100 000 Euro)
- Käthe Kollwitz-Museum (100 000 Euro)
- XIV. Rohkunstbau im Spreewald (128 000 Euro)
- Gesicht zeigen! Aktion weltoffenes Deutschland e.V. (26 000 Euro)
- WDCS Deutschland (Whale & Dolphin Conservation Society), Kampagne gegen die Legalisierung des Walfangs (87 500 Euro)
- Gartenstadt Atlantic, Unterstützung des UNESCO »Welttag der Kulturellen Vielfalt« (26 000 Euro)
- Friedrich-Wolf-Gesellschaft (184 000 Euro)

Wall unterstützt als Sponsor:

- Katja Ebstein Stiftung – »Ene mene muh und arm bist du« (401 000 Euro)
- Jüdisches Bildungs- und Familienzentrum (38 000 Euro)
- Renaissance Theater, Tom Stoppards Stück »Rock'n'Roll« (30 000 Euro)
- Verein für Berliner Stadtmission, Kampagne »gefühlskalt« (60 000 Euro)
- Dorffest in Wall, Gemeinde Fehrbellin (2000 Euro)

2008

Die Wall AG unterstützt Kulturprojekte und Ausstellungen mit Freiflächen:

- KUNSTINVASION! Initiative Berliner Kunsthalle (Mediawert: 28 000 Euro sowie 5000 Euro finanzielle Unterstützung)
- Expressionale – Galerie Sperl (70 000 Euro)
- Galerie c/o Berlin (28 000 Euro)
- Stiftung preußische Schlösser und Gärten (91 000 Euro)
- Tag der offenen Tür im Bundesrat (21 000 Euro)
- TOCC Concept GmbH – »Die Zauberflöte in der U-Bahn« (155 000 Euro)
- Restaurierung des Epitaphgemäldes in der Berliner St. Marienkirche (29 000 Euro)

Außerdem:

- WWF – Aktion »Helfen Sie dem WWF am Amazonas« (Freiflächen im Wert von 140 000 Euro)
- Hilfe für Brandopfer in Neu-Ulm (5000 Euro)
- Arbeiterwohlfahrt (AWO) Freiburg – Aktion gegen Kinderarmut (Freiflächen im Wert von 15 000 Euro)
- Bezirksamt Berlin-Spandau, neue Spielplätze (10 000 Euro)
- Kunstgewerbemuseum Berlin (2500 Euro)

Turmsanierung Kaiser-Wilhelm-Gedächtniskirche.

Private Unterstützung

2003

Baustein »Wiederaufbau Berliner Schloss« (1000 Euro).

2004

Übernahme Mietkosten (monatliche Miete in Höhe von 289,80 Euro) für Frau Gisela Pfeiffer (Februar 2004 bis zu ihrem Tod Januar 2006) – Trägerin des Bundesverdienstkreuzes, ausgezeichnet für jahrzehntelanges ehrenamtliches Engagement. Sie musste mit 700 Euro Rente auskommen.

2006

Wall übernimmt die Kosten für das Grabmal Maria Anastasia Bierkamps (1000 Euro) sowie die Beerdigungskosten für Joice-Carlize Gerritzen.
Für die Animals Asia Foundation e.V. kauft er einen Mondbären frei (7400 Euro).

2007

Übernahme der Beerdigungskosten für die verunglückte Lea-Danie Hartmann (6500 Euro).

2008

»Die Arche«, eine Berliner Einrichtung zur Essensversorgung von Kindern aus sozial schwachen Familien, erhält jährlich 18 000 Euro.

Wall ermöglicht die Theateraufführung »Arkadien – Vision und Wirklichkeit des Karl Friedrich Schinkel« (5000 Euro).

Benefizaktion »Unter einem D.A.CH: Künstler helfen Kindern«, Erwerb der Ausstellungsbilder (6671 Euro).

Unterstützung der Familie Osher für deren Sohn Twito, Opfer von palästinensischen Terrorangriffen im Krisengebiet Sderot (10 000 Euro Behandlungskosten).

UNESCO Welttag der Kulturellen Vielfalt, Gartenstadt Atlantic (1000 Euro).

287